新能源汽车动力电池
年度产业发展报告
（2021）

中汽数据有限公司
大连泰星能源有限公司　｜组编

机械工业出版社

面对新形势、新挑战，本书直击新能源汽车动力电池发展要点，力图向广大读者呈现最具深度的研究报告。本书总体分为产业、技术、政策三个部分，每个部分都将通过调查报告、案例分析和趋势研判三部分去编撰，力争将全球动力电池产业情况完整、清晰、透彻地展现出来。本书将动力电池产业最新的发展特征做了梳理和总结，并对最新的技术创新和降成本趋势进行了详细讨论，对单体电池、四大关键材料、锂／钴／镍资源材料等方面的发展进行了分析论述。同时，对国外动力电池产业的发展进程以及取得的成绩进行了分析和总结，以期从中找到规律，对我国动力电池产业的发展有所启示。本书适用于关注新能源汽车和动力电池产业发展的政府工作人员、相关院校的师生及相关企业、科研院所的科技工作者。

图书在版编目（CIP）数据

新能源汽车动力电池年度产业发展报告．2021/中汽数据有限公司，大连泰星能源有限公司组编．—北京：机械工业出版社，2022.1
ISBN 978-7-111-69666-7

Ⅰ．①新…　Ⅱ．①中…②大…　Ⅲ．①新能源－汽车－蓄电池－产业发展－研究报告－中国－2021　Ⅳ．① F426.471

中国版本图书馆 CIP 数据核字（2021）第 244811 号

机械工业出版社（北京市百万庄大街 22 号　邮政编码 100037）
策划编辑：何士娟　　　　责任编辑：何士娟
责任校对：陈　越　刘雅娜　责任印制：常天培
北京宝隆世纪印刷有限公司印刷
2022 年 1 月第 1 版第 1 次印刷
169mm×239mm · 13.5 印张 · 236 千字
0 001—2 300 册
标准书号：ISBN 978-7-111-69666-7
定价：139.00 元

电话服务	网络服务
客服电话：010-88361066	机 工 官 网：www.cmpbook.com
010-88379833	机 工 官 博：weibo.com/cmp1952
010-68326294	金　书　网：www.golden-book.com
封底无防伪标均为盗版	机工教育服务网：www.cmpedu.com

新能源汽车动力电池年度产业发展报告（2021）

编 委 会

编委会主任　赵冬昶　朱　成

编委会副主任　孙丕龙　陈　佚

编委会委员　（按姓氏笔画顺序排名）

　　　　　　　王秋诗　王　攀　文　峰　方凯正

　　　　　　　刘　沙　刘　頔　杜　飞　张　涵

　　　　　　　张国华　耿　磊

  动力电池产业是新能源汽车产业的重要组成部分，我国新能源汽车产业的快速发展离不开国内动力电池产业的有力支撑。2020年，我国新能源汽车产量突破135万辆，直接拉动动力电池配套量超过620亿瓦时，同时也产生了名副其实的全球龙头企业，但是面临的挑战也是严峻的，如何从自身发展要点入手，不断提高产品质量以及降低成本，保障新能源汽车安全和市场竞争力是动力电池产业发展的重要命题。

  《新能源汽车动力电池年度产业发展报告（2021）》是中汽数据有限公司与大连泰星能源有限公司共同推出的产业研究专著。中汽数据有限公司是中国汽车技术研究中心有限公司旗下，以大数据为基础，以汽车领域模型算法为支柱，深入开展节能低碳、绿色生态、市场研究等工作的全资子公司；大连泰星能源有限公司是全球知名动力电池生产龙头企业。本书共设计策划了四大板块内容：第1、2章分别从全球和我国视角对2020年动力电池产业发展情况展开综述，从产业全局角度出发，回顾和分析了2020年动力电池产业发展概况，对产业的发展特征进行了提炼和总结，阐述了发展过程中的主要问题，并对如何促进产业健康发展提出了建议；第3章对中国动力电池产业链上下游各细分领域如上游原材料资源、四大关键材料以及产业链后端的回收产业进展情况进行了介绍；第4章对当前动力电池产业发展过程中的热点进行了探讨，涵盖新能源汽车动力电池运行安全、纯电动乘用车低温实际续驶里程变化、实时监测技术及耐用性方法研究、降成本研究等。

  本书从社会科学角度，对我国动力电池产业的发展情况进行了全面系统的梳理和分析，持续紧跟产业发展节奏，密切关注产业发展态势，深度分析产业发展内涵，既从受众的角度让广大读者了解我国动力电池产业发展的现况和趋势，又从专业角度客观评价动力电池技术和产品，分析产业发展面临的问题并提出建议措施。本书有助于动力电池产业管理部门、研究机构、动力电池及上下游企业、社会公众等了解全球乃至我国动力电池产业发展的最新动态，意在为政府部门出台动力电池产业相关政策法规、企业制定相关战略规划，提供必要的借鉴和参考。

本书由中汽数据有限公司赵冬昶博士、朱成博士联合担任主编，大连泰星能源有限公司事业企划部事业企划课课长孙丕龙先生、中汽数据有限公司陈佚先生联合担任副主编，参加编写的还有刘頔、耿磊、王攀、方凯正、张涵、杜飞、文峰、王秋诗、刘沙、张国华等。本书在编写过程中还获得了来自相关行业机构、研究院所、高校、新能源汽车和动力电池企业以及行业专业人士的大力支持。

恳请读者对本书的内容和章节安排等提出宝贵意见，并对书中存在的不足之处提出批评和修改建议。

编　者

目录 CONTENTS

前言

第1章 全球动力电池产业概况

1.1 全球总览 …………………… 2

1.2 主机厂概况 ………………… 9

1.3 新能源汽车产业链需求及预测 …………………………… 16

1.4 动力电池及材料产业需求及预测 …………………… 19

1.5 全球电动汽车产业政策及展望 …………………… 23

第2章 中国动力电池产业概况

2.1 产业政策 …………………… 34

2.2 装机量 ……………………… 36

2.3 技术路线 …………………… 38

2.4 行业集中度 ………………… 40

2.5 技术水平 …………………… 43

2.6 市场发展趋势 ……………… 45

2.7 未来发展展望 ……………… 46

第3章 细分领域

3.1 2020年动力电池关键材料产业发展 ………………… 48

    3.1.1 正极材料 …………… 48

    3.1.2 负极材料 …………… 56

    3.1.3 隔膜 ………………… 61

    3.1.4 电解液 ……………… 65

3.2 2020年动力电池资源材料产业发展报告 ………… 78
  3.2.1 锂产业 ……………………… 78
  3.2.2 钴产业 ……………………… 96
  3.2.3 镍产业 ……………………… 102

3.3 2020年动力电池回收利用产业发展报告 ……… 120
  3.3.1 政策动态 …………………… 121
  3.3.2 梯次利用产业发展现状 …… 125
  3.3.3 再生利用产业发展现状 …… 131
  3.3.4 主要问题及产业发展对策 … 135

第4章 热点专题研究

4.1 新能源汽车动力电池运行安全研究 ……………… 137
  4.1.1 安全分析 …………………… 138
  4.1.2 企业安全控制策略 ………… 139
  4.1.3 动力电池安全控制策略 …… 142
  4.1.4 故障和事故应急处置 ……… 145
  4.1.5 特殊状态下的重大安全问题 ………………… 147
  4.1.6 安全监管思路 ……………… 148

4.2 纯电动乘用车低温实际续驶里程变化研究 …… 149
  4.2.1 研究背景 …………………… 149
  4.2.2 续驶里程影响因素分析 …… 153
  4.2.3 整车能耗测试平台研究 …… 155
  4.2.4 低温能耗及续驶里程测试分析 ……………… 157
  4.2.5 优化建议 …………………… 165

4.3 动力电池实时监测技术及耐用性方法研究 …… 166
  4.3.1 实时监测技术概述 ………… 166
  4.3.2 技术水平现状 ……………… 169
  4.3.3 耐用性参数特性分析 ……… 170
  4.3.4 健康状态与剩余寿命估计 … 174
  4.3.5 未来发展方向及改进 ……… 179

4.4 动力电池降成本研究 …………… 180
  4.4.1 成本解析 …………………… 181
  4.4.2 研究思路 …………………… 186
  4.4.3 解决途径 …………………… 189
  4.4.4 总结 ………………………… 204

第1章 全球动力电池产业概况

    2020年，在新冠疫情的影响下，全球新能源汽车市场经历了艰难的开局，但在碳排放法规趋严和海内外新能源汽车相关补贴政策频出的推动下，下半年全球新能源汽车市场全面爆发。2020年成为全球新能源汽车发展最快的一年，全球销量达到325万辆（2019年的销量为227万辆）。其中欧洲市场有140万辆新能源汽车完成登记，同比增长137%。欧洲取代中国成为全球新能源汽车最大的消费市场，这是欧洲自2015年以来首次在新能源汽车销量及同比增长率方面领先中国。2020年美国新能源汽车销量为33万辆，同比增长3%，在体量方面落后于欧洲和中国。韩国新能源汽车销量增长了50%，但日本新能源汽车销量下滑了25%。

    全球范围内，2020年轻型乘用车销量下降了14%，而新能源汽车交付量同比增长了43%，全球新能源汽车渗透率从2019年的2.5%增长到2020年的4.2%，欧洲新能源汽车渗透率从3.3%增长到10.2%，中国新能源汽车渗透率从5.1%增长到5.5%。回顾2020年，我们可以看到新能源汽车强劲的消费增长动力。随着全球碳排放法规日益趋严，世界各国汽车的电动化转型也将加快提速，同时也将带动全球动力电池产业格局发生新的变化。

在打造电动汽车产业链方面，除了日本和韩国，欧洲和美国开始重视动力电池的本土产业化发展，已经吸引了亚洲动力电池企业海外落地。欧美同时也支持本土的动力电池企业发展建设，加速打造大规模动力电池生产制造基地，以满足未来汽车逐步电动化转型后的大规模动力电池市场需求。本报告从国际电动汽车市场出发，基于不同国家和地区的产业发展政策，参考欧洲《电池2030+》、美国《储能大挑战路线图》以及美国《国家锂电池蓝图2021—2030》等，研究分析国际动力电池产业未来的发展趋势。

1.1 全球总览

2020年全球汽车消费受到新冠疫情的明显冲击，但同时也是全球新能源汽车市场表现最为不凡的一年。在疫情影响下艰难开局，在碳排放法规趋严和海内外新能源汽车相关补贴政策频出的推动下，下半年全球新能源汽车市场全面爆发（见表1-1）。根据EV volumes的统计数据，2020年全球汽车销量同比下降了14%，在此背景下，新能源汽车销量达到325万辆，同比增长43%，新能源汽车渗透率有了显著提升，从2020年的2.5%增加到2020年的4.2%。2020年欧洲全年汽车销量同比下滑20%，同期欧洲新能源汽车销量增长137%，各国政府日益收紧的排放法规和禁售燃油车的规划成为重要的驱动因素，截至2020年年底，已经有20多个国家宣布了禁售内燃机汽车的时间规划。

表1-1 2020年全球新能源汽车销量 （单位：万辆）

国家及地区	2019年	2020年	年同比增长率	轻型车销量增速
欧洲	59	140	137%	-20%
中国	120	134	12%	-4%
美国	32	33	3%	-15%
日本	4	3	-25%	-11%
其他	12	15	25%	-19%
全球	227	325	43%	-14%

资料来源：EV volumes，国海证券研究所。

随着全球"碳中和"的有力推进，全球核心经济体均发布实现"碳中和"的时间表。具体来看，中国提出"2030年碳达峰""2060年碳中和"；

美国重返《巴黎协定》,提出 2050 年实现"碳中和";欧盟提出 2030 年碳排放水平相较于 1990 年至少减少 55%,较原来的减少 40% 有明显提升,并提出 2050 年实现"碳中和"目标。此外,全球主要汽车消费国家还设定了电动化目标(见表 1-2),中国提出 2025 年电动化率达到 20%;德国提出 2030 年电动化率 100%;法国提出 2040 年停止销售、停止使用化石燃料的汽车;英国提出 2035 年电动化率达 100%。2021 年欧洲新能源汽车渗透率达到约 15%,相比于 2020 年同期实现翻倍增长。

表 1-2 全球主要汽车消费国的电动化目标

国家及地区	目标车辆类型	目标年份	新车销售目标	信息源
加拿大	汽车	2040	100% 电动汽车	政府文件
荷兰	乘用车	2030	100% 电动汽车	政府文件
新加坡	汽车	2040	无内燃机汽车	副总理的讲话
中国	汽车	2025	20% 电动汽车	政府文件
哥斯达黎加	轻型车	2050	100% 电动汽车	政府文件
以色列	乘用车	2030	无汽油车、柴油车	能源部长的讲话
挪威	乘用车	2050	100% 电动汽车	国家计划
日本	乘用车	2030	23% ~ 33% 电动汽车	政府文件
美国加利福尼亚州	乘用车	2050	100% 零排放汽车	国际零排放汽车联盟宣言
德国	乘用车	2030	100% 电动汽车	议案
法国	乘用车	2040	停止销售、停止使用化石燃料汽车	政府文件
英国	乘用车	2035	2030 年无汽油车、柴油车等,混合动力汽车宽限至 2035 年	首相的讲话
印度	乘用车	2030	30% 电动汽车	官员口头表态
冰岛	乘用车	2030	无汽油车、柴油车	政府文件
爱尔兰	乘用车	2030	无化石燃料汽车	政府文件
斯里兰卡	汽车	2040	100% 电动汽车或混合动力汽车	财政部长的讲话
西班牙	乘用车	2040	100% 新能源汽车	法律(草案)
瑞典	乘用车	2030	无汽油车、柴油车	政府文件
丹麦	乘用车	2035	无汽油车、柴油车、插电式混合动力汽车	政府文件
葡萄牙	乘用车	2040	不使用内燃机汽车	主管出行的第一国务秘书的讲话
斯洛文尼亚	乘用车和轻型商用车	2030	100% CO_2 排放量不超过 50g/km 的汽车	政府文件
韩国	乘用车	2030	33% 新能源汽车	总统讲话
加拿大魁北克省	乘用车	2050	100% 零排放汽车	国际零排放汽车联盟宣言

全球"碳中和"驱动新能源汽车成为减排关键手段。2018年全球交通领域碳排放占比为25%，仅次于电力领域，而要实现"碳中和"，大力发展新能源汽车成为必选之路，辅以储能+可再生发电或成为汽车零排放的终极形态。中国、欧洲均出台严格的燃油经济性目标，中国减排速率明显高于美欧。而美国在拜登上台之后，对减排关注度边际上明显提升，对新能源汽车支持力度明显加大，美国在政策边际上迎来转机。

具体而言，以欧盟、中国、美国为代表的核心经济体已经出台系列措施，推动目标的达成。严格的碳排放政策是推动车企大力发展新能源汽车的重要助手，通过梳理核心经济体碳排放政策，可以看到，全球新能源汽车大势已起，势不可挡。欧洲碳排放极其严格，美国迎来边际变化，中国在减排速率上明显高于发达国家。

（1）美国：政策有望迎来转机，边际变化明显

美国整体CO_2排放达峰为2000年，2000—2007年维持高位振荡。从美国碳排放结构来看，交通领域碳排放量与电力领域接近，2018年占比为36%，而2000年占比为30%，碳达峰之后美国交通领域碳排放仍然呈现增长态势。美国规划2050年实现碳中和，因此交通领域减排极为重要。

特朗普政府对新能源汽车的推广力度边际上明显弱于奥巴马时期，2018—2020年美国新能源汽车销量分别为35万辆、32万辆和33万辆，近3年明显增长乏力，且增长主要依靠特斯拉。特斯拉在新能源汽车中占比为60%~70%。

2020年拜登上台之后，新能源汽车政策方面有明显的边际改善趋势。拜登提议向新能源汽车领域投资1740亿美元，用于加强新能源汽车供应链、充电桩建设、税收优惠等。拜登支持将美国政府机构约65万辆公务车全部换成电动汽车。拜登上台之后，政策边际变化明显，有望制定更加严格的燃油经济性目标及更高的罚款额度。此外，对于新能源汽车补贴方面有望加大力度，恢复7500美元/辆的税收抵免政策，放宽"20万辆"上限，提升至"60万辆"。

美国重返《巴黎协定》，对碳排放等绿色发展领域更加重视。伴随着更多优质车型的推出，基于现有的企业平均燃油经济性标准（Corporate Average Fuel Economy，CAFE）目标，预计2025年美国新能源汽车销量有望达213万辆，渗透率达13%，2021—2025年年复合增长率为45%。若美国执行更加严格的燃油经济性标准和处罚措施，加强新能源汽车推广力度等，预计美国新能源汽车有望实现更高的增长，2025年渗透率有望达到13%，销量有望超过210万辆，如图1-1所示。

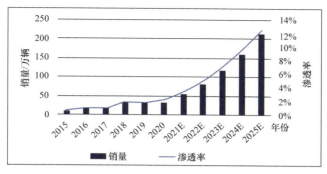

图1-1 美国新能源汽车销量预测

资料来源：IEA，国海证券研究所。

注：E（Estimated）代表预测值。

（2）欧洲：政策组合拳力度强，中长期高增长可期

欧盟2018年CO_2排放为31.5亿吨，较1990年（排放约为40亿吨）下降约22%，其中电力领域占比33%，占比第一，但呈现持续下降趋势，排放量较1990年下降约32%，其他除交通领域外均呈现下降趋势。而交通领域碳排放呈现明显的上升趋势，由1990年占比19%提升至2018年的29%，这与全球交通领域排放量占比走势呈现明显的"剪刀差"，欧盟交通领域碳排放量相较于1990年提升约20%[⊖]。欧盟明确提出2030年碳排放较1990年减少55%，2050年实现碳中和。交通领域减排是当务之急，这与欧盟出台的交通领域系列减排政策非常吻合。

从历史来看，欧盟政策执行力度大，目标完成率高。比如，欧盟2008年提出2020年相较于1990年整体碳排放减少20%的目标，而实际数据约为23%，超额完成。又比如欧盟提出2015年乘用车碳排放目标为130g/km，而当年实际数据为119.5g/km，超额完成近10%。2050年力争实现碳中和背景下，欧盟提出2021年乘用车CO_2排放目标为95g/km，2025年碳排放相较于2021年目标减少15%至80.8g/km，2030年相较于2021年减少37.5%至59.4g/km。若排放超标，欧盟将采取严格的处罚措施，即碳排放每超标1g，每辆车将被罚款95美元。

车企在欧洲的碳排放距离目标有较大差距（见表1-3），将测试标准从NEDC切换到WLTP，要求趋严。采用NEDC测试时，整车所在工作环境较为稳定，因此所得的碳排放水平一般要明显低于实际碳排放水平。而

⊖ 在中信建投《碳中和：吹响能源革命号角》一文中提到：欧盟的碳排放总量从1990年的40亿吨稳步下降至2018年的31.5亿吨。由此数据可计算出，欧盟交通领域碳排放量相较于1990年提升约20%。

WLTP 测试设置了不同的工况环境，测试数据也与真实工况更加接近。根据通信技术国际会议（ICCT）的样本数据，WLTP 的碳排放测试结果比 NEDC 高 14%~25%（见图 1-2），这将进一步推动车企加码新能源汽车。

表 1-3 各车企在欧洲碳排放距离目标比较

车企	2019 年碳排放（g/km，NEDC）	2018—2019 年变化	2020—2021 年目标	目标降幅值（降幅百分比）
丰田	108	-2	95	13（12%）
日产	114	-1	95	19（16%）
标致	115	1	92	23（20%）
克莱斯勒	116	-6	94	22（19%）
雷诺	118	5	92	26（22%）
铃木	121	7	85	36（29%）
起亚	123	2	94	29（23%）
现代	124	0	94	30（24%）
大众	124	2	97	27（21%）
宝马	127	1	103	24（19%）
福特	131	8	98	33（25%）
沃尔沃	132	0	109	23（18%）
戴姆勒	137	3	102	35（25%）
平均	122	1	96	26（21%）

资料来源：ICCT，国海证券研究所。

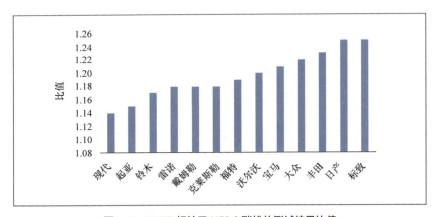

图 1-2 WLTP 相较于 NEDC 碳排放测试结果比值

资料来源：ICCT，国海证券研究所。

欧洲在严格的碳排放政策约束下，假设混合动力汽车占比逐渐提升，汽油与柴油汽车节油率维持稳定状态，提升有限。根据测算，预计欧洲 2025 年新注册新能源汽车需达 574 万辆，是 2020 年的 4.22 倍，年复合增长率为 33%，见表 1-4。

第1章 全球动力电池产业概况

表1-4 基于碳排放约束下的欧洲新能源汽车销量预测

车型	2018年 注册（万辆）	2018年 占比（%）	2018年 排放（g/km）	2019年 注册（万辆）	2019年 占比（%）	2019年 排放（g/km）	2020年预测值 注册（万辆）	2020年预测值 占比（%）	2020年预测值 排放（g/km）	2021年预测值 注册（万辆）	2021年预测值 占比（%）	2021年预测值 排放（g/km）	2025年预测值 注册（万辆）	2025年预测值 占比（%）	2025年预测值 排放（g/km）
汽油车	915	58	123.4	918	59	125.9	575	49	123.0	632	44	123.0	415	24	123.0
柴油车	547	35	122.0	476	30	127.1	311	26	124.0	342	24	124.0	224	13	124.0
混合动力汽车	63	4	104.0	94	6	110.0	145	12	100.0	246	17	95.0	510	29	95.0
新能源汽车	32	2	18.8	53	3	16.7	136	11	20.0	201	14	19.9	574	33	18.5
BEV	19	1	0	34	2	0.0	75	6	0.0	108	7	0.0	309	18	0.0
PHEV	13	1	46.2	19	1	46.2	62	5	44.0	93	6	43.0	265	15	40.0
FCEV	0	0	0	0	0	0.0	0	0	0.0	0	0	0.0	0	0	0.0
其他	21	1	117.0	25	2	120.6	21	2	122.4	23	1	121.7	23	1	121.7
LPG	16	1	121.0	18	1	126.0	16	1	125.0	17	1	125.0	17	1	125.0
NG	5	0	104.0	7	0	99.8	4	0	99.0	5	0	99.0	5	0	99.0
E85	0	0	123.5	1	0	181.5	1	0	180.0	1	0	180.0	1	0	180.0
合计	1578	100	119.9	1566	100	121.5	1188	100	97.4	1444	100	95.2	1746	100	80.6

资料来源：EEA，国海证券研究所。

注：BEV—纯电动汽车；PHEV—插电式混合动力汽车；FCEV—燃料电池汽车；LPG—液化石油气汽车；NG—天然气汽车；E85—E85型乙醇汽油汽车。

（3）中国：政策体系不断完善，减排斜率更为陡峭

根据 IEA 数据，2018 年欧盟、美国和中国碳排放分别占比为 9%、15% 和 29%。欧盟 1990 年碳达峰，规划 2050 年实现碳中和；美国碳达峰时间在 2000 年，2000—2007 年维持高位振荡，2007 年之后不断下降，规划 2050 年实现碳中和。中国规划 2030 年碳达峰，2060 年实现碳中和，欧盟及美国碳达峰及碳中和时间跨度分别为 60 年及 50 年，而中国规划为 30 年，可见，中国实现碳中和任务重时间紧迫。如图 1-3 所示，2018 年中国交通领域碳排放占比约为 10%，但其增长速度高于其他领域，相较于 2000 年，中国交通领域碳排放增长 2.7 倍。根据工信部规划，2025 年中国乘用车平均燃耗值达 4L/100km，且测试标准由原来的 NEDC 转换为 WLTP，WLTP 测试结果比 NEDC 高约 10%～20%。中国在乘用车、轻型车燃耗标准制定方面，减排斜率明显高于美国，仅次于欧盟，到 2025 年，欧盟要求年降幅为 3.98%，美国为 1.50%，而中国为 4.37%。中国碳排放结构如图 1-3 所示。

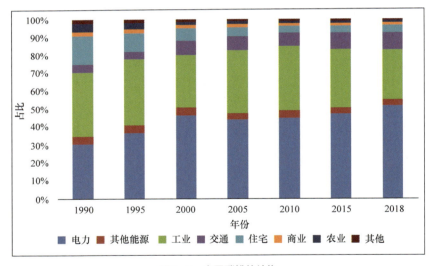

图 1-3 中国碳排放结构

资料来源：IEA，国海证券研究所。

2020 年，中国油耗积分出现剧烈的下降，从 2017 年的 1069 万分下降到 2018 年的 698 万分，下降 371 万分，油耗积分 2019 年下降到 129 万分，下降 569 万分；2020 年全行业出现负积分 745 万分。基于中国乘用车燃油经济性目标（见图 1-4）约束测算，预计 2025 年中国新能源乘用车产量将超 600 万辆（见表 1-5），2021—2025 年复合增长率为 35%。

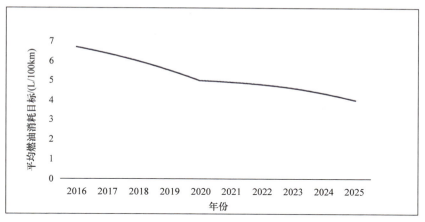

图 1-4　中国乘用车平均燃耗目标

资料来源：工信部，国海证券研究所。

表 1-5　基于碳排放约束下的中国电动乘用车产量预测

类别	2019 年			2020 年			2025 年预测值		
	产量（万辆）	占比（%）	百公里碳排放量/L	产量（万辆）	占比（%）	百公里碳排放量/L	产量（万辆）	占比（%）	百公里碳排放量/L
燃油车（含混合动力）	1947	93	6.77	1837	92	6.52	1660	73	5.50
新能源汽车（国内）	127	6	0.40	137	7	0.40	615	27	0.30
BEV	102	5	0.00	110	6	0.00	492	22	0.00
PHEV	25	1	2.00	27	1	2.00	123	5	1.50
新能源汽车（进口）	18	1	1.00	12	1	1.00	10	0	1.00
合计	2092	100	5.56	1986	100	5.64	2285	100	4.08

资料来源：工信部，国海证券研究所。

1.2　主机厂概况

2020 年，德国作为全球第三大新能源汽车市场，纯电动汽车销量超过 19.4 万辆。英国纯电动汽车和插电式混合动力汽车注册量分别逆势增长 185.9% 和 91.2%。爱尔兰新能源汽车和混合动力车新车销售逆市上扬，销量同比分别增长 14.4% 和 16.1%。挪威新能源汽车销量近 7.7 万辆，在新车总销量中占比达到 54.3%，成为全球首个全年电动汽车新能源汽车销量占比过半的国家。法国新能源汽车销量为 18.53 万辆，同比增长

201.34%。在日本，目前销售的乘用车新车中，混合动力汽车、新能源汽车等非传统汽油车的占比约40%，目前以混合动力汽车为主。

1. 全球优质供给驱动需求，形成良性循环

从特斯拉引领全球掀起电动化浪潮，到传统车企巨头BBAW（即奔驰、宝马、奥迪、大众）布局各大新能源汽车平台，再到丰田、本田、日产、现代等巨头已强力加码新能源汽车业务，目前处于海外快速拓展期，即为电动化3.0时代。未来3～5年海外需求是全球增长的重中之重。而我国在较高补贴的驱动下，之前新能源汽车增速较高，但主要是B端需求。目前已经进入低补贴阶段，叠加造车新势力的崛起，C端自发需求将持续推进，从造车新势力销量上可得到有力的验证。需求与供给共振，形成良性循环。

车型日益丰富化将有力助推需求。外资企业、合资企业、自主品牌和造车新势力多方角逐、强势加码，2020年新能源汽车市场有效供给大幅增强，展望2021年，各企业规划的车型非常丰富，例如大众、戴姆勒、特斯拉等车企，预计均有新车型问世。

海外车企巨头强势打造平台化战略。"平台化"概念目前已经广泛地应用在车企设计生产汽车的过程中。汽车平台可以尽量使用相同生产线，降低生产制造成本。基于同一平台也可以提高新车型开发效率，缩短研发周期。电动汽车平台是指从纯电动汽车、插电式混合动力汽车等自身产品的特点出发，构建的新能源汽车设计方法、制造设备、生产工艺以及电池、电机、电控等核心零部件及质量控制的一整套体系。

基于大众MEB、奔驰EVA、宝马CLAR/FAAR、雷诺－日产－三菱联盟、丰田E-TNGA平台的新能源汽车相继投放上市，对行业利好催化。例如，宝马计划在2023年推出25款新能源汽车车型，其中超过50%为纯电动。国际主流车企下一代新能源汽车平台对比分析见表1-6。

表1-6 国际主流车企下一代新能源汽车平台对比分析

企业/联盟	平台	车型	上市时间
大众	MEB	紧凑型两厢车、SUV、MPV等	2020年
宝马	CLAR/FAAR	两厢车、SUV等	2019年
奔驰	EVA	两厢车、SUV等	2019年
奥迪－保时捷	PPE	轿车、SUV等	2022年
雷诺－日产－三菱联盟	—	紧凑型两厢车、SUV等	2020年
现代起亚	EV-Only	中小型车	2021年
丰田	E-TNGA	轿车、SUV等	2020年
通用	BEV3	SUV及皮卡	2021年
标致/雪铁龙集团	EVMP	预计从SUV开始量产	2023年

资料来源：Marklines，国海证券研究所。

2. 长期规划，高举高打，巨头提速产业布局

欧美日韩等各车企巨头在加速布局新能源汽车产业，其中，特斯拉坚持纯电动汽车方向，横向拓展到皮卡等领域，大众与宝马均衡发展纯电动汽车与插电式混合动力汽车，由于欧美地区电池产业的基础较为薄弱，其供应商主要为日韩企业。2020年全球主流车企新能源汽车车型数量较2019年增长明显，2021年大众、戴姆勒、特斯拉等车企持续加码，提供更多丰富的优质车型（见表1-7）。例如，大众计划到2025年发售30余款新能源汽车，集团年销量达200万～300万辆，新能源汽车渗透率达20%以上。宝马规划到2025年集团新能源汽车渗透率达15%～25%。戴姆勒计划到2022年前发布50余款新能源汽车，其中10款以上为纯电动汽车，并计划到2025年新能源汽车渗透率达15%～25%。

表1-7 国际主流车企下一代新能源汽车平台对比分析

公司	目前在售主要车型数量情况				主要车型开发阶段数量			规划
	纯电动汽车	插电式混合动力汽车	混合动力汽车	燃料电池汽车	纯电动汽车	插电式混合动力汽车	混合动力汽车	
大众（不含奥迪）	5款	6款	1款	—	8款开发阶段，2020年第四季度—2021年投入5款	3款	—	到2025年，集团旗下各品牌将推出80余款全新新能源汽车车型，包括50款纯电动汽车型及30款插电式混合动力车型；25年渗透率达20%～25%
奥迪	2款	5款	9款	—	2款（2021年上市1款）	—	—	
宝马	2款	12款	7款	—	2款（2020年第四季度—2021年上市）	—	1款	到2025年将发布25款新能源汽车车型。基于下一代FAAR前驱平台和CLAR后驱平台，在2021—2025年间，宝马第五代新能源汽车产品将以每年5款的速度陆续投放市场。预计2025年电动化率达15%～25%
戴姆勒	5款	9款	6款	1款	3款（2021年上市1款）	—	—	到2022年投放10款新能源汽车，2025年新能源汽车渗透率达15%～25%
日产	3款	—	12款	—	2款（2021年上市1款）	—	—	雷诺-日产-三菱联盟计划2022年新能源汽车销量占比30%，其中12款纯电动汽车
雷诺	6款	2款	1款	—	—	—	—	

（续）

公司	目前在售主要车型数量情况				主要车型开发阶段数量			规划
	纯电动汽车	插电式混合动力汽车	混合动力汽车	燃料电池汽车	纯电动汽车	插电式混合动力汽车	混合动力汽车	
福特	1款	6款	12款	—	2款（2020年第四季度—2021年）	1款（2020年第四季度）	—	计划到2022年投资110亿美元，在全球市场投放16款纯电动汽车在内的40款新能源汽车
通用	4款	1款	2款	—	—	—	—	计划到2023年至少投放20款全新新能源汽车
特斯拉	4款	—	—	—	3款（2020年第四季度—2021年）	—	—	上海工厂2019年底投产，一期规划15万辆
丰田	2款	3款	数量多	3款	1款	—	1款	计划到2025年为所有车型推出相应的混合动力、插电式混合动力及纯电动车型，2030年新能源汽车销量达550万辆，其中纯电动汽车和燃料电池汽车在100万辆以上
标致、雪铁龙集团	10款	5款	—	—	—	2款（2020年第四季度）	—	—
现代起亚	8款	7款	18款	1款	1款	—	—	2025年之前推出38款新能源汽车
蔚来	3款	—	—	—	4款（或更多）	—	—	
小鹏	2款	—	—	—	—	1款	—	
理想	1款	—	—	—	5款	—	—	

资料来源：Marklines，国海证券研究所。

大众新能源汽车在欧洲市场全年增长313.5%，共销售15.8万辆，销量超过了特斯拉，同时也取得全球市场排名第二的位置。2020年7月上市的ID.3在欧洲的半年注册量为5.5万辆，其中仅12月份单月就销售了2.8万辆，此外帕萨特GTE也有出色的表现，这两款车占到大众全球新能源汽车销量的近一半。大众ID.3在2020年最后一个月取代雷诺ZOE和Model 3，成为欧洲当月销量最高的新能源汽车。

ID.3的成本相比e-Golf降低了30%～40%，主要是因为模块化电气化工具平台（MEB，见图1-5）的引入。MEB平台是大众汽车在2018年为纯电动车型打造的专属模块化平台，MEB平台是大众首个模块化传统车平台横置发动机模块化平台(Modular Querbaukasten，MQB)向电动化进化的平台，从结构层面来看，与大众传统燃油车模块化平台（MQB）相比，MEB 去除了传统燃油车底盘需要的横向设计、前置发动机、前轮驱动的布局，将动力电池以及电机融入底盘架构，将平板式电池模组布置于车轴两侧，其外观类似于一个方盒子，位于底盘中央，前桥与后桥之间，一方面可实现载荷的均匀分布，同时动力系统可实现前驱、后驱以及四驱。除了降低成本，MEB 平台的车型，其有效搭载动力电池的空间增大，载电量提升，续驶里程显著提升，普遍达到 500km 以上，后续计划推出的车型最高续驶里程可提升至 665km。后续基于 MEB 平台，大众陆续又推出了 ID.4 系列和 ID.6 系列车型，进一步丰富了车型序列。

图 1-5　MEB 平台架构

大众汽车投入 70 亿美元打造 MEB 模块化纯电动汽车生产平台，并将 MEB 平台供应到包括大众、斯柯达、西雅特和奥迪等品牌。依托 MEB 纯电动平台，可以大幅提高各品牌零部件共用率，进而降低成本。与此同时全新平台在续驶里程、紧凑性等方面远优于现有传统平台改型的新能源汽车。MEB 平台可以全方位覆盖 A0 级至 C 级车型。大众汽车计划于 2022 年前在德国（兹维考、埃姆登、汉诺威、德累斯顿）、捷克（姆拉达－博莱斯拉夫）、中国（安亭、佛山）和美国（查塔努加）建立 8 个 MEB 工厂。此外，大众集团加大对动力电池的布局与把控。2019 年与欧洲电池厂商 Northvolt 合资建设 16GW·h 动力电池厂，2020 年收购中国电池厂商国轩高科 26.47% 的股权，以保证电池的供应。

2021 年 3 月，大众举办了首届"电池日"活动。到 2023 年，大众集团将推出"标准电芯"，并在标准单体电池中应用大量智能化技术。通过一体适用型单体电池设计以及大规模量产的能力，大幅度地降低电池成本，最高可下降 50%。奥迪 Artemis 项目中推出的车型将会是大众第一批搭载标准单体电池的车型。随着欧盟绿色协议的签订，到 2030 年，大众纯电动车型在集团当中的占比到将达到 60%，而电池产量也需要配套增长。在动力电池产能和工厂选址方面，大众表示，到 2030 年，大众集团将会同合作伙伴在全球范围内建设 6 个动力电池工厂，总产能预计为 240GW·h。其中，大众位于瑞典和德国本土的各一家动力电池工厂产能将会增加到 40GW·h。充电基础设施方面，大众集团也在全球范围内快速布局。根据规划，到 2021 年底，大众旗下子公司 Electrify America 计划在北美市场建立约 3500 个快充电站点。到 2025 年，大众将通过合资公司 CAMS 在中国市场建立 17000 个快充电站点，并将在欧洲建设 18000 个快充电站点。

目前宝马在新能源汽车市场上以插电式混合动力车型为主，销量主要以宝马 5 系新能源和 3 系新能源两款插电式混合动力汽车支撑，5 系插电式混合动力汽车在中国市场的销量占到其全球销量的 56%。宝马在 2020 年末推出了 iX3，市场表现有待观望。奔驰的 EQC 在 2020 年共销售 1.8 万辆，销量最多的也是插电式混合动力车型。奔驰计划在多个车型系列陆续推出纯电动汽车车型，如 EQB、EQE 和 EQS。

美国方面，特斯拉一枝独秀，是美国新能源汽车市场也是全球新能源汽车市场的领头品牌，依靠纯电动+智能驾驶科技属性得到了全球众多消费者的青睐，产品销量持续快速增长，2015—2020 年复合增长率达 58%，在全球新能源汽车销量比重中持续提升。特斯拉在美国佛里蒙特和中国上海建有工厂，而在德国柏林以及美国得克萨斯的工厂正在建设当中。特斯拉 2020 年美国市场销售 23.5 万辆，同比增长 22.24%，这是在补贴取消且疫情暴发情况下实现的结果，由此可见特斯拉在美国市场的竞争力。其中，Model 3 是销量主力，占比高达 71%；新增的 Model Y 车型，全年销量 2.5 万辆。

通用汽车也在积极进行电动化转型。通用旗下的新能源汽车车型有雪佛兰品牌的插电式混合动力（简称插混）车型 Volt、纯电车型 Spark 及 Bolt，凯迪拉克品牌的插混车型 ELR 和 CT6，其中销量最多的是 Bolt，年销量达 2.08 万辆，同比增长 26%。2020 年，通用推出纯电动皮卡和纯电动 SUV 版的悍马 EV（SUV 版见图 1-6）。悍马 EV 将于 2021 年秋季发售，悍马 EV 使用通用汽车公司的新型 Ultium 电池，每次充电可行驶 350mile（1mile = 1.6km），拥有超过 1000hp（1hp = 0.75kW）的最大功率，百公里加速只要 3s，可与特斯拉 Cybertruck、福特 F-150 和 Rivian 的 R1T 展开竞争。2020 年 8 月，凯迪拉克品牌发布第一款纯电动汽车

LYRIQ，将于 2022 年第一季度到货。凯迪拉克 LYRIQ 定位为中型 SUV，基于通用汽车全新模块化新能源汽车平台打造，并将搭载全新 Ultium 电池组，预计续驶里程超过 300mile。根据最新规划，到 2025 年，通用汽车将在全球推出 30 款新能源汽车，其中三分之二将在北美上市。其旗下品牌凯迪拉克、GMC、雪佛兰和别克都有计划推出新能源汽车。到 2025 年底，通用在美国市场上 40% 的业务将是新能源汽车。

图 1-6　悍马 EV（SUV 版）

在核心技术方面，通用汽车的第三代电动平台嵌入了 Ultium 电池。Ultium 电池是传统的软包电池，可以进行灵活设计，电池模组可以垂直或水平堆叠，比如 12 单体和 18 单体的模组可以横放，24 单体的模组可以竖放。包含 6～24 个模组的电池组可以提供 50～200kW·h 的能量，具体来说有 6、8、10、12 和 24 五种搭配，选择取决于车型需求。Ultium 电池采用了镍钴锰铝的新配方，与传统主流的配方镍锰钴相比，新配方可将通常所需的钴量减少 70%，通用计划将电池成本降低到 100 美元 /（kW·h）。

福特方面，现有在售一款纯电动车型 Mustang Mach E 和两款插混车型 Escape SE 和 FUSION。Mustang Mach E 发布于 2019 年的洛杉矶车展，被视为特斯拉 Model Y 的主要竞争对手之一，首批 Mustang Mach-E 在 2020 年年底开始交付。2021 年 5 月，美国总统拜登在密歇根州迪尔伯恩市福特工厂视察时试驾了福特 F150 皮卡 EV，并表示电动汽车是"汽车工业的未来"，呼吁美国汽车界行动更快速一些，争取重新引领新能源汽车的发展，建设美国本土的动力电池生产基地，制造更多的电池以满足未来大规模新能源汽车的生产需求。

造车新势力同样不容忽视，智能互联深受追捧。针对"00 后"等新生代的需求升级，由百度、阿里巴巴、腾讯、京东（可合称 BATJ）为代表的互联网巨头注资参股的蔚来、拜腾、威马、小鹏等众多智能互联车企，更加注重客户体验性需求，将助推新能源汽车产品进阶更高层级，互联互通的全球化概念值得长期关注。新势力主打智能互联车型，蔚来、小鹏、理想、威马等标配 L2 级自动驾驶、车联网、OTA 和 LED 车灯，新势力注重产品打磨及客户体验，不断推陈出新，深受市场认可。

1.3 新能源汽车产业链需求及预测

2021 年第一季度，中、欧、美迎来三重共振（见图 1-7 和图 1-8），全球销量达 112.8 万辆，其中 3 月销量达 53 万辆。展望 2021 年全年，预计全球新能源汽车销量将超 500 万辆，年同比增长率达 60% 以上。而长期来看，预计 2025 年全球新能源汽车销量将达 1614 万辆，渗透率达 17%，2021—2025 年年复合增长率为 38%，成长空间大，确定性高。

根据 IEA 数据，2020 年全球新能源汽车保有量超 1000 万辆；根据 EV sales 数据，2020 年全球新能源汽车销量达 324 万辆，年复合增长率达 43%，渗透率达 4.2%，较 2019 年提升 1.7%。2021 年第一季度全球新能源汽车销量达 112.8 万辆，其中 3 月销量达 53 万辆。

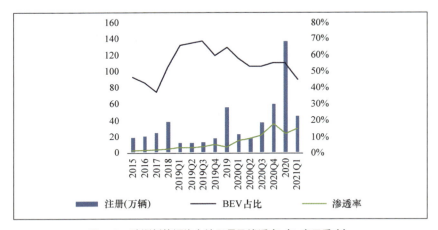

图 1-7　欧洲新能源汽车注册量及渗透率（Q 表示季度）

资料来源：ACEA，国海证券研究所。

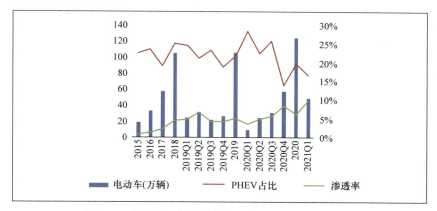

图 1-8 中国纯电动乘用车销量及渗透率（Q 表示季度）

资料来源：中国汽车工业协会、国海证券研究所。

中欧新能源汽车维持高增长。2021 年第一季度欧洲新能源汽车销量达 45 万辆，年同比增长率达 98%，渗透率由 2020 的 11.5% 提升至 2021 年第一季度的 14.7%。中国纯电动乘用车 2021 年第一季度销量达 49 万辆，渗透率由 2020 年的 6.2% 提升至 2021 第一季度的 9.7%。美国 2021 年第一季度新能源汽车销量超 12 万辆，其中纯电动汽车销量约 10 万辆，年同比增长率达 45%。

造车新势力销量维持高增长。2021 年 1—4 月新势力（蔚来、理想、小鹏和合众）合计销量达 7.5 万辆（见图 1-9），年同比增长率 303%，其中 2021 年第一季度销量达 5.34 万辆，较 2020 年第四季度增长 3%，需求旺盛。特斯拉 2021 年第一季度全球交付量达 18.5 万辆，年同比增长率 109%，环比增长 2%，如图 1-10 所示。

图 1-9 我国新势力销量走势

资料来源：各车企官网、国海证券研究所。

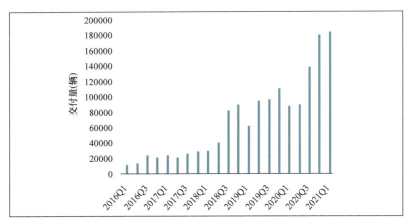

图 1-10　特斯拉全球季度交付量（Q 表示季度）

资料来源：特斯拉官网，国海证券研究所。

全球动力电池需求旺盛。在新能源汽车产销两旺背景下，动力电池需求旺盛。根据 SNE 数据，2021 年第一季度全球动力电池装机量为 47.8GW·h，年同比增长率 127%，其中 3 月全球动力电池装机量达 22.1GW·h，年同比增长率 158%，月同比增长率 97%，维持高速增长态势（见图 1-11）。国内方面，2021 年第一季度动力电池装机量约 23GW·h，年同比增长率 309%，其中 3 月装机量约 9GW·h，年同比增长率 225%，月同比增长率 61%，整体需求旺盛，中长期持续向好（见图 1-12）。

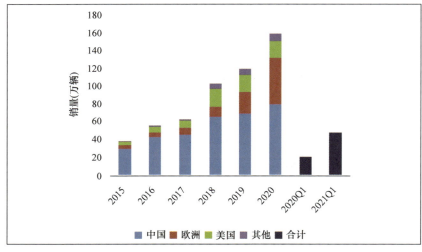

图 1-11　全球销量走势（Q 表示季度）

资料来源：各车企官网，国海证券研究所。

图1-12 中国动力电池装机量走势

资料来源：特斯拉官网，国海证券研究所。

1.4 动力电池及材料产业需求及预测

为了更合理地预测新能源汽车的增速与未来发展空间，从终端汽车视角出发，假设中国2021—2025年汽车销量整体年复合增长率为3.3%，假设欧洲、美国2025年汽车销量与2019年接近，即假设两者2021—2025年年复合增长率分别为2.9%和3.3%，假设其他地区2021—2025年年复合增长率为4.8%。基于以上假设，全球汽车2021—2025年年复合增长率预计为3.7%，即全球汽车在2025年恢复至2018—2019年平均水平。

基于以上假设，结合大众、宝马、戴姆勒等车企2025年中长期规划，中国、欧洲及美国燃油经济性目标及新能源汽车发展目标如下：中国2025年新能源汽车销量预计达686万辆，2021—2025年年复合增长率为38%，2025年渗透率达23%；欧洲2025年新能源汽车销量达579万辆，2021—2025年年复合增长率为33%，2025年渗透率达30%；美国2025年新能源汽车销量达213万辆，2021—2025年年复合增长率为45%，2025年渗透率达13%。预计其他地区（除美国、中国和欧洲外）2025年新能源汽车销量达136万辆，2021—2025年年复合增长率为50%，2025年渗透率达5%。

整体来看，预计2025年全球新能源汽车销量约1614万辆，渗透率约

17%，2021—2025 年年复合增长率约 38%，长期成长空间大。2021 年，中国新能源汽车预计销量约 237 万辆（+73%），欧洲 206 万辆（+48%），美国 56 万辆（+70%），其他地区 28 万辆（+58%），全球合计 527 万辆，年复合增长率 61%。全球新能源汽车相对确定性高速增长，给产业链带来较大增长（见表 1-8）。

表 1-8 全球新能源汽车销量预测

预测		2018 年	2019 年	2020 年	2021 年预测值	2022 年预测值	2023 年预测值	2024 年预测值	2025 年预测值	年复合增长率（2021—2025 年）
中国汽车	销量（万辆）	2808	2577	2531	2784	2868	2925	2954	2984	3%
	同比增速（%）	—	-8%	-2%	10%	3%	2%	1%	1%	—
中国新能源汽车	渗透率（%）	4.5%	4.7%	5.4%	8.5%	11.0%	14.0%	18.0%	23.0%	—
	销量（万辆）	126	121	137	237	315	410	532	686	38%
	同比增速（%）	—	-4%	13%	73%	33%	30%	30%	29%	—
欧洲汽车	销量（万辆）	2070	2081	1671	1838	1874	1893	1912	1931	3%
	同比增速（%）	—	1%	-20%	10%	2%	1%	1%	1%	—
欧洲新能源汽车	渗透率（%）	1.9%	2.8%	8.4%	11.2%	14.0%	18.0%	23.5%	30.0%	—
	销量（万辆）	39	59	140	206	262	341	449	579	33%
	同比增速（%）	—	51%	137%	47%	27%	30%	32%	29%	—
美国汽车	销量（万辆）	1770	1748	1445	1590	1638	1670	1687	1704	3%
	同比增速（%）	—	-1%	-17%	10%	3%	2%	1%	1%	—
美国新能源汽车	渗透率（%）	2.0%	1.8%	2.3%	3.5%	5.0%	7.0%	9.5%	12.5%	—
	销量（万辆）	35	32	33	56	82	117	160	213	45%
	同比增速（%）	—	-9%	3%	70%	46%	43%	37%	33%	—
其他地区汽车	销量（万辆）	2858	2724	2150	2365	2483	2558	2635	2714	5%
	同比增速（%）	—	-5%	-21%	10%	5%	3%	3%	3%	—

（续）

预测		2018年	2019年	2020年	2021年预测值	2022年预测值	2023年预测值	2024年预测值	2025年预测值	年复合增长率（2021—2025年）
其他地区新能源汽车	渗透率（%）	0.3%	0.6%	0.8%	1.2%	2.0%	3.0%	4.0%	5.0%	—
	销量（万辆）	10	16	18	28	50	77	105	136	50%
	同比增速（%）	—	60%	13%	56%	79%	54%	36%	30%	—
全球汽车	销量（万辆）	9506	9130	7797	8577	8863	9046	9188	9333	4%
	同比增速（%）	—	-4%	-15%	10%	3%	2%	2%	2%	
全球新能源汽车	渗透率（%）	2.2%	2.5%	4.2%	6.1%	8.0%	10.4%	13.6%	17.3%	
	销量（万辆）	210	228	328	527	709	945	1246	1614	38%
	同比增速（%）	—	9%	44%	61%	35%	33%	32%	29%	

资料来源：Wind，EV sales，中国汽车工业协会，国海证券研究所。

　　基于以上测算，假设单车带电量呈现不断提升态势，即至2025年我国单车带电量为62kW·h，海外为63kW·h，测算出2025年全球车用动力电池达1010GW·h，2021—2025年期间年复合增长率为47%。此外，预测2025年储能需求锂电池为208GW·h，2021—2025年期间年复合增长率为49%。消费类电池在电动工具、两轮车等带动下，预计实现稳定增长，预计2025年消费类锂电池需求达174GW·h，2021—2025年期间年复合增长率为10%。整体来看，预测2025年全球锂电池需求达1392GW·h，2021—2025年期间年复合增长率为38%。对应2021年全球锂电池需求417GW·h，年同比增长率48%，其中车用动力电池253GW·h，年同比增长率75%。全球新能源汽车销量预测见表1-9。

　　根据上述对锂电池需求的预测，相应地，对2025年全球锂电池材料需求预测（见表1-10）如下：2025年正极、负极、隔膜和电解液需求分别为211万吨、133万吨、222亿平方米和148万吨，2021—2025年年复合增长率分别为34%、35%、35%和35%。其中，2025年三元正极材料需求158万吨，占正极材料比重为75%，2021—2025年年复合增长率为41%。预计2025年六氟磷酸锂需求16.1万吨，2021—2025年期间年复合增长率为32%。同时，预计2021年全球正极、负极、电解液和隔膜的需求量分别为 71 万吨、43 万吨、48 万吨和 72 亿 m^2。

表 1-9 全球新能源汽车销量预测

	销量	2018年	2019年	2020年	2021年预测值	2022年预测值	2023年预测值	2024年预测值	2025年预测值	年复合增长率（2021—2025年）
中国动力电池装机量	中国新能源汽车销量（万辆）	126	121	137	237	315	410	532	686	38%
	单车带电量/(kW·h)	45	52	47	49	52	55	59	62	6%
	同比增速（%）	—	16%	-10%	4%	6%	7%	5%	6%	
	装机量/(GW·h)	57	62	64	117	165	227	312	427	46%
	同比增速（%）		9%	3%	83%	41%	38%	38%	37%	
海外动力电池装机量	海外新能源汽车销量（万辆）	84	107	190	290	394	534	715	928	37%
	单车带电量/(kW·h)	51	52	43	47	51	55	59	63	8%
	同比增速（%）	—	2%	-17%	9%	9%	8%	7%	7%	—
	装机量/(GW·h)	43	56	81	136	202	296	424	583	48%
	同比增速（%）	—	30%	45%	68%	49%	47%	43%	38%	—
① 全球动力电池装机量	全球新能源汽车销量（万辆）	209	227	327	526	709	944	1247	1614	38%
	单车带电量/(kW·h)	48	52	44	48	52	55	59	63	7%
	同比增速（%）	—	8%	-15%	9%	8%	6%	7%	7%	
	装机量/(GW·h)	100	118	145	253	367	523	736	1010	47%
	同比增速（%）	—	18%	23%	74%	45%	43%	41%	37%	
② 全球储能电池	出货量/(GW·h)	17	21	29	46	68	103	149	208	49%
	同比增速（%）	—	24%	38%	59%	48%	51%	45%	40%	
③ 消费类（计算机、通信、消费类电子产品、电动工具和两轮车）	出货量/(GW·h)	76	88	108	119	131	144	158	174	10%
	同比增速（%）		16%	23%	10%	10%	10%	10%	10%	
全球锂电池（①+②+③）	出货量/(GW·h)	193	227	282	417	566	769	1043	1392	38%
	同比增速（%）	—	18%	24%	48%	36%	36%	36%	33%	

资料来源：SNE Research，EV Tank，国海证券研究所。

表 1-10 全球动力电池材料需求预测

材料需求		2018年	2019年	2020年	2021年预测值	2022年预测值	2023年预测值	2024年预测值	2025年预测值	年复合增长率（2021—2025年）
正极材料	单位需求/[t/(GW·h)]	1838	1801	1765	1712	1661	1611	1563	1516	-3%
	同比增速(%)	—	-2%	-2%	-3%	-3%	-3%	-3%	-3%	—
	正极需求/万t	35	41	50	71	94	124	163	211	34%
	三元占比	58%	59%	58%	58%	62%	65%	70%	75%	—
	三元需求/万t	21	24	29	41	58	81	114	158	41%
负极材料	单位需求/[t/(GW·h)]	1100	1078	1056	1035	1015	994	974	955	-2%
	同比增速(%)	—	-2%	-2%	-2%	-2%	-2%	-2%	-2%	—
	负极需求/万t	20	24	30	43	57	76	102	133	35%
电解液	电解液单位需求/[t/(GW·h)]	1200	1188	1176	1153	1130	1107	1085	1063	-2%
	同比增速(%)	—	-1%	-1%	-2%	-2%	-2%	-2%	-2%	—
	电解液需求/万t	23	27	33	48	64	85	113	148	35%
	六氟磷酸锂单位需求/(吨/吨电解液)	0.125	0.125	0.120	0.118	0.115	0.113	0.111	0.108	-2%
	六氟磷酸锂需求/万t	2.9	3.4	4.0	5.7	7.4	9.6	12.5	16.1	32%
隔膜	单位需求/[万m²/(GW·h)]	1800	1782	1764	1729	1694	1660	1627	1595	-2%
	同比增速(%)	—	-1%	-1%	-2%	-2%	-2%	-2%	-2%	—
	隔膜需求/亿m²	35	40	50	72	96	128	170	222	35%

资料来源：SNE Research，EV Tank，国海证券研究所。

1.5　全球电动汽车产业政策及展望

欧洲对于电动汽车的主要政策是"大棒加金元"，即通过碳排放限制和补贴鼓励来执行。欧盟自 2020 年 1 月开始执行全球最严碳排放标准，规定 2020 年销售的新车中的 95% 碳排放必须达到 95g/km，2025 年较 2021 年实际排放下降 15%（对应 81g/km），2030 年较 2021 年下降 37.5%（对应 59g/km）。与双积分政策类似，对于新能源汽车车型也给予核算倍数优惠，2020—2022 年分别为 2 倍、1.67 倍和 1.33 倍，纯电汽车车型排放按 0 计算。同时也给予了企业一定合规灵活性，包括循环外技术优惠（不超过 7g/km）和企业自由组合达标等。对于不达标企业，超出部分每克需要缴纳罚金 95 欧元。对于车企来说，为避免巨额罚单，必须加速自身的电动化转型。

而为促进欧洲新能源汽车行业发展，政府拟免征零排放车增值税。若欧盟成员全面实行，将极大刺激欧洲新能源汽车消费需求。目前欧盟主要国家的车辆增值税为 19%～25%，占车辆购置成本比较高。而欧洲推行新能源汽车的国家仅有挪威、奥地利和葡萄牙，这三个国家均不是汽车消费大国，如其他欧盟成员国推行该政策，有望极大刺激欧洲新能源汽车消费需求。

在严格的碳排放标准下，欧洲各国密集出台补贴政策、加大投入，加快发展新能源汽车产业的步伐。2020 年 5 月 19 日，欧盟提案将新能源汽车纳入绿色经济复苏计划。英、德、法等国家纷纷推出各自的新能源汽车发展促进政策。

具体来看，英国在 2020 年 3 月宣布电动汽车将补贴至 2023 年。消费者购买 CO_2 排放量小于 75g/km 的电动汽车，最高可以获得 5000 英镑购车补贴，并免征汽车燃油税、汽车消费税等；购买 CO_2 排放量小于 75g/km 的电动货车，最高可获得 8000 英镑的购车补贴。政府已建立一个 4.5 亿欧元的基金，以帮助扩大新能源汽车充电网络。在德国购买纯电动汽车的消费者，购车价格低于 4 万的，将获得 6000 欧元；购车价在 4 万～6.5 万欧元之间的，可以获得补贴 5000 欧元；购车价高于 6 万欧元的，将没有补贴。购买油电混合动力汽车，购车价低于 4 万欧元的可获 4500 欧元；购车价在 4.5 万～6 万欧元之间的，可获得 3750 欧元。补贴总金额共计 20.9 亿欧元。

2020 年 6 月，德国推出 1300 亿欧元的经济复苏计划，其中涉及新能源汽车的主要内容包括：针对单价低于 4 万欧元的新能源汽车，政府补贴从 3000 欧元提升至 6000 欧元，对应的单车总补贴从 6000 欧元（3000 欧元政府 +3000 欧元车厂）提升至 9000 欧元（6000 欧元政府 +3000 欧元车厂，截至 2021 年 12 月 31 日）；增值税率从 19% 降至 16%，适用于所有动力类型的车辆（2020 年 7 月 1 日—2020 年 12 月 31 日）；德国还推出 500

亿欧元创新推进资金计划，用于推进新能源汽车、氢燃料电池汽车、人工智能等技术发展；追加投资 25 亿欧元，用于促进充电站、充电桩等充电设施的生产建设。

2020 年 6 月，法国推出 80 亿欧元汽车产业援助计划，对新能源汽车的购置补贴进一步加码，主要政策有：对购买新能源汽车的私人车主的财政补贴从 6000 欧元提高到 7000 欧元（新车购买、旧车换购新能源汽车均适用），商业客户可获得 5000 欧元补贴；换购纯电动汽车获得 5000 欧元补贴；换购柴油机汽车、汽油机汽车获得 3000 欧元补贴。新能源汽车补贴和换购补贴可叠加使用，这意味着，旧车换购纯电动汽车的车主可获得 1.2 万欧元的补贴；马克龙表示法国到 2025 年将年产 100 万辆环境友好型汽车；补贴期限为 6 月 1 日—12 月 31 日，数量限制为 20 万辆车。

在葡萄牙，纯电动汽车可享 2250 欧元补贴，插电式混合动力汽车可享 1125 欧元补贴。

在西班牙，电动乘用车可享高达 5500 欧元补贴，电动载货车可享 8000 欧元补贴，电动巴士可享 20000 欧元补贴。

在瑞士，CO_2 排放量不超过 50g/km 的插电式混合动力汽车可享 20000 克朗（约合 2123 欧元）的补贴，纯电动汽车可享 40000 克朗（约合 4246 欧元）的补贴。

在荷兰，零排放汽车豁免注册税和路税；插电式混合动力汽车（CO_2 排放量小于 51g/km）路税为传统汽车一半。同时，在特定城市单独奖励 5000 欧元补贴，如阿姆斯特丹。

在挪威，纯电动汽车和燃料电池汽车进口税购置税豁免，插电式混合动力汽车最多减除同类税费 10000 欧元。纯电动汽车和燃料电池汽车豁免 25% 增值税，并免除道路税和市政停车场费，准入公交车道。

美国对于电动汽车产业的发展政策几经变化。2009 年，奥巴马在美国金融危机后的高债务、高失业、低增长、低投资的形势下上台执政，并提出了工业化战略。其中，将发展电动汽车作为提振美国汽车工业、引领美国走出经济危机泥潭的重要途径，并明确重点支持纯电动汽车和插混式汽车，这两类车的购置个税抵免政策也在该时期提出。2017 年 6 月，美国总统特朗普在白宫正式宣布美国退出《巴黎协定》，对于汽车排放给予了比较宽松的要求。2020 年 3 月，特朗普签署最终企业平均燃油经济性标准，将奥巴马时期制定的燃油经济性年改善幅度的要求从 5% 放宽到 1.5%，新法规使汽车制造商无须借助电动汽车即可满足合规要求。2021 年，拜登政府发布到 2026 年美国汽车市场电动化率要达到 25% 的目标，为此联邦政府计划斥资 200 亿美元将当前政府车队全面电动化，并计划重新审议燃油经济性标准和恢复全额电动汽车税收抵免，或恢复购车最高 7500 美元个税返还补贴等刺激政策。相比中国以及欧洲的电动汽车市场渗透率，美国电动化进程相对较慢，目前为 2.2%。在拜登任职期内，美国的新能源汽车产业有望迎来一波高速增长期。

日本方面，2021 年 1 月在日本第 204 届例行国会上，日本首相菅义伟表示，到 2035 年，销售的新车 100% 将为电动化车辆。在绿色战略中，除金融市场改革外，日本将设立 2 万亿日元（约合人民币 1249 亿元）的环境基金，以最大 10% 的税额扣除，督促太阳能发电、低成本电池等领域企业加快前沿技术研发。为此，在政府采购方面，日本修改《绿色采购法》中的乘用车采购标准，明确乘用车必须是"电动化车辆"和"下一代汽车"，删去了"汽油车"字样。从 2021 年 2 月起，日本各政府部门及其所属机构将不再采购传统的汽油乘用车，而是改为电动化车辆。至于客车等大型车，则除了电动化车辆外，还可以采购天然气车、清洁柴油车等。购车补贴方面，日本经济产业省宣布，将纯电动汽车最高补贴金额由 40 万日元提升至 80 万日元（约合人民币 5 万元），插电式混合动力汽车最高补贴金额由 20 万日元增至 40 万日元，燃料电池汽车最高补贴金额由 225 万日元增至 250 万日元。

韩国方面，2021 年 1 月，韩国扩大节能车款的补助条件，从混合动力汽车、电动机车、纯电动汽车再到氢燃料电池汽车等都列入补助范围内，同时调整高价新能源汽车的补助，借此增加大众对新能源汽车的接受度以及加速普及化，韩国政府着力于广设充电站、氢燃料补充站，为新一代交通革新准备。而价格超过 9000 万韩元的新能源汽车将不具补助资格，例如特斯拉 Model X 以及奥迪 e-tron。售价为 6000 万～9000 万韩元（34 万～52 万元）的新能源汽车补助金额为 50%，全额补助仅限价格低于 6000 万韩元的（34 万元）新能源汽车。2021 年全新补助金额更上调 10%。另外公告中也特别提及，如果该车款在冬季低温的情况下仍有优秀的续航力表现也将会额外给予最高 50 万韩元的补助（2900 元）。除了补助金额的调整，更规划建设 3.15 万个新能源汽车充电桩、54 个加氢站。

1. 欧洲《电池 2030+》

2020 年 3 月，欧洲发布了欧洲电池产业长期研究计划《电池 2030+》（*BATTERY 2030+*，见图 1-13）。《电池 2030+》制定了欧洲前瞻性电池研究的长期路线图，通过欧洲的集体研究和努力，满足欧洲建立本土电池制造业的迫切需要。《电池 2030+》将通过跨学科研究方法，利用人工智能、机器人技术、传感器和智能系统等先进技术，追求超高性能、可靠、

安全、可持续和价格合理的电池。在《电池2030+》中，电池的应用方向不仅仅在新能源汽车领域，还可扩展至交通领域的电动飞机以及电动船舶，并且在医疗、电子设备、无人机、智慧城市以及清洁能源储能方面广泛应用。《电池2030+》将研究三大主题，分别是电池界面和材料、智能功能以及交叉领域。

CHEMISTRY-NEUTRAL APPROACH	化学中性途径
ACCELERATED DISCOVERY OF INTERFACES AND MATERIALS	电池界面和材料
BIG	电池界面基因组
MAP	电池材料加速平台
INTEGRATION OF SMART FUNCTIONALITIES	智能功能的集成
SENSING	传感
SELF-HEALING	自愈
CROSS-CUTTING AREAS	交叉领域
RECYCLABILITY	可回收性
MANUFACTURABILITY	可制造性
SUSTAINABLE BATTERIES OF THE FUTURE	未来的可持续电池
MEDICAL DEVICES	医疗设备
E-MOBILITY	电动交通工具
SMART CITY	智慧城市
FLYING OBJECTS	飞行器
STATIONARY ENERGY STORAGE	固定式储能
PORTABLE ELECTRONICS	便携式电子产品
CLIMATE-NEUTRAL SOCIETY	气候中性社会

图1-13 《电池2030+》整体架构

图片来源：欧盟《电池2030+》

（1）电池界面和材料

未来电池的核心在于高性能材料和组件，有了这些材料和组件才能制造出更高能量密度和功率密度的电池。《电池2030+》倡导开发电池材料加速平台（Materials Acceleration Platform，MAP），以革新目前进行电池材料研究的方式。这可以通过结合来自高通量自动合成和表征、材料和界面模拟、自主数据分析和数据挖掘以及人工智能和机器学习的强大方法来实现。电池中的界面问题可以说是电池中最难理解、最难研究的问题，因为大多数关键的电池反应都发生在那里，例如枝晶形成、固态电解质界面膜（SEI）形成和阴极－电解质界面（CEI）形成。在 MAP 的基础上，《电池 2030+》提出开发电池界面基因组（Battery Interface Genome，BIG），这将为理解控制每个电池运行和功能的界面过程奠定新的基础（见图 1-14）。加速电池材料的设计需要对控制界面形成和演化机制进行详细的理解和梳理，这涉及研究离子通过界面传输的机制。更具挑战性的是，让电子在界面反应中的作用进行可视化。这些过程决定了所开发的超高性能电池是否能安全运行，是否具有必要的长寿命。

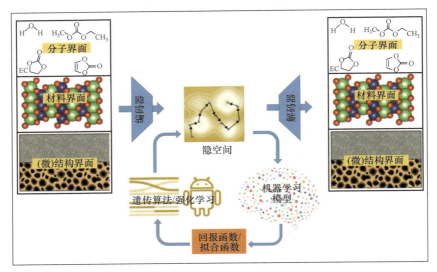

图 1-14　基于 BIG-MAP 的电池材料设计

图片来源：欧盟《电池 2030+》

未来将建设一个共享的欧洲数据基础设施，该基础设施能够自主获取、处理和分析电池开发周期所有领域的数据。基于人工智能的新工具和物理模型，将利用收集的大量数据（重点放在电池材料和界面上）进行包括数值模拟，自主高通量材料合成、表征和测试等分析，这将有助于新材料和电池单元的开发。BIG-MAP 将改变人们理解和发现新电池材料和界面的方式，将为未来开发更安全、更长寿命和超高性能电池带来变革性技术。

（2）智能功能

通过引入智能传感和自愈功能提高电池的安全性、可靠性和循环寿命，一直以来是人们在电池技术方面努力的方向。每一个电池都会老化，电池内部的退化过程不可能被完全抑制，外界因素如极端温度、机械应力、运行期间的功率过大，或者仅仅是老化，在一定的时间内都会对电池性能产生不利影响。从可持续性、经济效率和可靠性的角度来看，需要找到新的方法来提高安全性和使用寿命。

《电池2030+》的愿景是将智能传感和自愈功能纳入电池单元，目标是提高电池耐久性、延长使用寿命、降低每千瓦时成本，并最终显著减少电池在全生命周期中的生态足迹（见图1-15）。未来将开发出能够提供空间和时间分辨率的非侵入式传感技术以监控关键的电池参数，并确定电池内是否需要通过激活或施加自愈功能进行缺陷区域或部件的修复。在未来的电池中，传感器将使人们能够在实际操作过程中直接跟踪电池内部的电化学反应。新的传感器技术将可以诊断早期阶段的电池故障和不必要的导致电池老化的副反应。在要求电池具有高可靠性、高质量和长寿命的应用中，自愈功能将成为未来电池的一个重要特性。结合传感和自愈功能，电池将具有可预测的寿命、可记录的健康状态、安全状态和使用历史。智能功能的介入，将使电池具有更高的安全性和更长的寿命。

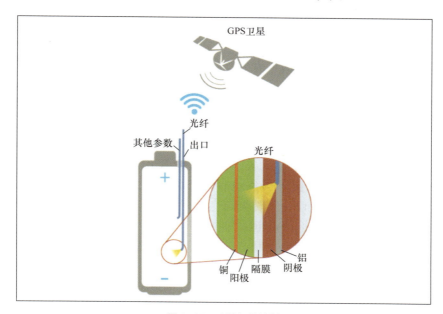

图 1-15　电池智能诊断

图片来源：欧盟《电池 2030+》

（3）交叉领域

电池的制造和再生是关键的交叉领域，从一开始，有关如何制造和回收电池的新知识和想法就为材料的发现和开发过程提供信息，因此制造性和再生性必须成为早期电池研发的重要组成部分。而材料采购、加工、制造和装配过程必须适应新的电池化学体系，并遵循创新的方法，以满足有效的再制造和再利用要求。未来将基于工业4.0的技术成果开发用于处理电极浆料、电极片生产、电池组装、电池包组装和电池性能的实时模型（用于电池制造的数字化模型），实现数字和物理空间的实时映射，不断自发优化和调整电池的制造过程以及上下游的协同处理。

《电池2030+》倡导的三大主题以及六个研究领域对未来电池的发展具有重大影响，是一次非常具有挑战性的尝试，所有这些领域都是相互联系的，有助于不断研发出新的工具，改变欧洲以往开发电池的方式，而电池的安全性和可持续性将是核心指导原则。

2. 美国《储能大挑战路线图》

2020年12月，美国能源部发布"储能大挑战路线图"（Energy Storage Grand Challenge Roadmap，ESGC），储能大挑战是一项综合性计划，旨在加速下一代储能技术的开发、商业化和利用，并保持美国在储能领域的全球领先地位，目标是到2030年，开发并在美国国内生产能够满足所有市场需求的储能技术。

《储能大挑战路线图》认为未来十年最大的储能市场是新能源汽车。因此，新能源汽车市场的技术需求会在近期到中期对其他使用场景下的储能系统的技术性能和可用性产生重大影响。在过去十年里，锂离子电池技术在新能源汽车方面取得了重大进展，使电池组成本在这段时间内降低了约85%，同时促进了锂离子电池在固定式储能上的应用。现在大多数新的并网存储资源都使用了锂离子电池。

《储能大挑战路线图》认为美国在发展锂离子电池方面面临三大挑战：

一是供应链挑战。美国虽然也有锂资源储量，但是美国国内并不开采，而是从其他国家进口；同时美国也没有锂离子电池需要的钴储量，美国国内供应链最可行的途径是电池回收。

二是制造挑战。目前电池制造过程中的技术挑战限制了电池的能量密度和寿命，虽然在电池技术中需要取舍和权衡能量密度和功率密度，但是在元件设计、电池结构和制造工艺等方面的需要开发出新技术和新方法以在减少寿命周期消耗的情况下提高电池性能。

三是安全技术挑战。锂离子电池在某些条件下会过热、着火甚至爆炸，为了确保电池在应用中的安全，需要在电池系统的制造中集成更好的热管理，包括先进的热交换和传导技术。

美国在锂离子电池技术研究方面处于领先地位，这是因为美国有强大的研发能力，由大学和国家实验室主导，有强大的技术创新基础设施，但整体上在制造能力和供应链保障方面落后于其他国家。因此《储能大挑战路线图》强调锂离子电池不仅要在美国研发，更要在美国制造，并能输出到其他国家，关键要做好供应链的保障。

美国能源部能源效率和可再生能源办公室（EERE）的车辆技术办公室（VTO）在推动电动汽车应用的电池技术方面起到了关键作用。在能源部的技术投资推动下，车载电池组的成本从2008年的1000美元/（kW·h）下降到2020年的143美元/（kW·h），目前正在开发几项新一代锂离子技术（如硅阳极、固态电解质、金属锂），以期在2028年前达到100美元/（kW·h），最终目标是80美元/（kW·h）。这将使电动汽车达到和内燃机车辆一样的成本竞争力。比如Battery500 Consortium等研发项目正在开发下一代锂基电池，这种电池使用金属锂阳极来提高电池的能量密度，以提高电池的质量能量密度。尽管仍存在重大的技术挑战，但如果Battery500 Consortium成功，就可以使电池质量能量密度增加1倍，成本不到100美元/（kW·h）。

对于锂离子电池，最大的产业链风险是钴供应。车辆技术办公室设立了阿岗国家实验室电池回收研发中心和电池回收奖，通过回收正极和负极材料，最大限度地提高废旧电池的回收价值。电池回收奖是由汽车技术计划和先进制造办公室共同资助的，目标是在锂离子电池寿命结束时能够实现90%的再生率。

除了上述内容，能源部电力办公室和车辆技术办公室都在支持其他体系电池的早期研究：如用更丰富的钠取代锂离子技术中的传统材料，同时保留锂离子制造工艺。锂的价格上涨和供应链问题促使人们研究可替代传统锂离子电池中锂的替代材料。钠作为地壳中第六丰富的元素很容易获得，并且具有与锂相似的化学性质，有利于快速适应当前的制造业基础设施。由于钠离子相对较重，能量密度低于锂离子，所以限制了它的潜在市场，可应用于对高能量密度不太敏感的应用场景。钠离子技术的商业化尚处于早期阶段，一些公司克服了电池设计和电极平衡的一些挑战，进行了试点示范。在几个能源部办公室内继续进行的研究集中于确定材料和化学体系，使钠离子电池具有与当今锂离子电池相当的能量密度和全生命周期性能，同时消除锂的成本和供应链限制。在考虑新能源汽车的应用场景下，钠离子电池的能量密度能够逼近磷酸铁锂电池，从而取代部分磷酸铁锂电池的市场空间。

3. 美国《国家锂电池蓝图 2021—2030》

2021 年 6 月，美国能源部发布由联邦先进电池联盟（Federal Consortium for Advanced Batteries，FCAB）组织编写的《国家锂电池蓝图 2021—2030》报告。报告有五大主要目标：一是确保获得原材料和精炼材料，并为商业和国防应用发现关键矿物的替代品。目的是减少美国锂电池制造业对稀缺材料的依赖，特别是钴和镍，以便发展更强大、更安全、更有弹性的供应链。二是支持美国材料加工基地的发展，以满足美国国内电池制造需求。美国国内锂电池材料加工的发展和增长将使国家受益匪浅，降低电池材料（如阴极、阳极和电解质）成本的新工艺，是材料加工业未来增长的关键推动因素。三是刺激美国电极、电池和电池包（PACK）制造业。美国应该制定一个联邦政策框架，支持美国国内生产电极、电池和电池组，并鼓励锂离子电池的需求增长。四是实现报废再利用和关键材料大规模回收，并在美国形成一个完整的具有竞争力的价值链。锂离子电池的循环利用不仅缓解了材料的稀缺性，提高了环境的可持续性，也形成了一个更安全和更有弹性的国内材料供应链体系。五是通过大力支持科学研发、教育和劳动力发展，保持和提升美国电池技术的领先地位。

为了达到上述目标，美国能源部还制定了近期计划和远期计划。针对目标一，近期计划到 2025 年，一是与合作伙伴和盟国合作，建立可靠的电池关键原材料来源和供应，包括国内和国际的关键矿物；二是通过支持研发和采矿工作，提高美国关键电池矿物（锂、镍和钴）的安全和可持续生产能力；三是制定联邦政策，支持建立具有弹性的国内和全球主要原材料来源和供应。长期计划到 2030 年，一是通过支持研发工作使锂离子电池无钴化；二是将可回收材料整合为目标五中所承诺的循环电池经济的关键组成部分。

针对目标二，近期计划到 2025 年，一是创造刺激国内电池材料加工增长的动力；二是支持材料加工创新的发展，以生产低钴或无钴的活性材料，并实现规模化；三是改进现有材料的工艺，降低成本，提高性能。长期计划到 2030 年，支持材料加工创新的发展，以生产无钴和无镍活性材料，并实现规模化。

针对目标三，近期计划到 2025 年，一是促进新型电池设计的开发，以减少加工时间，加快电池组装速度，降低成型成本；二是投入资源加速新技术和制造技术的推广和商业化；三是为国防、新能源汽车和电网应用开发适配功能的电池标准；四是制定联邦政策框架，支持美国公司在美国国内生产电极、电池和电池组，并鼓励锂离子电池的需求增长。长期计划到 2030 年，一是与多来源国内供应商合作，满足关键的国防电池需求；二是通过开发和验证下一代电池组材料、组件和设计创新，以及先进的制造和组装技术,将电动汽车电池组制造成本降低50%。

针对目标四,近期计划到2025年,一是促进电池组的设计,以便于二次使用和回收;二是建立收集、分类、运输和处理回收锂离子电池材料的成功方法,重点是降低成本;三是提高钴、锂、镍、石墨等关键材料的回收率;四是开发加工技术,将这些材料重新引入供应链;五是为二次使用应用开发适当的分类、测试和均衡方法;六是制定联邦回收政策,促进锂离子电池的收集、再利用和回收。长期计划到2030年,一是鼓励消费电子产品、电动汽车和电网储能电池实现90%的回收利用;二是制定联邦政策,要求在电池制造材料流中使用回收材料。

针对目标五,近期计划到2025年,一是支持研发无钴阴极材料和电极成分的研究,重点关注能量密度、电化学稳定性、安全性和成本等重要指标,这些指标须优于目前的商业进口对应产品;二是为技术转让和应用前测试协议的标准化发展伙伴关系,以确保在美国发明的电池技术留在美国国内;三是启动政府范围内的锂电池技术和配置的标准化,增强国防、公务等细分政府市场消纳能力,以快速将锂电池技术转变为项目,并从稳健、公平、可持续的国内供应链中受益;四是制定加强知识产权保护战略、研究安全、国内制造业出口管制政策和国际盟国参与的计划。长期计划到2030年,一是开发无钴和无镍的阴极材料和电极成分,以提高能量密度、电化学稳定性、安全性和成本等重要指标,并优于目前的商业进口对应产品;二是加速研发,以实现包括固态和锂金属在内的革命性电池技术的示范和规模化生产,达到生产成本低于60美元/(kW·h)、比能量为500W·h/kg且不含钴和镍。

美国国家锂电池蓝图制定了比较完整的促进锂电池发展的计划,目的也是在未来的电动汽车大市场前景下,在锂电池产业链中占据有利的国际竞争地位。

4. 未来展望

未来十年,动力电池市场将开启5~10倍的增长,巨大的市场需求正引发全球开展动力电池产业发展竞赛。以欧洲和美国为代表,为改变动力电池产业链薄弱的问题,正积极推进以制造为中心的产业链建设。可以预见,欧洲和美国将成为除中、日、韩三国之外的动力电池制造基地,以满足新能源汽车爆发式增长的市场需求。对于中国而言,在未来的竞争中仍需要加强科技创新能力和工程制造能力,进一步建设动力电池回收利用体系,巩固和打造自身的产业链优势,为中国新能源汽车产业未来的飞速发展奠定基础。

第 2 章 中国动力电池产业概况

2020 年，新能源汽车年度产销量创历史新高。数据显示，2020 年，新能源汽车产销分别完成 136.6 万辆和 136.7 万辆，同比分别增长 7.5% 和 10.9%，增速较 2019 年实现了由负转正。其中纯电动汽车产销分别完成 110.5 万辆和 111.5 万辆，同比分别增长 5.4% 和 11.6%；插电式混合动力汽车产销分别完成 26 万辆和 25.1 万辆，同比分别增长 18.5% 和 8.4%；燃料电池汽车产销均完成 0.1 万辆，同比分别下降 57.5% 和 56.8%。作为新能源汽车的核心零部件，动力电池占整车成本的 30%～40%，并直接影响着新能源汽车的续驶里程和安全性，因此加强对动力电池的系统化研究，把脉其市场特征，促进其健康发展提升，具有重要意义。

2.1 产业政策

2020 年，新能源汽车财政补贴政策继续退坡，但相关政策力图平缓补贴退坡的力度和节奏，有利于降低对新能源汽车行业的冲击；"双积分"政策经过调整，正逐步接棒补贴政策，其有序实施将成为促进我国新能源汽车行业发展的重要力量；新能源汽车产业发展规划的出台有利于行业整体融入国际竞争、提高企业的技术创新能力、完善基础设施配套体系，从而为新能源汽车产业长远发展创造良好的内、外部条件。我国政府从需求和供给两端推动新能源汽车发展的方向仍未改变，有望继续促进动力电池产业的发展。

补贴政策方面，财政部等四部委于2020年4月联合发布《关于完善新能源汽车推广应用财政补贴政策的通知》。根据该通知，新能源汽车推广应用财政补贴政策实施期限将延长至2022年底；2020—2022年补贴标准分别在上一年基础上退坡10%、20%、30%；城市公交、道路客运、出租（含网约车）、环卫、城市物流配送、邮政快递、民航机场以及党政机关公务领域符合要求的车辆，2020年补贴标准不退坡，2021—2022年补贴标准分别在上一年基础上退坡10%、20%；原则上每年补贴规模上限约200万辆。在近年来连续大幅收紧补贴政策的背景下，该项政策的出台平缓了补贴退坡的力度和节奏，并将加快公共交通等领域汽车电动化步伐，有利于降低补贴政策退坡对新能源汽车行业造成的冲击。

"双积分"政策的执行与调整方面，2020年4月，工业和信息化部公示了2019年度乘用车企业平均燃料消耗量与新能源汽车积分情况，在119家国内乘用车企中，70家企业获得新能源汽车正积分（其中比亚迪汽车积分47.86万分），20家车企新能源汽车积分为零，29家企业新能源汽车积分为负（其中一汽大众负积分多达14.53万分）。在27家进口乘用车企方面，6家车企获得新能源汽车正积分（其中特斯拉获得27.13万分）；16家车企新能源汽车积分为零；5家车企新能源汽车积分为负。2020年6月22日，工业和信息化部发布《关于修改〈乘用车企业平均燃料消耗量与新能源汽车积分并行管理办法〉的决定》，修改后的"双积分"政策明确了2021—2023年新能源汽车积分比例要求，调整了新能源乘用车车型的积分计算方式，调整了关联企业的认定条件，明确建立了企业传统能源乘用车节能水平与新能源汽车正积分结转的关联机制，对2019年和2020年的积分考核预留了调整空间。"双积分"政策是保证我国新能源汽车及动力电池行业长期增长的主要政策，但因需要综合考虑企业的实际情况、外资股东的感受等因素，初始版本考核条件较为宽松，出现了积分供大于求、积分价格偏低、对新能源汽车产业发展引导力度不够的情况。经过不断修正，政策已逐步趋于合理。

根据规定，如果车企没有满足新能源积分要求，将会受到暂停高油耗产品申报、暂停高油耗产品生产等处罚；在其负积分抵偿归零前，对油耗不达标产品，不予列入车型公告，也就意味着不能对外销售。一汽大众、丰田中国等合资企业负积分积累较多，若工业和信息化部坚持执行有关政策，将迫使其进行新能源车型的研发与生产，促进国内新能源汽车市场的发展。

行业规划方面，2020年10月，国务院常务会议审议通过了《新能源汽车产业发展规划（2021—2035年）》（以下简称《规划》）。《规划》将2025年新能源汽车销售量占汽车新车销售总量的比例由征求意见阶段的25%下调至20%，在补贴政策退坡、新冠肺炎疫情影响之下，下调2025年新能源汽车销售占比目标，符合市场普遍预期。《规划》明确了公共领域用车的电动化比例，提出到2035年公共领域用车全面电动化，并要求自2021年起，国家生态文明试验区和大气污染防治重点区域的公共领域更新车辆，新能源汽车比例不低于80%。我国新能源公交车、出租车每年的新增和更新需求量在19万~22万辆之间，公共领域用车将成为新能源汽车的重要增长点。《规划》提出了产业未来的关键发展方向，国家支持并引导市场参与各方在相关领域的投入，有利于行业整体融入国际竞争、提高企业的技术创新能力、完善基础设施配套体系，从而为新能源汽车产业长远发展创造良好的内、外部条件。

2.2 装机量

受益于新能源汽车产销量增长的带动，我国动力电池装机量继续稳步提升。2020年，动力电池装机量达63.60GW·h，相较于2019年增量1.40GW·h，同比2019年同期增长2.3%（见图2-1）。

图2-1 2017—2020年我国动力电池装机量及同比变化示意图

数据来源：中国汽车动力电池产业创新联盟。

2020年全年以6月为节点可以划分为两个阶段（见图2-2）：1—6月受新冠疫情及政策的不明朗性影响，动力电池装机量连续6个月呈同比下降趋势，尤其是2月新冠疫情最为严重时期，受新能源汽车产销市场影响，动力电池装机量仅0.6GW·h，同比下降29.10%；此后，随着疫情的控制及补贴政策延伸至2022年、路权政策开放、号牌放量、汽车下乡等政策对新能源汽车产销量的带动，动力电池装机量同比增速在7月由负转正，12月，动力电池当月装机量达到13.0GW·h，同比增速33.40%。

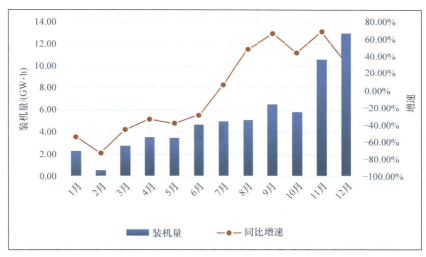

图2-2 2020年1—12月我国动力电池装机量及同比变化示意图

数据来源：中国汽车动力电池产业创新联盟。

动力电池装机规模扩大的另一个影响因素为价格。根据彭博新能源财经2019年的调研结果，2019年全球锂离子电池组价格约为156美元/（kW·h），相较于2018年降低了约13%（见图2-3）。据新能源汽车国家大数据联盟估算，2020年锂离子电池组价格已降至140美元/（kW·h）左右，较2019年下降10%左右（见图2-3）。尤其是下半年，随着我国政策的明朗化及新冠疫情的有效控制，三元材料动力电池价格降至约0.8元/（W·h），磷酸铁锂电池降至约0.6元/（W·h），成本上的降低增加了电池的出货量，一定程度上支撑了装机量的增加。

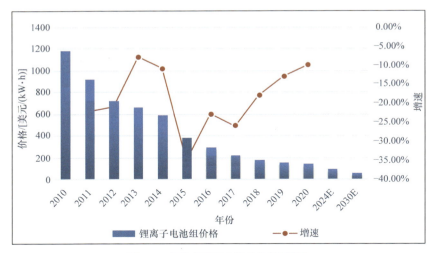

图 2-3 历年锂离子电池组价格示意图

数据来源：彭博新能源财经。

2.3 技术路线

目前，我国动力电池市场正极材料存在三元材料、磷酸铁锂、锰酸锂和钛酸锂等类别，其中尤以三元材料、磷酸铁锂最具代表性。二者相比，三元材料动力电池的能量密度高于磷酸铁锂动力电池，而磷酸铁锂动力电池的安全性高于三元材料动力电池。

自 2017 年起，我国新能源汽车销量开始由商用车领域为主转向乘用车领域为主，受政策因素影响，企业研发的车型趋向于高续驶里程以迎合补贴的需求，由此造成三元材料动力电池市场份额迅速扩大，由 2017 年的 43.96% 增至 2019 年的 65.20%，增加了 21.24 个百分点；与此相对应，磷酸铁锂动力电池市场份额由 49.45% 降至 2019 年的 32.50%。2020 年，新能源汽车安全性问题同时叠加补贴大规模退坡因素影响，磷酸铁锂电池重新受到车企的重视，基于此，2020 年三元材料动力电池市场份额降至 61.16%，磷酸铁锂动力电池升至 38.36%，相较于 2019 年提高了 5.86 个百分点（见图 2-4）。

2020 年，随着补贴标准的调整、车企对安全性的重视及动力电池能量密度的提升，尤其是下半年随着五菱宏光 MINI EV、比亚迪汉以及磷酸铁锂版特斯拉 Model 3 等爆款车型的兴起，磷酸铁锂动力电池装机规模迅速扩大。2020 年 12 月，磷酸铁锂动力电池装机 6.90GW·h，相较于 1 月份增加了6.16GW·h，市场份额由31.22%扩大至53.17%，增加21.95个百分点，且全年首次超过三元材料动力电池（见图2-5）。

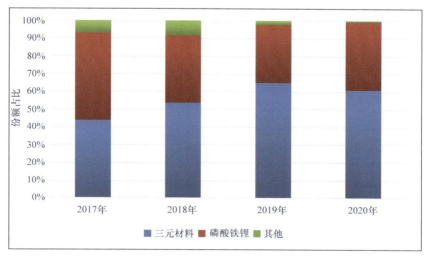

图2-4　2017—2020年不同正极材料动力电池市场份额示意图

数据来源：中国汽车动力电池产业创新联盟。

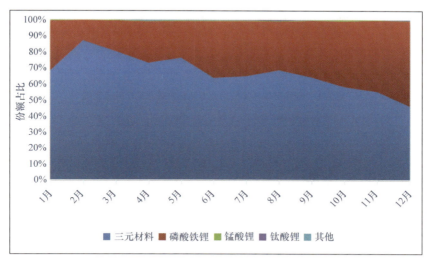

图2-5　2020年1—12月份不同正极材料动力电池装机份额示意图

数据来源：中国汽车动力电池产业创新联盟。

按封装形态不同，动力电池可以分为方形电池、圆柱形电池和软包电池。方形电池成组效率高、综合性能好、工艺成熟，但存在标准化程度低、能量密度偏低等问题；圆柱形电池虽然工艺成熟、一致性高，但是电池内阻大、循环性能差，单体电池容量小，成组效率低；软包电池在能量密度、安全性、倍率性能方面优势突出，但是生产效率较低，价格较高。目前，方形电池逐步成为市场主流。2020年，我国动力电池装机量为63.6GW·h，其中方形电池、圆柱形电池、软包电池装机量分别为55.54GW·h、2.25GW·h、5.81GW·h，对应占比分别为87.34%、3.54%、9.12%。从趋势上看，方形电池占比持续提升，从2016年67.60%提升到2020年的87.34%（见图2-6），提升19.74个百分点。

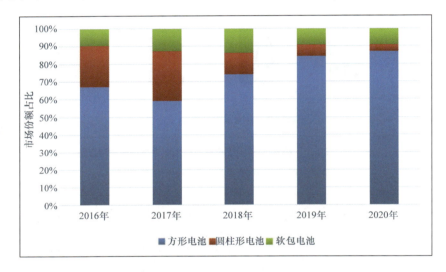

图2-6 我国历年各类型动力电池装机量市场份额示意图

数据来源：中国汽车动力电池产业创新联盟。

2.4　行业集中度

2020年，我国动力电池月均配套车企数量达41家，相较2019年减少了3家（见图2-7），连续三年呈下降趋势。装机量占比方面，2018年，排名前三、前五和前十动力电池企业占比分别为66.00%、72.80%和81.60%（见图2-8），而2019年相应占比分别为73.37%、79.15%和87.96%（见图2-9），2020年则分别升至71.40%、82.20%及91.80%（见图2-10），市场集中度进一步深化，出现了如宁德时代、比亚迪等行业寡头。

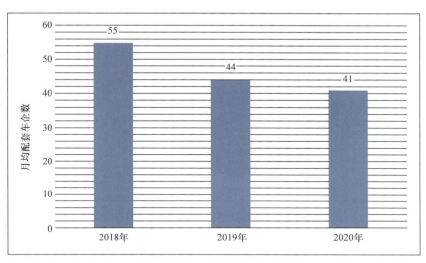

图 2-7　历年来动力电池月均配套车企数

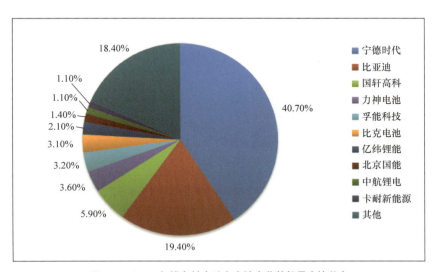

图 2-8　2018 年排名前十动力电池企业装机量占比分布

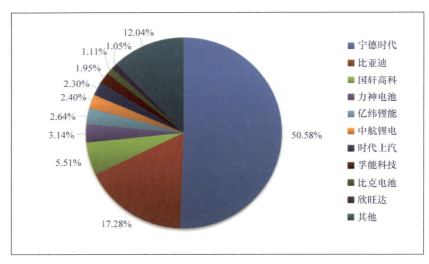

图 2-9　2019 年排名前十动力电池企业装机量占比分布

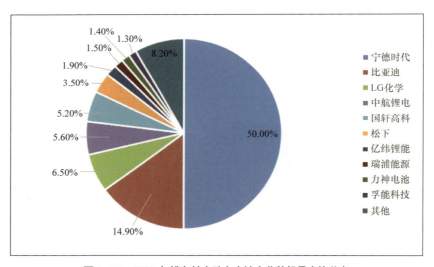

图 2-10　2020 年排名前十动力电池企业装机量占比分布

数据来源：中国汽车动力电池产业创新联盟。

宁德时代已连续蝉联多年我国动力电池装机量前十企业榜首，2020年动力电池装机量达 31.79GW·h，较 2019 年增加 0.33GW·h，行业占比与 2019 年基本持平；其次为比亚迪，2020 年动力装机量 9.48GW·h，市场份额占比为 14.90%（见图 2-11）。

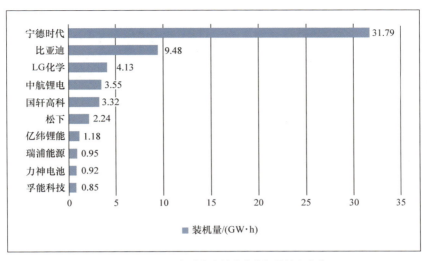

图 2-11　2020 年动力电池企业装机量前十企业

数据来源：中国汽车动力电池产业创新联盟。

2.5　技术水平

2020 年，新能源汽车市场出现了"两头大，中间小"的市场格局，即高端市场和微小型纯电动汽车市场份额扩大，中端车型趋于平稳。受此影响，我国动力电池市场"低能量密度"趋势显著：1—6 月份，纯电动乘用车系统能量密度小于 125W·h/kg 以下的占比较小，基本处于 2.0% 以下；7 月份，随着以五菱宏光 MINI EV 为代表的纯电动微型车（该车 NEDC 最高续驶里程 120～170km，带电量 9.3～13.9kW·h，系统能量密度 103.0～114.0W·h/kg）销量的飙升，当月 125W·h/kg 以下动力电池装机量占比达 10.9%，提升近 9 个百分点；而截至 12 月底，当月份额已扩大至 18.40%（见图 2-12）。

受五菱宏光 MINI EV、长城欧拉等短续航、微型电动车热销的影响，高能量密度装车量份额有所降低，但占比依旧较高：目前 140W·h/kg（含）以上动力电池装车量占比基本处于 60% 以上的市场份额，其中 1 月份市场份额占比 87.2%，而 160W·h/kg（含）以上动力电池装车量占比为 35% 左右，其中 6 月份占比最高，达 46.30%。

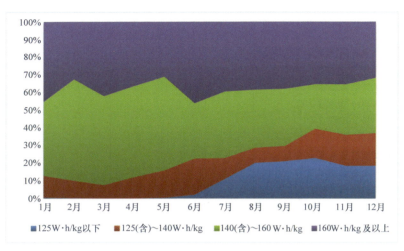

图 2-12　2020 年 1—12 月纯电动乘用车系统能量密度分布示意图

数据来源：中国汽车动力电池产业创新联盟。

新能源汽车的续驶里程主要由电池系统带电量和百公里电耗决定。目前提升车辆续航能力最直接的策略就是增加整车带电量，如优化车身结构以增加电池数量或选配能量密度更高的动力电池。中国汽车动力电池产业创新联盟数据显示，自 2018 年以来，单车动力电池装车电量持续提升，目前已由 2018 年第一季度的 30kW·h 升至 2020 年第四季度的 50kW·h 左右，高带电量趋势显著；而由于 2020 年纯电动微型乘用车动力电池装车量的增加，单车平均带电量较 2019 年有所降低（见图 2-13）。

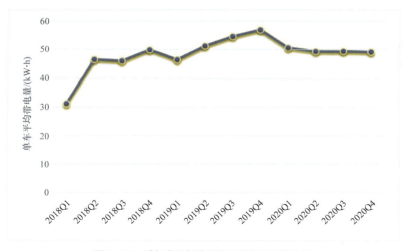

图 2-13　近年我国新能源汽车单车平均带电量

数据来源：中国汽车动力电池产业创新联盟。

目前，按车型划分，2020年12月份，纯电动客车单车带电量最高，达220.6kW·h；纯电动乘用车带电量45.5kW·h（见图2-14），相较2019年12月份（47.4kW·h）有所降低，这主要与低能量密度微型纯电动车销量的增加有关。

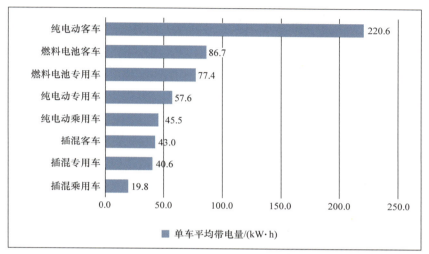

图2-14 2020年12月份不同新能源汽车型单车平均带电量

数据来源：中国汽车动力电池产业创新联盟。

2.6 市场发展趋势

作为新能汽车能量源泉，动力电池的发展受到行业内外的广泛关注。目前，新能源汽车动力电池的发展仍受政策的驱动，其发展主要有以下几点趋势：

一是向高能量密度和低成本方向发展，方形动力电池成为市场上的主流。受补贴政策导向以及企业提质降本的影响，近年来动力电池偏向于向能量密度较高的高镍三元材料体系发展。但随着补贴政策的调整和三元材料体系安全性问题，以及纯电动微型乘用车的兴起，2020年磷酸铁锂动力电池市场份额有所扩大，但仍旧以高能量密度为主，而封装形态，目前方形动力电池成为市场上的主流。

二是市场集中度继续深化，行业寡头出现。2020年，前三动力电池企业市场份额占比71.40%，前五企业市场份额为82.20%，前十企业市场份额为 91.80%，出现了如宁德时代、比亚迪等行业巨头。

三是单车装车电量持续提升，高续驶里程仍旧是企业追求的目标。2020 年全年新能源汽车单车装车电量约为 40kW·h，相较于 2018 年初提升了 10kW·h，而 2019 年该数值为 50kW·h。2020 年主要受财政补贴退坡及纯电动微型车销量暴增的影响，但总体上单车装车电量呈持续提升趋势。综合分析，单车装车电量将延续提升的趋势，但高续驶里程仍旧是企业追求的目标。

2.7　未来发展展望

作为新能源汽车产业链最为重要的一环，动力电池的发展备受关注。站在 2020 年新能源汽车向"中高端"发展及"十四五"规划的十字路口，展望我国动力电池发展，其主要表现在以下几个方面：

一是产业规模将迅速扩大，2025 年装车量将达 200GW·h，形成千亿市场规模。《新能源汽车产业发展规划（2021—2035 年）》指出，到 2025 年新能源汽车销售占比达到 20%。而新能源汽车市场规模的扩大将带动动力电池市场的增量提升，按目前单车平均带电量 40kW·h 计算，2025 年动力电池市场装车量将达 200GW·h，将形成千亿市场规模。

二是基于安全性及补贴大幅度退坡考虑，磷酸铁锂电池将重新进入大众视野，但高能量密度仍旧是产业发展的重要方向。安全性作为新能源汽车发展的"底线"，受到企业的广泛关注，而动力电池的安全为其重中之重，更是为大众所关注的焦点。2020 年 5 月，中国工业和信息化部组织制定 GB 18384—2020《电动汽车用动力蓄电池安全要求》、GB 30381—2020《电动汽车安全要求》和 GB 38032—2020《电动客车安全要求》三项强制性国家标准，要求电池热失控须在 5 分钟内不起火、不爆炸。考虑到磷酸铁锂电池在安全性及成本方面的优势，未来几年将影响动力电池市场格局，这在 2020 年的数据中已有所体现。同时，《节能与新能源汽车技术路线图（2.0 版）》则指出，2025 年动力电池能量密度为 200W·h/kg，2030 年达 250W·h/kg，2035 年将达 300W·h/kg，而对于高端型动力电池 2025 年动力电池比能量为 250W·h/kg，2030 年达 400W·h/kg，2035 年将达 500W·h/kg。可见，高能量密度仍旧是产业发展的重要方向。

三是退役动力电池回收利用将加速发展。动力电池回收利用主要用于梯次利用和拆解再资源化两个层面，而加快退役动力电池回收利用不仅可以解决环保性问题，同时也可以提高资源回收利用效率，对于动力电池产业链乃至新能源汽车产业链闭环的形成意义重大。《节能与新能源汽车技术路线图（2.0 版）》则指出，实现单体蓄电池、系统集成、新体系动力电池、关键材料、制造技术及关键装备测试评价、梯次利用以及回收利用等产业链全链条覆盖，形成精细化、智能化、高值化退役电池循环利用体系。目前我国已形成自有渠道建设回收网络、第三方企业回收网络建设、车企与第三方合作建设回收网络等模式。截至 2020 年 11 月底，全国已设立 9009 个回收服务网点，覆盖全国 31 个省（自治区、直辖市），主要集中于京津冀、长三角、珠三角及中部等新能源汽车保有量较高的地区。可见，退役动力电池回收利用将迎来加速发展期。

四是动力电池技术方向呈现固态化、高镍化、去钴化等多元化发展趋势。目前，固态电池、高镍化电池、去固化电池、石墨电池等众多安全且高能量密度的研发方向呈多元化竞争态势，但目前各解决方案均处于理论研究或实验室研究阶段，无法大规模用于车间规模化生产，但其为车规级动力电池的研发提供了具有参考价值的方案。随着我国动力电池市场的包容性发展，动力电池各技术路线将并行发展，呈现多元化的发展趋势。

第 3 章 细分领域

3.1 2020 年动力电池关键材料产业发展

新能源汽车的强劲表现带动了动力电池材料的强势表现，2020 年中国正极材料出货量 51 万吨，同比增长 27%。其中磷酸铁锂材料表现强势，出货量达到 12.4 万吨，同比增长 41%，三元材料出货量增速较慢，为 23%。负极材料出货量达到 36.5 万吨，同比增长 35%。全球负极材料市场继续向我国集中，2020 年我国负极材料产量已经达到全球产量的 85% 以上。2020 年我国锂电隔膜产量达到 37.2 亿平方米，同比增长 36%。2020 年我国电解液出货量达到 25 万吨，同比增长 38%，均保持较高增速。

3.1.1 正极材料

锂离子电池的主要组成包括正极、负极、隔膜、电解液等材料。在锂离子电池成本中，正极材料的占比最大。由于正极材料在锂离子电池材料成本中所占的比例达 30%～40%，其成本也直接决定了电池整体的成本。此外正极材料的使用直接影响着锂离子电池的能量密度、循环性能、高低温性能等。因此，正极材料的研发对锂离子电池产品来说具有重要意义。

目前应用于锂离子电池的主要正极材料包括钴酸锂（LCO）、磷酸铁锂（LFP）、锰酸锂（LMO）和三元材料（NCM/NCA）。三元材料能量密度高，但安全性和循环性能相对较差；钴酸锂工艺简单，一致性好，但成本高且安全性相对较差；锰酸锂成本低，资源丰富，但循环差，能量密度低；磷酸铁锂安全性好、环保、循环性能好，但能量密度低。新能源汽车用锂离子电池正极材料的选择需要综合考虑材料的能量密度、安全性、循环性、经济性等，因此目前主要采用三元材料及磷酸铁锂。随着三元技术的普及，以及补贴对于高能量密度电池的倾斜，三元电池逐渐超过磷酸铁锂电池成为行业的主流选择。2020年磷酸铁锂市场出现回暖，主要是补贴退坡后，磷酸铁锂材料具有较低的成本，性价比优势明显。

随着比亚迪刀片电池以及宁德时代无模组（Cell To Pack，CTP）电池技术的发展，磷酸铁锂电池有了较大的发展空间。未来发展方向是多种技术路线并存，其中磷酸铁锂在中低车型及储能领域有较大应用空间，三元尤其是高镍低钴三元是未来动力电池的主要发展方向，见表3-1。

表3-1　锂离子电池主流正极材料性能及优劣势对比

项目	钴酸锂（LCO）	锰酸锂（LMO）	磷酸铁锂（LFP）	三元材料	
				镍钴锰酸锂（NCM）	镍钴铝酸锂（NCA）
容量密度/（mA·h/g）	140~150	100~120	130~140	150~220	180~220
循环寿命（次）	500~1000	500~1000	>2000	1500~2000	1500~2000
安全性	适中	较好	好	较好	较好
成本	高	低	低	较低	较低
优点	充放电稳定工艺简单	锰资源丰富成本低，安全性能好	成本低，高温性能好	电化学性能好，循环性能好，能量密度高	能量密度高，低温性能好
缺点	钴价格昂贵	能量密度低	低温性能差	部分金属价格昂贵	部分金属价格昂贵
电池产品相关影响	体积能量密度高，成本高，安全性较差，适用于高端数码产品	成本低，能量密度低，适用于低端数码产品、电动自行车	安全性好，循环寿命长，适用客车电池	综合性能较好，适用于各类数码产品与乘用车电池	综合性能较好，适用于各类数码产品与乘用车电池

资料来源：国海证券研究所。

根据GGII统计（见图3-1和图3-2），2020年我国正极材料出货量51万吨，同比增长27%，经历了上半年市场的低迷出货量仍然能超过20%以上增长，主要原因在于：

1）尽管上半年需求低迷，但下半年市场快速回暖，尤其是新能源汽车市场需求快速提升。

2）在补贴刺激以及碳积分压力下，欧洲新能源汽车年销量增长超过

100%，拉动 LG、宁德时代、SKI、三星 SDI 等海外电池企业出货提升，进而带动我国正极材料出货量的增长。我国部分正极材料企业出口甚至占到公司出货量的一半以上。

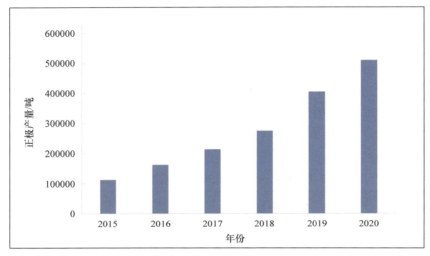

图 3-1　2015—2020 年我国正极产量合计

资料来源：GGII，国海证券研究所。

图 3-2　2015—2020 年我国正极分技术路线结构

资料来源：GGII，国海证券研究所。

3）电动工具（扫地机器人等领域）市场受国外产业链向国内转移以及国外疫情影响，导致终端企业加大无线电动工具生产。2020年电动工具用锂电池同比增长超50%，带动正极材料需求增长。

4）2020年储能与小动力等细分市场整体增长幅度超50%，带动上游电池以及正极材料需求量提升。

2020年中国磷酸铁锂正极材料出货量12.4万吨，同比增长41%，市场规模约45亿元。磷酸铁锂正极材料的出货量占比由22%提升到25%，主要原因在于：

1）2020年中国铁锂动力电池市场占比同比增加8个百分点，主要受比亚迪汉、磷酸铁锂版Model 3以及宏光MINI EV等车型销量带动。

2）储能市场增幅超预期，受5G基站建设加快以及国外家储市场增长带动，2020年储能锂电池出货同比增长超50%。

3）小动力（含共享电单车、换电柜）市场受出口与内需双向带动，锂离子电池出货量同比增长超80%，我国小动力市场磷酸铁锂电池占比预计接近30%。

4）此外，低速车、电动叉车、重型货车、工程机械以及船舶等细分市场2020年出货量同比均有提升。

以上原因带动磷酸铁锂电池出货量提升，进而带动磷酸铁锂正极材料出货量增长（见图3-3和图3-4）。

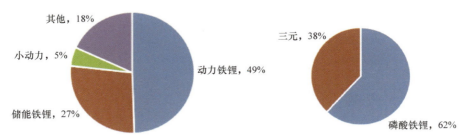

图3-3　2020年磷酸铁锂电池需求占比　　图3-4　2020年动力电池出货占比
资料来源：GGII，国海证券研究所。　　　资料来源：GGII，国海证券研究所。

如图3-5所示，磷酸铁锂材料产量主要被德方纳米、湖南裕能、国轩高科、贝特瑞、湖北万润5家企业垄断。这5家企业产量合计占2020年中国磷酸铁锂材料产量的76%，较2019年前五企业的产量合计占比提升13个百分点，企业产量集中度进一步提高。产能方面，截至2020年年底，中国磷酸铁锂材料生产企业拥有的产能合计超25万吨。另外，据统计的磷酸铁锂材料生产企业扩产计划来看，在未来 2～3 年内中国磷酸铁锂材料将新增产能超 33 万吨，见表 3-2。

图 3-5　2020 年磷酸铁锂厂商市场市场占有率

资料来源：GGII，国海证券研究所。

表 3-2　中国磷酸铁锂材料企业现有及规划新增产能统计

序号	生产企业	2020 年底产能 /（万吨 / 年）	规划新增产能 /（万吨 / 年）	投产时间（年）
1	国轩高科	4	—	—
2	德方纳米	3.5	8	2021—2023
3	贝特瑞	2.8	3.5	2021
4	湖南裕能	5	2	2021
5	湖北万润	3	5	2021—2022
6	重庆特瑞	1.5	1.5～2.5	2021—2022
7	北大先行	1.4	—	—
8	比亚迪	1	—	—
9	安达科技	1	2	2021—2022
10	江西金锂	0.6	1.2	2021
11	山东丰元	0.5	0.5	2021
12	斯特兰	0.2	3	2021—2022
13	江西升华	0.2	5	2021—2023
14	山东鑫动能	0.5	2.5	2021
15	江西智锂	0.5	0.5	2021
	合计	25.7	33.2	—

资料来源：中国电池工业协会大数据中心，国海证券研究所。

根据 GGII 分析，2020 年磷酸铁锂材料市场呈现以下特点：

1）头部企业市场集中度下降。
2）二线企业市场总集中度上升，市场均衡性提升。
3）头部企业不再成为一家独大。

造成以上特点的原因有：

1）动力电池企业均有多家供应商可选择，多以成本与性能为导向，造成材料企业难以形成强龙头。
2）细分市场（小动力、储能等）对材料成本敏感性高，具有不同层次的材料选择性，供应商同样具有选择多样性。
3）磷酸铁锂材料行业经过多年发展，市场总体呈现出产能供过于求、企业数量多、高端产能不足的特点，优质产品将优先供应头部电池大厂。

预计 2021 年磷酸铁锂材料市场将具有以下特点：

1）受上游原材料供不应求以及终端市场需求旺盛带动，磷酸铁锂材料价格有望上涨 2%～10%。
2）核心磷酸铁锂材料厂将加大铁源自产，用于自身产业链整合以及降本，铁源生产工艺有望迎来新一轮变化。
3）2021 年我国磷酸铁锂电池出货量有望超 90GW·h。
4）头部企业产能利用率仍将维持较高水平。
5）磷酸铁锂材料生产将更多带有"大宗化学品"特点。磷酸铁锂材料在磷酸铁锂电池应用方面技术门槛降低，市场规模扩大，应用场景更加丰富，产品型号将逐渐统一，企业生产率和生产规模将进一步提高。
6）渠道建设需求增加，平台和品牌影响力将成为企业补足点：储能、小动力、船舶等领域均具备明显地域特色，提供此类单体电池的企业也存在集中度低、企业数量波动大、采购渠道不健全等问题，磷酸铁锂材料企业如何实现平台化销售、打造口碑效应将成为其销售/营销环节的重要任务。
7）异地建厂，如临近大客户建厂、临近原材料以及低能耗区域建厂有望成首选。

2020 年我国锂离子电池三元正极材料出货量 23.6 万吨，同比增长 23%，增长主要系国内以及国外市场需求提升双重带动。2020 年三元材料仍以 5 系及以下型号为主，但 5 系及以下材料占比同比下降 9 个百分点；高镍 8 系材料（见图 3-6 和图 3-7）占比同比提升 9 个百分点，达到 24%。三元材料市场 5 系及以下材料占比下降、高镍 8 系材料占比上升的原因有：

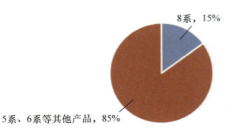 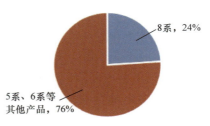

图 3-6　2019 年 8 系高镍材料占比　　　　图 3-7　2020 年 8 系高镍材料占比

资料来源：GGII，国海证券研究所。　　　　资料来源：GGII，国海证券研究所。

1）受新能源汽车安全性越来越受重视的影响，下半年市场由高镍逐渐向 5 系过渡，加之行业降本影响，市场倾向于选择高压 5 系 /6 系低钴材料体系电池，如 Ni5810（4.4V）、Ni6510/6505（4.3V）等。

2）2020 年下半年中国动力电池市场出货量环比上升超过 160%，头部电池企业产销进一步提升，带动三元材料市场环比增长超 70%。

3）2020 年国外新能源汽车市场超预期增长，年销量超 150 万辆，产销提升带动上游电池需求量大增，进而带动松下、LG、SKI 等企业电池出货提升。国外电池企业主要布局高镍电池领域，中国具备三元材料出口能力，欧美市场需求带动导致 2020 年我国三元材料外销超过 4 万吨。

4）电动工具（扫地机器人等领域）等市场受国外产业链向国内转移以及国外疫情影响，导致我国终端企业逐渐加大无线电动工具生产量，2020 年同比增长超 50%。电动工具用锂离子电池逐渐向高倍率、大容量方向倾斜，促使锂离子电池生产企业加快使用高镍材料。

从市场竞争格局角度来看，与负极、隔膜、电解液相比，三元正极材料市场尚未形成绝对优势的龙头企业，市场集中度相对低。我国三元材料的竞争较为激烈，2020 年行业前五企业市占率约为 52%，头部大型厂商之间的份额差距较小，如图 3-8 和图 3-9 所示。其中，容百科技排名第一，2020 年市场占有率为 14%；天津巴莫排名第二，2020 年市场占有率为 11%；长远锂科排名第三，2020 年市场占有率为 10%。

从三元材料价格走势看，2020 年整体呈下滑趋势（见图 3-10），主要原因有：

1）2020 年三元材料市场出于成本考虑，进一步降低了钴材料的使用量，使得三元材料成本下降，加之三元材料制造成本下降。

2）受补贴持续退坡影响，新能源汽车产业链降本向上游传导，市场竞争加剧，导致正极材料价格上涨压力较大。

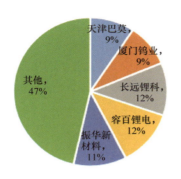
图 3-8 2019 年我国三元正极市场格局
资料来源：GGII，国海证券研究所。

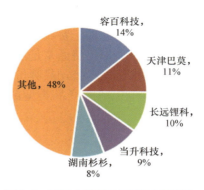
图 3-9 2020 年我国三元正极市场格局
资料来源：GGII，国海证券研究所。

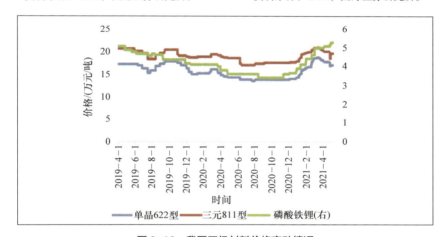
图 3-10 我国正极材料价格变动情况
资料来源：Wind 资讯，国海证券研究所。

3）三元材料领域尚未形成强龙头，在产业链中行业话语权相对较弱。为了维持订单，上游正极材料企业会适当调整销售策略，间接导致材料价格下滑。

正极材料定价模式为成本加成模式。正极材料产品成本价格透明，国际定价模式一般是根据上个月几种金属的价格来约定当前产品的价格，加工费包含了一定的合理利润。企业一般在年底或年初商谈加工费的价格，除非出现行业重大突发情况，加工费一般不变。我国定价模式一般是根据目前几种金属的时点价格，一季度对加工费有大致约定。因此当金属价格相对稳定的时候，行业赚取的是加工利润。由于锂、钴价格的波动，导致不同客户、不同时期有不同的利润率。加工费的差异主要来自客户产品所需烧结工艺成本的不同，如一次、两次、多次烧结。根据成本加成定价机制，产品报价中的加工费实际反映了正极材料产品定价的产品定价权与竞争力，单位产品加工费通常是由产品工艺技术相关的制造费用、人工成本以及市场供求情况、公司品牌价值及预期利润所决定的。具有市场先发优势、技术竞争优势的产品类型或新产品，企业通常可以获得比较高的加工费。

3.1.2 负极材料

负极材料作为储锂的主体，在充放电过程中实现锂离子的嵌入和脱嵌。它由负极活性物质、黏合剂和添加剂混合制成糊状，均匀涂抹在铜箔两侧，经干燥、滚压而成。我们所谈的负极材料主要指的是负极活性物质，它在单体电池成本中的占比约为10%。

如图3-11所示，负极可分为碳材料和非碳材料两大类。碳材料包括人造石墨、天然石墨、中间相碳微球和硬碳软碳等，非碳材料包括硅基材料、锡基材料和钛酸锂等。硬碳软碳在技术上还不够成熟，硅基等合金类负极材料虽然已开始在特斯拉/松下动力电池上应用，但仍处于推广的初期，需求还比较有限。中间相碳微球具备倍率性能优异的特点，但是制备工艺复杂，产量低，成本难以下降，发展也比较受限。目前应用最广的负极材料仍然是天然石墨和人造石墨两大类（以及性能介于天然石墨和人造石墨之间，以天然石墨为基础和其他负极材料掺杂形成的复合石墨）。

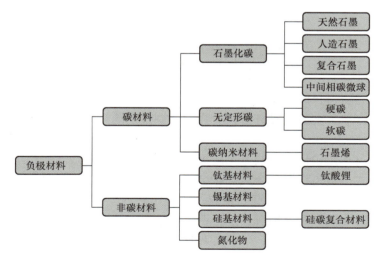

图 3-11　负极材料的分类

资料来源：GGII，国海证券研究所。

天然石墨是从天然石墨矿中提炼出来的,其颗粒外表面反应活性不均匀,晶粒粒度较大,在充放电过程中表面晶体结构容易被破坏。为了解决这些问题,一般采用碳包覆工艺对天然石墨进行改性处理。其优势是比容量大,压实密度高,成本低,缺点是循环寿命短,倍率性能差。

人造石墨是焦炭类原料经过高温石墨化处理后转化成石墨的产品。它的石墨晶粒小,石墨化程度低,结晶取向度小,在倍率性能、循环寿命以及体积膨胀、防止电极反弹方面都优于天然石墨,比容量和压实密度和天然石墨也已经很接近,差距仅为2%~3%,主要的缺点是成本高。常见的负极材料性能对比见表3-3。

表3-3 常见的负极材料性能对比

类型	天然石墨	人造石墨	中间相炭微球	硅碳材料
比容量/(mA·h/g)	340~370	310~360	300~340	>400
首次效率(%)	90	93	94	84
循环寿命	较好	较好	较好	较差
安全性	较好	较好	较好	较差
倍率性	较差	较差	较好	较好
成本	最低	较低	较高	较高
优点	工艺简单、成熟	工艺成熟,循环性能好	倍率性较高,安全性好	理论能量密度高
缺点	电解液相容性较差,容量较低	容量较低	工艺复杂,成本较高	工艺复杂,首次不可逆程度高,循环性能较差
发展方向	降低成本,改善循环性能	降低成本,提高容量	简化制备过程,降低成本	提高首次效率,改善循环性能

资料来源:GGII,国海证券研究所。

天然石墨和人造石墨在指标性能和成本上各有优劣,如图3-12所示。天然石墨加工性能好,比容量高,压实密度高,而人造石墨在长循环、高低温、高倍率上有优势。各电池厂商根据不同时期、不同客户对电池性能的不同要求,结合自身电池技术体系,综合能量密度、功率密度、温度性能、循环寿命、安全性和成本等因素选择制造锂电池的正极材料(钴酸锂、磷酸铁锂、三元)和负极材料(天然石墨、人造石墨或者复合石墨)。

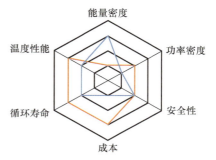

图3-12 人造石墨与天然石墨的性能对比

资料来源:Wind资讯,国海证券研究所。

根据GGII统计，2020年中国负极材料出货36.5万吨，同比增长35%，如图3-13所示。从增长驱动力来看，市场增长主要是由于：

1）上半年疫情蔓延海外，催生个人短途出行车辆市场、DIY装修工具市场对锂电池的需求，进而带动负极市场出货提升。

2）2020年下半年中国动力电池市场出货量环比上升超过160%，头部电池企业产销进一步提升，带动负极市场环比增长95%。

3）2020年欧洲新能源汽车市场超预期增长，年销量有望超120万辆，产销提升带动上游电池需求量大增，LG、SKI、宁德时代、三星SDI等主流企业由此受益，中国作为全球重要负极供应国，受全球主流电池企业需求带动，我国头部负极厂商对外出口同比大幅增长。

4）储能电池市场出货同比增长超50%，带动负极材料出货提升，增长主要受海外家储市场以及国内基站侧储能需求增长带动。

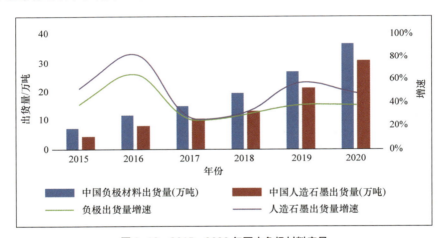

图3-13 2015—2020年国内负极材料产量

资料来源：GGII，国海证券研究所。

如图3-14和图3-15所示，从负极产品结构来看，人造石墨产品占比提升，市场占比达到84%，同比提升了5个百分点，天然石墨占比出现下降，主要是因为2020年主流电池企业采购天然与人造石墨混合材料，一定程度上降低了天然石墨的采购。

从出口情况来看，2020年中国人造石墨出口量约为2.3万吨，同比下降4%。出口规模下降主要受特斯拉电池供应商新增LG、部分电池产能切换至国内以及SKI将海外工厂电池订单转交国内工厂生产等因素影响。尽管出口量减少，但中国负极材料销售给外资企业（含外资在国内工厂需求）的量继续保持增长，2020 年外销超过 7 万吨。

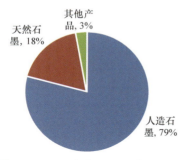

图 3-14　2019 年我国三元正极市场格局

资料来源：GGII，国海证券研究所。

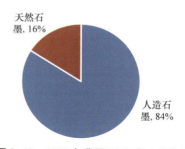

图 3-15　2020 年我国三元正极市场格局

资料来源：GGII，国海证券研究所。

负极行业利润出现下滑，尽管国内负极产量增长还算令人满意，但价格方面却出现下滑，主要是因为原料市场在上半年跌至低谷，同时叠加需求不振，让一些同质化严重的负极产品价格处于微利或者几乎没有利润的状态，如图 3-16 所示。总体来看，2020 年我国负极材料价格普遍下滑 15%~30%。尽管价格下滑始于原料下滑，但第四季度原料价格上涨后，负极材料价格也未出现反弹，负极行业利润进一步下滑。

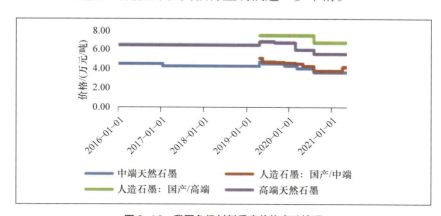

图 3-16　我国负极材料季度价格变动情况

资料来源：GGII，国海证券研究所。

原材料价格触底反弹，2020 年国内针状焦和低硫焦价格均在 6 月前后处于低谷，但 8 月以后随着锂电负极材料市场需求向好的方向拉动，整个原料市场价格均出现明显反弹迹象。其中涨幅最大的是低硫焦，自 8 月以后累计涨幅高达 167%。针状焦价格同样从 8 月开始陆续调涨，到 12 月每吨普遍调整 3000 元左右。

从竞争格局来看，前三大厂商的市场份额保持稳定，其市场份额从2019年的55%提升到2020年额57%（见图3-17）。2019年国内负极企业产量过万的企业为7家，形成"4大3小"的局面；2020年年产过万的厂家为8家，形成"4大4小"的局面。年产5万吨以上的厂家包括贝特瑞、紫宸、杉杉、凯金，年产1万吨以上的企业包括中科星城、翔丰华、尚太科技、深圳金润，负极企业贝特瑞产销继续领跑全球，紫宸产量在长期合作的大客户加持下再创新高，杉杉在年底发力，全年出货量接近6万吨，凯金也迈过5万吨门槛，中科星城和翔丰华不相上下，金润也在今年突破万吨大关。

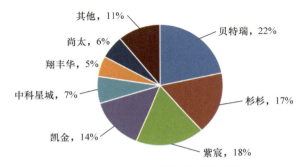

图3-17 2020年我国负极行业格局

资料来源：GGII，国海证券研究所。

负极是最早实现国产化的材料品种，贝特瑞、江西紫宸、上海杉杉等龙头企业早已经走向海外，进入了LG、三星、松下等全球锂电池巨头的供应链（见表3-4）。目前，主流的负极企业均已经和各大单体电池龙头形成相对稳定的供应关系，其中绑定单体电池龙头的负极企业，未来将具有更好的发展前景。

表3-4 负极厂商主要客户

企业名称	2020年主要客户
贝特瑞	松下、三星、LG、比亚迪、SKI、宁德时代等
紫宸	LG、三星、ATL等
杉杉	LG、三星、宁德时代、ATL、国轩、欣旺达等
凯金	宁德时代、孚能、力神、欣旺达等
日立	松下、Maxell、三星等
浦项	LG、三星等
中科星城	比亚迪、SKI、中航、亿纬、星恒
翔丰华	LG、比亚迪、三星、宁德时代等

资料来源：鑫椤咨询，国海证券研究所。

国内外负极企业加速扩产。根据高工锂电统计，2021 年 1—4 月，我国宣布建设负极材料项目的投资金额达到 240 亿元，新增负极材料产能接近 80 万吨（见表 3-5）。其中，璞泰来发布公告称，通过全资子公司四川紫宸投资建设 20 万吨负极材料和石墨一体化项目，总投资约 80 亿元，杉杉股份宣布建设内蒙古包头年产 6 万吨负极材料，配套石墨化产能 5.2 万吨一体化基地项目（二期），投资金额达到 15.35 亿元。除头部企业持续扩产以外，一批跨界的企业和中小企业参与新一轮负极材料产能扩张，预计负极材料市场竞争进一步加剧，其中山河智能宣布，将投资 50 亿元在贵州大龙经济开发区建设年产 10 万吨负极材料与石墨超高提纯应用项目。此外，包括璞泰来、翔丰华、中科星城、华舜新能源、坤天新能源、四川金泰能、四川金汇能、福鞍碳材料、湖北宝乾等企业在 2020 年也宣布了新的负极材料投资或开工项目，新增产能合计超 30 万吨。动力电池产业掀起新一轮产能扩充浪潮，进而对负极材料产生强劲需求，吸引大批负极企业快速扩产跟进。

表 3-5　部分负极材料企业扩产规划

企业	项目内容	金额
杉杉股份	建设包头年产负极材料 6 万吨、石墨化产能 5.2 万吨一体化基地项目（二期）	15.35 亿元
石大胜华	建设年产 1000 吨硅碳负极材料项目	0.6 亿元
山河智能	建设年产 10 万吨负极材料与石墨超高提纯生产线及相关配套设施	50 亿元
恒科新材料	年产 30 万吨负极材料项目	30 亿元
洛阳月星	年产 5 万吨锂电池硅碳负极材料项目	25 亿元
璞泰来	投资建设四川紫宸 20 万吨负极材料和石墨化一体化项目	80 亿元

资料来源：GGII，国海证券研究所。

3.1.3　隔膜

2020 年中国锂电隔膜出货量 37.2 亿平方米，同比增长 36%，隔膜出货量继续呈现大幅增长（见图 3-18），主要原因有：

1）2020 年中国动力电池出货量将近 80GW·h，同比增长超过 10%，进而带动国内动力锂电池隔膜需求增长。

2）2020 年下半年国内疫情逐渐控制，市场恢复超预期，带动小动力、3C 数码产品（计算机、通信和消费类电子产品）以及储能锂电池领域出货均有大幅提升，进而带动锂电隔膜出货量增长。

3）欧洲新能源汽车市场超预期增长，年销量有望超 120 万辆，带动上游动力电池需求量大增，进而带动上游材料需求量增长，国内具有全球竞争力的锂电隔膜企业出口量大增。

4）2020年国内隔膜生产企业成本优势进一步显现。在性能差异不大的情况下，国内隔膜企业成本较国外企业低50%～80%，部分超过100%。低成本高性能优势帮助国内企业抢占更多全球市场份额。

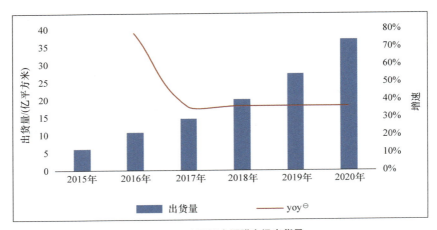

图 3-18　中国锂电隔膜市场出货量

资料来源：GGII，国海证券研究所。

隔膜的制备工艺主要分为干法拉伸与湿法拉伸。干法拉伸又分为单向拉伸和双向拉伸两种工艺。在拉膜过程中，隔膜的微孔尺寸和微孔分布的一致性是影响产品质量高低的关键因素。湿法拉伸工艺主要针对低密度的聚乙烯（PE）材料，目前较多应用于三元锂电池；干法拉伸工艺主要针对聚丙烯（PP）材料，目前较多用于磷酸铁锂电池。

从隔膜产品结构来看，2020年湿法隔膜出货量26亿平方米，同比增长30%，约占隔膜总出货量的70%；干法隔膜出货量11亿平方米，同比增长超过40%，增速大于湿法，约占隔膜市场总量的30%，如图3-19和图3-20所示。

干法隔膜出货量占比提升的原因在于：

1）2020年小动力（含共享电单车、换电）市场增长受出口与内需带动，出货量同比增长超80%；小动力市场使用磷酸铁锂电池占比不断提升，带动干法隔膜出货量提升。

2）2020年储能电池出货同比增长超50%，增长主要受国外家储以及基站侧储能等领域需求提升带动。储能市场多使用磷酸铁锂电池，对成本

㊀ yoy 表示年同比增长率（year-on-year percentage）。

较为敏感，进而带动干法隔膜出货量提升。

3）下半年磷酸铁锂版车型集中发布（包括比亚迪汉、磷酸铁锂版 Model 3、五菱宏光 MINI EV、欧拉好猫、奔奔 E-STAR 等），带动磷酸铁锂电池以及上游干法隔膜需求量提升。

湿法隔膜市场主要受三元电池以及数码产品电池市场带动，下半年全球动力电池出货量受终端市场带动增长明显，但由于小动力与储能市场的快速增长使得湿法隔膜市场占比略微下降。

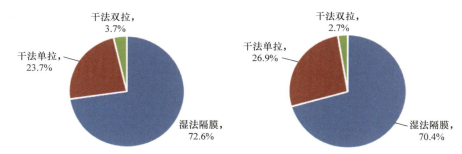

图 3-19　2019 年不同生产工艺隔膜出货占比　　图 3-20　2020 年不同生产工艺隔膜出货占比

资料来源：GGII，国海证券研究所。　　　　　　资料来源：GGII，国海证券研究所。

更薄的隔膜正在加速导入市场。2019 年锂电隔膜产品主要型号分布集中在 9μm、12μm、14μm、16μm 等领域；2020 年受锂电能量密度提升、三元动力以及钴酸锂数码产品电池出货量增长带动，隔膜向薄层化以及功能化方向发展加快。2020 年细分产品型号主要集中在 7μm、9μm、12μm 领域，其中 5μm 湿法隔膜正在加快市场导入。

如图 3-21 所示，从隔膜产品价格来看，2020 年隔膜价格继续下行，但降幅收窄，价格走势全年呈现上半年显著下降、下半年基本稳定的态势。具体原因有：

1）2020 年锂电隔膜国产化比例超过 93%，加之企业产能规模化效应提升明显，带动隔膜成本同比下降 5%~10%，加上上半年市场需求萎靡，导致价格下降明显。

2）湿法龙头企业渗透率高且具有更低的成本与价格优势，加之上半年市场艰难，导致二线梯队企业"低价促销"，使得上半年价格出现下降。

3）干法隔膜产品价格临近成本线，加之下半年小动力与储能市场的快速增长，导致干法隔膜产品价格具有一定支撑，再继续下降难度较高。

4）下半年市场需求快速增长，加之上半年市场低迷带来的部分企业减产或者停产，使得市场供需接近平衡，价格稳定性提升。

图 3-21 锂电隔膜价格波动趋势

资料来源：GGII，国海证券研究所。

从市场竞争格局（见图 3-22）来看，2019 年中国锂电隔膜市场前六企业市场占比为 72.1%，前三企业市场占比为 53.5%；2020 年前六企业市场占比为 80.3%，前三企业市场占比 61.7%。市场集中度提高的原因：

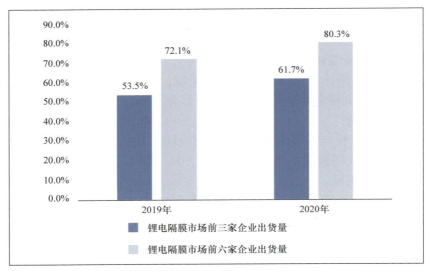

图 3-22 2019—2020 年中国锂电隔膜企业市场集中度变化趋势

资料来源：GGII，国海证券研究所。

1）2020年下半年国内新能源市场回复超预期，带动隔膜材料出货量环比增长超120%，这部分订单大多数流向头部隔膜企业。

2）头部隔膜企业具备产能、技术、客户以成本优势，与终端企业深度绑定，加上上半年部分中小隔膜企业处境艰难，逐步退出，使得行业市场集中度快速提升。

3）头部隔膜企业具备全球供应能力，加之国内头部湿法隔膜企业2020年同国外电池企业合作验证加快，出口量提升明显。

4）国内头部干法生产企业受比亚迪、星恒等企业出货量提升带动，出货环比增长超110%，显著快于市场整体增速，带动市场集中度提高。

部分主营业务并非锂电隔膜的企业接连宣布扩产计划投资隔膜项目，进军锂电隔膜市场，其中包括：

1）美联新材投资20亿元建设9亿平方米湿法隔膜项目。

2）深圳乐天成投资5亿元建设2亿平方米涂覆隔膜（聚偏二氟乙烯PVDF/芳纶涂层隔膜）项目等。

锂电隔膜属于重资产行业，投资金额巨大且投资回报期较长，投资的风险和不确定性也相对更大。"新势力"的大举入场反映了市场对隔膜行业的一致看好，产能过剩和尾部产能淘汰也一直相生相伴，企业的竞争能力和技术实力也极为重要。隔膜企业需时刻关注市场动向，固态电池虽然短时间内无法量产，但数年后有望最先量产的半固态电池也仍使用隔膜。隔膜企业始终需要关注电池技术进步对于隔膜带来的影响。

3.1.4 电解液

电解液是锂离子电池体系的重要组成部分。锂离子电池四大材料为正极、负极、电解液和隔膜，其工作原理是锂离子在正负极之间往返脱嵌导致外电路电子定向移动形成电流。电解液是锂离子迁移和电荷传递的介质，被喻为锂离子电池的血液。电解液的电导率、水分和酸含量、稳定性等指标直接决定了锂离子电池的能量密度、充放电倍率、循环寿命、安全性等性能。

电解液由高纯溶质、溶剂、添加剂在一定条件下按照一定的比例配合而成（见表3-6）。一般电解液中溶质、溶剂、添加剂的质量比为0.12∶0.83∶0.05，不同的电解液配方会在此基础上有所调整。电解液对于溶质、溶剂、添加剂的纯度、水分和酸含量要求都非常高，其中纯度要求大于99.95%，水分和酸含量控制在ppm（10^{-6}）级别，原料提纯和环境控制成为电解液生产过程的难点之一。

表 3-6　电解液配方构成

溶剂	环状碳酸酯（PC、EC），链状碳酸酯（DEC、DMC、EMC），羧酸酯类（MF、MA、EA、MA、MP 等）
添加剂	成膜添加剂，导电添加剂，阻燃添加剂，过充电保护添加剂，控制电解液中 H_2O 和 HF 含量添加剂，改善低温性能添加剂，多功能添加剂
锂盐	四氟硼酸锂（$LiBF_4$）：低温性能比较好，但是价格昂贵和溶解度比较低 六氟磷酸锂（$LiPF_6$）：综合性能比较好，缺点是易吸水水解 六氟合砷酸锂（$LiAsF_6$）：综合性能比较好，高的电导率、稳定性和电池充电放电率，但是毒性较大 双草酸硼酸锂（LiBOB）：高温性能较好，尤其能抑制溶剂对负极的插入破坏，但溶解度太低 双氟磺酰亚胺锂（LiFSI）：热稳定性高，耐水解，电导率高

资料来源：国海证券研究所。

锂盐的作用是在电池内部正负极之间形成良好的离子导电通道，在锂离子电池体系时应满足的条件包括：

1）电导率高。

2）热稳定性高，在较宽的温度范围内不发生分解反应。

3）电化学窗口宽。

4）化学稳定性高，不与正极、负极、集流体、隔膜、黏结剂等发生反应。

5）对离子具有较好的溶剂化性能。

6）无毒性，蒸气压低，使用安全。

7）能够尽量促进电极可逆反应的进行。

8）制备容易、成本低。

其中，化学稳定性、安全性以及反应速率为主要因素。目前商业化应用的是六氟磷酸锂（$LiPF_6$），其综合性能有优势，其在常用的有机溶剂中有比较适中的锂离子迁移数、适中的解离常数、较好的抗氧化性能。但是六氟磷酸锂也存在缺点：化学和热力学不稳定；对水比较敏感，痕量水的存在会导致其分解，导致六氟磷酸锂难以制备和提纯，其分解产物会影响锂离子电池的循环寿命；氟化氢的存在会腐蚀电极材料，腐蚀集流体，严重影响电池的电化学性能。

目前常用的有机溶剂有碳酸乙烯酯（EC），它具有比较高的分子对称性，较高的熔点、较高的离子电导率、较好的界面性质，能够形成稳定的固态电解质界面膜（SEI 膜），解决了石墨负极的溶剂共嵌入问题，但是 EC 的高熔点使它不能单独使用，需要加入共溶剂。这些共溶剂主要包括碳酸丙烯酯（PC）和一些具有低黏度、低沸点、低介电常数的链状碳酸酯，如碳酸二甲酯（DMC），能与 EC 以任意比例互溶，得到的混合溶剂以一种协同效应的方式集合了两种溶剂的优势，具有高的锂盐解离能力、高的抗氧化性、低的黏度。与 DMC 性质类似的链状碳酸酯溶剂（碳酸二乙酯 DEC、碳酸甲乙酯 EMC）也渐渐被应用于锂离子电池中，其性能与 DMC 类似。目前常用的锂离子电池电解质溶剂主要由 EC 和一种或几种链状碳酸酯混合而成。

新型锂盐双氟磺酰亚胺锂（LiFSI）热稳定性高，耐水解，电导率高。其作为添加剂加入六氟磷酸锂电解液中，一方面通过抑制电解液中氟化氢生成，阻断六氟磷酸锂的缓慢持续分解，实现电解液化学稳定性的实质性提升，另一方面通过提高电解液的电导率和发挥其独特的 SEI 成膜能力。不仅提升了电池循环寿命，而且有效提高了电池的低温放电性能以及高温保存后的容量保持率，同时还有抑制了膨胀的效果。

电解液中另外非常重要的是对添加剂的研究。添加剂的特点是用量少但是能显著改善电解液某一方面的性能。不同添加剂有不同的作用，按功能分，有阻燃添加剂、成膜添加剂，还有一些添加剂可以提高电解液的电导率、提高电池的循环效率等。目前研究的功能性添加剂，主要有提高电池安全性的阻燃添加剂、耐过充电添加剂，针对高电压电池的高电压添加剂，也有针对如气胀等问题研究的特殊添加剂。常见的成膜添加剂有碳酸亚乙烯酯、亚硫酸丙烯酯和亚硫酸乙烯酯等。阻燃添加剂的加入能够在一定程度上提升电解液的安全性。目前常用的阻燃添加剂有磷酸三甲酯（TMP）、磷酸三乙酯（TEP）等磷酸酯，过充电保护添加剂有邻位和对位的二甲氧基取代苯、丁基二茂铁和联苯等。

经过多年发展，全球锂离子电池产业形成了中、日、韩三分天下的格局。三者占据了 95% 的市场份额，主要企业有日本宇部兴产株式会社、三菱化学株式会社及韩国旭成化学等。其中日本在核心技术方面较中国和韩国仍然有明显的优势，韩国的优势在于其近年来在消费和移动等 IT 终端产品领域的强势增长，中国则是全球锂离子电池最大的消费市场，同时也具有制造成本优势，并已经形成了比较成熟的产业链。

我国电解液产业起步晚于日本和韩国，但是发展势头强劲，经过多年的技术积累和工艺改进，已经具备了一定的国际竞争力。近年来原料价格下降，依靠成本优势，我国电解液企业市场份额不断扩大。

短期来看，海外供应链仍然是电解液企业的重要看点。一方面，深度绑定各大车企巨头的海外动力电池龙头扩产计划激进，电解液需求快速增长，市场空间广阔，我国电解液企业出口可以增加出货量，提升市场份额；另一方面，国外市场相比国内市场价格较高且较为稳定，存在一定的技术和客户的溢价，这对于提升国内电解液企业的盈利能力起了重要作用。虽然目前国外电池企业主要还是采购日韩电解液厂商的产品，但是我国电解液厂商在国外市场的开拓也取得了重大进展，其中新宙邦和江苏国泰已经进入国外四大电池厂商供应链，且新宙邦在三星SDI、江苏国泰在LG化学的供货份额均较高。得益于国外供应链溢价，我国电解液业务毛利率高于行业平均水平。天赐材料也进入了LG化学、索尼等的供应链，并积极开拓其他国外电池厂商，国外市场进展值得期待。

国产电解液经过多年的发展，已经成为四大材料中技术最为成熟的品种。据统计，2020年我国锂电池电解液出货量为25万吨，同比增长38%。

从出口规模来看，2020年中国电解液市场出口量为4.3万吨，同比增长91%。出口企业主要包括天赐、新宙邦、国泰等。出口规模提升主要受国外头部锂电池企业出货量提升带动，出口电解液产品涵盖动力电解液、储能电解液以及数码电解液，其中动力领域占比超75%。

在产品价格方面，从六氟磷酸锂季度价格走势来看，从2020年10月份开始六氟磷酸锂价格出现大幅回升。六氟磷酸锂价格上涨原因有：

1）2020年下半年新能源市场恢复超预期，对产业链上下游原材料需求带动明显。

2）前期六氟磷酸锂市场库存消耗完成，加上2020年上半年部分企业受市场供大于求影响关闭产能，导致9月下旬以来市场出现供不应求的局面，另外原有产能短周期内难以快速复产，使得六氟磷酸锂市场出现"量价齐飞"现象。

3）2020年全球新能源市场势头良好，尤其是欧洲市场，导致国外电池企业对我国内六氟磷酸锂需求快速提升，这进一步加大了六氟磷酸锂市场供不应求局面。

六氟磷酸锂伴随碳酸锂价格波动起振幅较大（见图3-23），其价格由2016年第二季度超40万元/吨回落到2020年第二季度约6.5万元/吨。其价格下行因2015—2017年布局的产能在2018—2019年逐步释放，需求不及预期，造成严重的供过于求，目前低端产能逐步被出清。随着2020年第三季度行业转暖，对六氟磷酸锂的需求持续提升，目前价格提升至约26.5万元/吨，相较于2020年7月上涨约280%，相较于2020年底上涨约141%。

从电解液年度价格走势（见图3-24）来看，电解液均价以及细分产品价格同比均出现提升，原因有：

1）电解液溶剂受上游原材料供不应求以及终端需求提升双重影响，出现价格上涨。

2）六氟磷酸锂价格上涨直接导致电解液成本提升，进而导致电解液价格上涨。

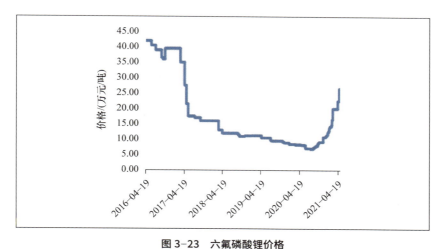

图 3-23 六氟磷酸锂价格

资料来源：GGII，国海证券研究所。

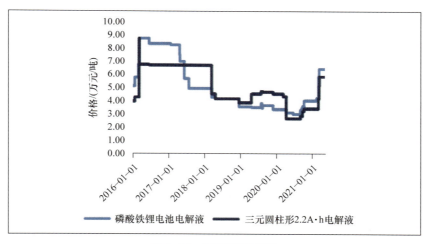

图 3-24 电解液价格走势

资料来源：GGII，国海证券研究所。

从市场竞争格局角度（见图 3-25）来看，2020 年前六企业市场占比为 77.3%，前三企业占比 61.4%，市场集中度较 2019 年进一步提高。市场集中度提升的原因有：

1）头部企业具备全球供应能力，受疫情影响较小，在需求带动下出货量增长，使得头部企业市占率提升。

2）头部电解液企业具备客户、产能、供应链以及资金等优势，与上下游产业链合作紧密，2020 年获得了更多客户的订单。

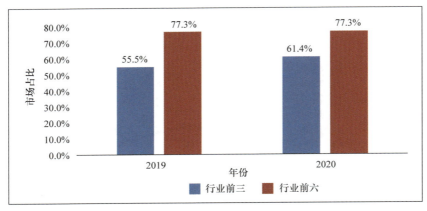

图 3-25　2019 年和 2020 年电解液市场格局

资料来源：GGII，国海证券研究所。

3）新催生的自由出行、在线教育以及远程办公等市场，加之 5G 商业化加快带动智能手机换机潮加快，带动数码以及小动力市场电池需求增加，也在一定程度上促进电解液企业集中度的提升。我国主要电解液企业与电池企业的供应关系情况见表 3-7。

表 3-7　我国主要电解液企业与电池企业的供应关系情况

电解液企业	主要客户
天赐材料	LG 化学，索尼，宁德时代，比亚迪，国轩高科，孚能科技，万向 A123
新宙邦	松下，LG 化学，三星 SDI，索尼，宁德时代，比亚迪，孚能科技，天津力神，亿纬锂能，中航锂电，深圳比克
国泰华荣	松下，LG 化学，宁德时代，国轩高科，亿纬锂能
东莞杉杉	深圳比克
天津金牛	天津力神，中航锂电，深圳比克
昆仑化学	宁德时代，孚能科技
北京化学	中航锂电

资料来源：国海证券研究所。

1. 六氟磷酸锂（$LiPF_6$）产业链：供需偏紧 + 成本支撑，价格触底反弹

1）供给端：根据统计，2017—2019 年全球六氟磷酸锂产能分别为 3.4 万吨、6.1 万吨、6.6 万吨，同比分别增长 71%、83%、7%，预计 2020 年、2021 年六氟磷酸锂行业全球产能为 7.2 万吨、8 万吨（主要新增来源于天赐材料，该公司 2 万吨新增产能预计 2021 年下半年投产，假设 2021 年实际有效产能 0.5 万吨），同比分别增长 10%、11%，我国同期分别为 5.2 万

吨、6万吨。近两年行业新增产能非常有限，主要集中在头部企业。预计2021年全球六氟磷酸锂得益于动力电池需求的快速增长，全球需求将达5.1万吨，名义产能⊖利用率将达64%以上。

2）主要原材料：形成重要支撑，碳酸锂底部企稳反弹。2017—2018年碳酸锂扩产增速远高于需求增速，导致行业性的供过于求，进而产品价格下行。碳酸锂从2014年底约4万元/吨的价格上涨至2016年初18万元/吨，然后高位横盘震荡至2017年底，之后一路下跌至2020上半年。碳酸锂价格已经在2020三季度触底反弹，为六氟磷酸锂价格提供强支撑。

电解液因投资门槛低、周期短，"产能"并无实质性意义。因此，相较于产能供给研究，对电解液下游需求以及企业市场占有率的研究意义更大。换言之，产能本身不是问题，客户与需求才是竞争力。

六氟磷酸锂是关键影响因素。基于以上分析，电解液产业链中的价格波动更多是来源于六氟磷酸锂原材料价格波动的影响。上一轮上涨主要是因为碳酸锂叠加六氟磷酸锂价格大幅上涨导致电解液产品价格趋势性上涨。因此，需要对六氟磷酸锂产能供需平衡进行测算，以判断六氟磷酸锂供需格局。

3）国外六氟磷酸锂产能（见表3-8）：规模较小，新增扩产小。2020年，国外六氟磷酸锂产能主要集中在日韩企业，总产能约2万吨。其中，森田化工2020年约7500吨，产能较大。其他海外企业有关东电化、瑞星化工、韩国厚成、釜山化学等，2020年底产能分别为4500吨、2100吨、4000吨与1300吨，相较于我国，其产能规模相对较小。

4）我国六氟磷酸锂产能（见表3-8）：近两年扩产放缓。我国六氟磷酸锂产能在2016—2019年的产能分别约为1.1万吨、2.1万吨、4.45万吨以及4.73万吨，其扩产速度远高于国外，然而受制于环保、技术以及产品等多重影响，产能利用率较低。我国锂盐企业较大的有天赐材料、多氟多、新泰材料等。2020年天赐材料六氟磷酸锂产能约为1.2万吨，多氟多约为9000吨，新泰材料约为8000吨。2021年新增产能有限，主要集中在天赐材料等头部企业，后续产能具体释放节奏仍需跟踪。

2019年供给严重过剩，产品价格大幅下跌。从全球六氟磷酸锂供需结构（见表3-9）来看，2016年供不应求，出现了短缺现象，产品价格出现了大幅上涨。在此背景下，行业出现比较多的资本开始进行扩产。根据统计，2017—2020年的全球六氟磷酸锂产能供给分别为3.4万吨、6.1万吨、6.6万吨以及6.4万吨，在需求端分别为1.9万吨、2.6万吨、2.8万吨

⊖ 名义产能为该产能的期望值。

以及 3.4 万吨。基于六氟磷酸锂产能释放有 1.5～2 年时间，2016—2017 年的布局产能基本在 2018 年释放，供给端出现了大幅释放，导致产品价格大幅下跌。

表 3-8　2014 以来全球六氟磷酸锂产能统计　　　　（单位：吨）

	锂盐企业	2014 年	2015 年	2016 年	2017 年	2018 年	2019 年	2020 年	2021 年
国外	森田化工	3000	3200	3500	5000	7500	7500	7500	7500
	关东电化	—	—	1400	2000	3000	4500	4500	4500
	瑞星化工	—	—	1300	2000	2000	2100	2100	2100
	韩国厚成	—	—	500	2000	2000	2000	4000	4000
	中央硝子	—	—	100	100	500	500	500	500
	韩国蔚山	—	—	500	500	500	500	500	500
	釜山化学	—	—	1300	1300	1300	1300	1300	1300
	小计	3000	3200	8600	12900	16800	18400	20400	20400
国内	天赐材料	300	2000	2000	4000	10000	10000	12000	17000
	天津金牛	700	1000	1000	1000	1000	1500	1500	1500
	石大胜华	—	—	—	1000	2000	2000	2000	2000
	新泰材料	—	1080	1080	5160	8160	8240	8240	8240
	九九久	2000	2000	2000	2000	5000	5000	5000	5000
	永太科技	—	—	0	1500	3000	3000	3000	3000
	杉杉股份	—	—	—	—	2000	2000	2000	2000
	滨州化工	—	—	—	—	1000	1000	1000	1000
	宏源药业	—	—	1000	1000	5000	5000	5000	5000
	江西石磊	—	—	—	—	300	600	2000	4000
	汕头金光	—	—	500	500	500	500	500	500
	台湾台塑	—	—	500	500	500	500	500	500
	小计	5200	8280	11080	20660	44460	47340	51740	59740
	合计	8200	11480	19680	33560	61260	65740	72140	80140
	年度同比（YOY）	—	40%	71%	71%	83%	7%	10%	11%

资料来源：上述公司公告、CIAPS、GGII、国海证券研究所。

表 3-9　全球六氟磷酸锂供需平衡测算：结构性过剩、高端相对偏紧

全球六氟磷酸锂	2016 年	2017 年	2018 年	2019 年	2020 年
需求 / 万吨	1.7	1.9	2.6	2.8	3.4
年度同比（YOY）	—	12%	37%	8%	21%
供给 / 万吨	2	3.4	6.1	6.6	6.4
年度同比（YOY）	—	41%	79%	8%	3%

资料来源：公司公告、CIAPS、GGII、国海证券研究所、阿尔法工场研究院智妍咨询。

2021 年供需偏紧，价格有望持续上行。结合行业需求及供给端预测

结果，预计2021年全球对六氟磷酸锂理论需求为5.1万吨，全球名义产能为8万吨，我国新增主要源于天赐材料，其中外资企业预计2万吨产能，几乎无新增产能。若考虑到库存、季节性、材料损耗等因素，行业整体将呈现紧平衡状态，价格有望持续上行。

2. 双氟磺酰亚胺锂（LiFSI）：构筑壁垒，提升价值，前景甚好

电解液由溶剂、电解质（锂盐）和添加剂三部分组成，锂盐对电解液性能的影响较大。电极表面在首次循环后会形成一层固态电解质界面膜（SEI膜），这层钝化膜能够允许Li^+通过而阻挡电子通过，并阻止电解液的连续消耗，对电池循环稳定性具有重大意义。良好的锂盐需要对电极形成稳定的SEI膜，以保障后续循环过程中电解液不会被持续消耗。而六氟磷酸锂热稳定性较差，对水分敏感，容易生成氟化氢，从而造成SEI膜被破坏，导致电池性能衰减。

为了解决这些问题，研究新型锂盐提上日程，而当前商业化前景可期的主要是双氟磺酰亚胺锂（LiFSI），其性能优异，热稳定性好，电导率高。但其制造工艺也比较复杂，成本较高，技术、成本限制了其大规模应用。但其壁垒高，有利于提升电解液企业的竞争优势，同时售价也高于普通电解液，有利于提升产品价值。

日本触媒、韩国天宝、天赐材料、新宙邦、康鹏科技等在双氟磺酰亚胺锂走在世界前沿，根据跟踪的信息来看，各企业积极布局，对未来前景乐观。

六氟磷酸锂也存在热稳定性较差、遇水易分解等问题，容易产生氟化氢。氟化氢不仅会导致正极材料金属离子的溶出，而且会导致石墨化碳负极表面的SEI膜的化学性腐蚀，从而导致电池性能衰减。因此，为了解决以上问题，相关新型锂盐应运而生。

一般来讲，理想的电解液需要满足以下条件：

1）较高的电导率和锂离子迁移数，适当的黏度，对隔膜和电极等表现出良好的浸润性。

2）化学稳定性好，电解液自身与电极材料、隔膜以及电极表面的SEI膜等在搁置或工作状态下不发生化学反应。

3）对正极材料具有良好的抗氧化性能。

4）在石墨负极等材料表面形成稳定的固态电解质界面膜（SEI膜）。

5）较高的安全性，对环境友好。

6）成本较低，可以大规模生产，实现商业化应用。

电解液的性能很大部分取决于锂盐，除了成本低廉、无公害之外，理想的电解质锂盐需要具备以下特征：

1）低解离能和较高的溶解度。

2）良好的 SEI 成膜性能。良好的锂盐需要对电极形成稳定的 SEI 膜，以保障后续循环过程中电解液不会被持续消耗。

3）对铝箔集流体具有良好的钝化作用。

六氟磷酸锂热稳定性差，容易发生分解反应生成氟化氢。此外，六氟磷酸锂中的磷－氟键（P—F）对水分非常敏感，当有微量水分存在时，也容易反应生成氟化氢，这会破坏电极表面形成的固态电解质界面膜（SEI 膜），还会溶解正极活性组分，导致电池循环过程中容量严重衰减。

为了弥补六氟磷酸锂热稳定性差、对水分敏感等问题，新型锂盐成为近年来研究的热点话题，主要的新型锂盐（添加剂）包括双氟磺酰亚胺锂（LiFSI）、二氟磷酸锂（$LiPO_2F_2$）、双三氟甲烷磺酰亚胺锂（LiTFSI）、二草酸硼酸锂（LiBOB）等，见表 3-10。

表 3-10　主要的新型锂盐性能比较

新型电解质名称	化学式	主要用途	应用优点	制约其产业化推广的主要因素	市场应用情况
双氟磺酰亚胺锂	LiFSI	锂离子电池用电解液添加剂或电解质	1. 高低温性能好 2. 热稳定性好 3. 化学稳定性好 4. 可形成稳定的 SEI 膜，阻抗小 5. 电导率高 6. 电池循环寿命长	1. 合成工艺要求高，价格偏高 2. 对正极集流体铝箔有腐蚀作用	1. 用作添加剂时用量约占电解液总质量的 1% 2. 用作电解质时用量可占电解液总质量的 14% 3. 宁德时代、LG 化学等已将 LiFSI 应用于其电解液配方中
二氟磷酸锂	$LiPO_2F_2$	三元锂电池用添加剂	1. 高低温性能好 2. 可提升过充电保护与均衡容量性能	在有机溶剂中溶解性较差	在特定电解液配方中使用，用量占电解液总质量的 0.1%~1%
双三氟甲烷磺酰亚胺锂	LiTFSI	作为六氟磷酸锂电解液添加剂	1. 热稳定性好 2. 电导率较高	1. 合成复杂 2. 浓度较大时，对正极集流体铝箔有较大的腐蚀性	使用量较小，暂无相关资料
二草酸硼酸锂	LiBOB	作为六氟磷酸锂电解液添加剂	1. 热稳定性好 2. 高温性能好 3. 能够形成稳定的 SEI 膜，阻抗小	1. 溶解度较低； 2. 低温性能较差 3. 吸湿性较强 4. 电导率较低，高倍率放电特性较差 5. 不能抑制 $LiPF_6$ 分解	使用量较小，暂无相关资料
二氟草酸硼酸锂	LiDFOB	作为六氟磷酸锂电解液添加剂	1. 高温性能好 2. 热稳定性好 3. 能够在负极形成稳定的 SEI 膜 4. 电导率较高	1. 合成工艺复杂，提纯难度大 2. 首次通电生成保护膜时产气较多，对电池性能影响较大 3. 不能抑制六氟磷酸锂（$LiPF_6$）分解	使用量较小，暂无相关资料

资料来源：公司公告，CIAPS，GGII，国海证券研究所。

双氟磺酰亚胺锂得益于其良好的热稳定性、高电导率、对水敏感性低等特点，是当前重点研究领域，也是最具大规模商业化前景的新型锂盐。相较于六氟磷酸锂，其热稳定性高，分解温度在 200℃以上，而六氟磷酸锂为 80℃，电导率为 9.8mS/cm，高于六氟磷酸锂的 6.8mS/cm，见表 3-11。

表 3-11 主要新型锂盐的性能比较

	比较项目	双氟磺酰亚胺锂（LiFSI）	六氟磷酸锂（LiPF$_6$）
基础物性	分解温度 /℃	> 200	> 80
	氧化电压 /V	≤ 4.5	> 5
	溶解度	易溶解	易溶解
	电导率 /（mS/cm）	高，9.8	较高，6.8
	化学稳定性	较稳定	差
	热稳定性	较好	差
电池性能	低温性能	好	一般
	循环寿命	高	一般
	耐高温性能	好	差，易生成 HF，造成电池性能衰减
工艺成本	合成工艺	复杂	简单
	成本	高，售价约 50 万元/吨	低，售价 10 万~11 万元/吨

资料来源：《国内外高性能六氟磷酸锂性能分析》[一]，国海证券研究所。

1）供给端：技术不断成熟，产能积极扩张。技术不断成熟，当前已有 LG 化学、宁德时代等全球领先的电池厂商在应用。全球来看，日本触媒首先在 2013 年量产双氟磺酰亚胺锂，公司现有产能 300 吨，同时规划产能 2000 吨，预计在 2023 年春季投产，同时，公司预计 2024 年销售额达 100 亿日元，约合 6.3 亿人民币。此外，韩国天宝也位居前列，当前产能 720 吨，若规划的 280 吨产能投产，届时年产能达 1000 吨。国内方面，天赐材料当前产能已达 2300 吨，其中有 2000 吨在 2020 年 4 月进入调试阶段，在规划中的产能 4000 吨，预计在 2021 年底前投产。新宙邦、康鹏科技等居于前列，新宙邦当前产能约 200 吨，主要自用，同时公司部分外购，新宙邦规划产能 2400 吨。康鹏科技当前产能 1700 吨，其中 1500 吨于 2019 年底投产，目前产能正在爬坡。根据梳理，当前全球双氟磺酰亚胺锂产能约 6720 吨，规划产能 1.12 万吨，稳步推进产能扩张，前景可期。

2）成本：双氟磺酰亚胺锂制造费用占比较高，应规模化降本。以康鹏科技 2019 年双氟磺酰亚胺锂制造成本为例，直接材料占约 43%，直接

[一] 薛旭金. 国内外高性能六氟磷酸锂性能分析 [J]. 无机盐工业，2014，46（3）：1-3.

人工占约10%，制造费用占约47%。而在六氟磷酸锂成本结构中，原材料占约80%，制造费用与直接人工各占10%左右。可以看到，双氟磺酰亚胺锂在制造费用上占比显著高于六氟磷酸锂，是未来降成本的主要方向之一。此外，规模化制备双氟磺酰亚胺锂也有利于降低单位能耗、原材料等，推动单吨成本下降。

以康鹏科技双氟磺酰亚胺锂生产成本为例，公司2016年开始量产双氟磺酰亚胺锂，产能200吨，2017年和2018年单吨成本分别为34.8万元和25.4万元，同比下降37%、27%，呈现快速下降趋势。2019年全年、2020年上半年单吨成本为25.9万元、27.8万元，分别提升2%、8%，主要原因是公司2019年年底1500吨新产能转固，处于爬坡期，导致折旧等费用较高，而2020上半年是由于安全事故导致停产检修，产量较小，单位成本较高。

3）价格：以较快速度下降，盈利能力较强。伴随近年来双氟磺酰亚胺锂产能不断投放，规模化效应明显，价格整体呈现下降趋势。以康鹏科技的销售价格为例，2016—2020年上半年分别为87万元/吨、69万元/吨、53万元/吨、49万元/吨、45万元/吨，2017—2020年上半年价格分别下降21%、23%、7%、9%。盈利能力方面，康鹏科技双氟磺酰亚胺锂业务2016—2020年上半年毛利率分别为36%、49%、52%、47%、38%，其中2016—2018年毛利率不断提升，主要受益于规模化导致成本下降快于价格下降速度；而2019年、2020年上半年毛利率有所下降，主要原因是1500吨新产能处于爬坡阶段，2020年上半年受安全事故影响导致停产检修，产量较小，成本较高。

4）需求：前景可期，头部企业积极添加双氟磺酰亚胺锂，见表3-12。当前LG化学、宁德时代等全球领先的动力电池厂商积极添加双氟磺酰亚胺锂，改善动力电池性能，提升循环寿命。根据康鹏科技预测，国泰华荣2021年对双氟磺酰亚胺锂需求不低于550吨；扬州化工（日本宇部贸易商）2021年需求不低于600吨。在此基础上，预计国泰华荣、扬州化工、新宙邦、天赐材料四家2021年需求3670吨以上。

双氟磺酰亚胺锂资金门槛、技术门槛高于六氟磷酸锂。以投资门槛为例，六氟磷酸锂、电解液、双氟磺酰亚胺锂单吨投资额平均约为5.8万元、0.5万元、14.5万元，见表3-13。由于双氟磺酰亚胺锂工艺较为复杂，所以扩产周期一般也高于六氟磷酸锂与电解液。若相关电解液企业能够寻找到合适的工艺，降低生产成本，通过双氟磺酰亚胺锂电解液纵向一体化生产，则可降低电解液生产成本，以优异的性能抢占电解液市场份额。

表 3-12 双氟磺酰亚胺锂（LiFSI）需求预测

公司	2020E 电解液产量/吨	2020年对 LiFSI 需求/吨	2021年对 LiFSI 需求/吨	判断依据及假设条件
国泰华荣	35000	>500	>550	康鹏科技根据合作框架协议预测，2019年从康鹏采购约150吨，2020年1—8月采购约170吨，2020年上半年确认收入约10吨，下半年上量很快；按照500吨LiFSI采购量对应预计3.5万吨电解液产量计算，添加比例约1.5%
扬州化工	—	>400	>600	扬州化工是日本宇部的国内贸易商，2020年上半年销售20吨，2020年1—8月上量很快
新宙邦	40000	600	840	2016年7月，公司公告未来2年，自身使用量达到100吨；2018年8月，公司公告2年后自身使用量达到400吨/年以上。按照1.5%的添加比例预测，2021年电解液产量假设同比增长40%
天赐材料	70000	1050	1680	2020年10月发布公告称新增4000吨LiFSI，预计在2021年底前投产，另外2000吨已经在2020年4月进入调试阶段，目前合计产能2300吨；按照1.5%的添加比例预测；2021年电解液产量假设同比增长60%
合计	145000	2550+	3670+	—

资料来源：相关公司公告，国海证券研究所。

表 3-13 双氟磺酰亚胺锂（LiFSI）需求预测

产品	公司	投资产能/吨	投资额/亿元	单吨投资额/亿元	公告时间	投产周期
六氟磷酸锂	新泰材料	6000	2.5	4.2	2015年11月	2年左右
	九九久	3000	1.5	5.0	2015年10月	1年左右
	宏源药业	4000	2.6	6.6	2016年	—
	多氟多	3000	2.0	6.7	2015年10月	12个月
	天赐材料	2000	1.3	6.3	2015年12月	约1.5年
	平均			5.8	—	1~2年
电解液	天赐材料	100000	1.6	0.2	2017年11月	12个月
	江苏国泰	20000	1.5	0.8	2016年8月	12个月
	江苏国泰	40000	3.0	0.8	2017年12月	30个月，波兰项目
	江苏国泰	40000	1.5	0.4	2018年2月	2年
	平均			0.5		1~2年
双氟磺酰亚胺锂	新宙邦	2400	4.9	20.4	2018年8月	一期800吨，一期投产周期2年
	康鹏科技	1500	2.1	14.1	2017年6月立项	约1.5年，2019年12月完工转固
	天赐材料	2000	1.8	9.1	2016年	预计1年，此后延迟至2019年底，因环保原因该项目已终止
	平均			14.5	—	1.5~2年

资料来源：相关公司公告，国海证券研究所。

3.2　2020年动力电池资源材料产业发展报告

锂、钴、镍资源是动力电池战略资源,其储备开发状况以及市场价格走势牵制着下游动力电池产业的发展。本节基于锂资源、钴资源和镍资源最新的国内外储量状况和开发条件,结合企业主体在市场中的行动和布局,分析锂、钴资源的市场价格走势,并对未来的产业发展趋势进行了预测。

3.2.1　锂产业

1. 资源量及储量

锂资源分为矿石锂资源和卤水锂资源,其中盐湖卤水锂资源约占全球锂资源的65%。最近几年,全球锂资源勘探和开发的项目越来越多,尤其是非洲、北美和南美地区不断有新的锂矿床被发现,全球探明的锂资源总量和储量也在大幅增加。据美国地质调查局2021年的最新数据,世界锂资源储量约2100万吨,主要分布见表3-14。

表3-14　世界锂资源及储量　　（单位：万金属吨）

国家	储量
智利	920
中国	150
澳大利亚	470
阿根廷	190
美国	75
加拿大	53
巴西	9.5
葡萄牙	6
津巴布韦	22
其他国家	210
世界总计	2105.5

数据来源：美国地质调查局,国海证券研究所。

全球锂资源主要分布在智利、澳大利亚、阿根廷、中国等,四国锂资源占比达到82%。其中,智利锂资源占到全球储量的40%以上,主要为盐湖锂资源;澳大利亚锂资源占全球总资源22.4%,全球85%锂矿石产自澳大利亚。中国锂储量占比约7%。中国是目前世界上最大的锂消费国,占2020年全球消费量的64%,中国锂盐生产大量依靠上游锂矿石资源进口。

中国锂矿资源量、储量及其主要分布见表3-15。

表3-15 中国锂矿资源量、储量及其主要分布

	矿区数	基础储量	储量	资源量	查明资源储量
单位：氧化锂（Li_2O）万吨					
全国	57	100.25	33.18	339.45	439.7
山西	1	—	—	0.05	0.05
内蒙古	2	22.77	—	20.7	43.47
福建	1	—	—	0.45	0.45
江西	6	35.82	31.67	65.99	101.81
河南	12	1.28	—	8.70	9.98
湖北	1	1.18	—	0.46	1.64
湖南	3	0.01	0.01	35.53	35.54
四川	16	36.14	1.42	178.34	214.48
贵州	4	—	—	16.94	16.94
新疆	11	3.05	0.08	12.29	15.34
单位：氯化锂（LiCl）万吨					
全国	17	1042.18	90.53	798.33	1840.51
湖北	1	—	—	309.09	309.09
四川	1	—	—	2.33	2.33
西藏	3	0.07	—	10.59	10.66
青海	11	1042.11	90.53	475.22	1517.33
新疆	1	—	—	1.10	1.10
单位：锂辉石万吨					
全国	10	37.94	1.3	62.68	100.62
江西	3	1.55	1.30	4.33	5.88
四川	4	33.85	—	58.04	91.89
新疆	3	2.54	—	0.31	2.85

数据来源：全国矿产资源储量通报。

就产业链而言，锂最上游为锂矿开采，然后加工成碳酸锂和氢氧化锂等锂盐产品，下游电池厂将锂盐和其他金属盐（如硫酸镍、硫酸锰等原料）加工成电池材料，终端应用在新能源汽车等行业。上游锂矿资源的开采与锂原料的开采是锂行业和新能源产业的源头，决定了锂电行业长远发展的根基。锂上游矿产资源主要来自"硬岩"岩石（锂辉石、透锂长石、锂云母等）和卤水（盐湖卤水、地下卤水等）提取。初期全球锂资源开发以矿石为主，随着盐湖提锂技术走向成熟，盐湖卤水利用占比逐年提升，目前卤水型锂矿已经占据了全球经济可采储量的70%以上。

2. 国内外锂资源开发现状

（1）国外锂资源基本情况

20世纪90年代，南美盐湖卤水提锂取得技术性突破后，盐湖提锂逐渐取代了矿石提锂。2019年，全球约有45%的锂盐从盐湖卤水中提取。目前除中国外世界上盐湖提锂产品主要由智利SQM、美国雅保（ALB）、美国Livent和澳大利亚Orocobre四家公司提供，盐湖卤水资源主要来自南美锂三角；锂矿石资源主要来自澳大利亚的Greenbushes、Mt Marion、Mt Cattlin、Pligangoora等锂辉石矿，泰利森（Talison）锂业是目前全球最大的锂矿石供应商。

玻利维亚乌尤尼盐沼（Salar de Uyuni）是目前世界上最大的卤水型锂矿床，平均锂含量0.05%，折合碳酸锂储量高达1430万吨，但由于政治、环境等多方面因素，一直未能得到大范围开发。智利阿塔卡玛盐湖（Salar de Atacama）是目前世界上正在开采的最大的卤水型锂矿床，折合碳酸锂当量（LCE）为800万吨，居世界第二位，平均锂含量1.6‰，目前主要由SQM公司和雅保公司开发。阿根廷Olaroz盐湖，锂含量0.69‰，储量640万吨，目前由Orocobre公司开发。阿根廷Hombre Muerto盐湖海拔4300米，盐湖面积565平方公里，折合LCE约400万吨。卤水镁锂比仅为1.5左右，杂质含量低，由Livent公司开发。

澳大利亚Greenbushes矿总资源量为12060万吨（LCE为724万吨），探明及控制锂矿储量合计为6160万吨（LCE为430万吨），由泰利森锂业进行开发，原锂精矿年产能为74万吨。第二个化学级锂精矿生产设施2019年第三季度投产，泰利森锂精矿总产将增加至134万吨/年（LCE约18万吨/年）。第三个化学级锂精矿生产设施正在筹备，预计将在2021—2022年实现化学级锂精矿产能增加至180万吨/年的目标。2019年锂辉石精矿产量76.45万吨，2020年产量降至55.4万吨。

（2）国外盐湖开采情况

由于遭遇锂价持续低迷和疫情影响，南美锂盐湖原本定于2019—2020年的扩产计划纷纷延后（见图3-26和表3-16）。而2020年第四季度以来，影响扩产的两个因素——低锂价和疫情都有所改善，锂资源企业生产状况逐步好转，南美盐湖企业扩产计划也重新回到正轨。四大锂盐湖企业公告中都重新披露了扩产项目的建设进度以及计划投产时间。

综合来看，今年将会落地的项目是雅保的一、二期扩产计划以及SQM旗下的Atacama盐湖扩产计划，而且产能处于爬产期，只能贡献小幅的供应增量。预计2022年将会是盐湖新建以及扩产项目投产的高峰期。

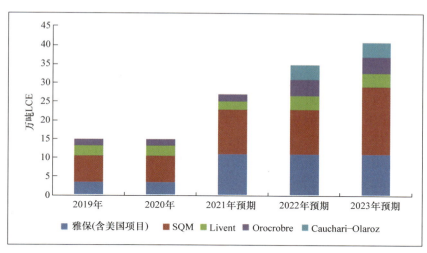

图 3-26　盐湖企业产能预期

资料来源：上市公司财报，国海证券研究所。

表 3-16　南美锂盐扩产进度普遍延后

公司	项目	产能规划	原计划投产时间	最新计划投产时间
雅保	南美 Le Negra Ⅲ/Ⅳ	4 万吨碳酸锂	2020 年底	2021 年底
	澳洲 Kemerton Ⅰ/Ⅱ	5 万吨氢氧化锂	2021 年	2021 年末或 2022 年上半年
SQM	南美 Salar de Atacama	5 万吨碳酸锂含下游 8000 吨氢氧化锂	2021 年下半年	—
	澳洲 Mt Holland 矿山项目	5 万吨氢氧化锂	2024 年	—
Livent	南美 Hombre Muerto	0.95 万吨碳酸锂	2020 年	2021 年或 2022 年
	美国北卡罗来纳州	0.5 万吨氢氧化锂	2020 年	2021 年或 2022 年
Orocobre	Olaroz 二期项目	2.5 万吨碳酸锂	—	2022 年上半年投产，2024 年上半年满产

资料来源：上市公司财报，国海证券研究所。

1）雅保：雅保发布远期产能规划，未来总产能将达到 50 万吨碳酸锂当量（LCE）。产能扩张分为 4 个阶段，2021 年底完成第一、二期的扩张，锂化合物总产能将达到 17.2 万吨 LCE。第三期将在第一、二期产能布局的基础上增加 15 万吨 LCE 产能，而第四期将会再增加 12.5 万～17.5 万吨 LCE 产能。

当前需要关注的是第二、三期的扩产进度，第二期扩产包括智利境内的 LeNegra Ⅲ、Ⅳ 碳酸锂扩建项目以及澳大利亚境内的 Kemerton Ⅰ、Ⅱ 氢氧化锂扩建项目，LeNegra Ⅲ、Ⅳ 原定于 2020 年底投产，实际延迟最早于 2021 年年底投产，而 Kemerton Ⅰ、Ⅱ 项目或将于 2021 年末建成，并在完成 6 个月的质控和资格认定之后投产。

2）SQM：按计划推进碳酸锂和氢氧化锂的扩产。Atacama 盐湖碳酸锂在产产能 7 万吨，2021 年底扩产至 12 万吨（包括 8000 吨氢氧化锂），2023 年扩产至 18 万吨。氢氧化锂产能 1.35 万吨，2021 年扩产至 2.15 万吨，二期将扩产至 2.95 万吨。

2021 年 2 月 17 日，SQM 发布公告称投资将投资 7 亿美元用于 Mt Holland 矿山项目的建设，设计产能为 5 万吨氢氧化锂，预计 2024 年投产。Mt Holland 矿山位于澳大利亚西部，为 SQM 与 Westfarmers 共同持股，各占 50%。

3）Livent：未给出扩产时间表。2020 年年报中指出，在 2020 年 3 月中止了在阿根廷的 9500 吨碳酸锂扩产项目以及在美国北卡罗来纳州配套的 5000 吨氢氧化锂项目，预计会延后。扩产项目的重启将会取决于锂价的激励和新冠疫情对施工是否会有所限制，因此重启时间的不确定性较高。但是 Livent 给出了远期的产能规划目标，阿根廷的碳酸锂产能将会达到 6 万吨碳酸锂当量（LCE），而配套的氢氧化锂产能将会达到 5.5 万吨 LCE。

4）Orocrobre：原计划 2020 年底—2021 年上半年，Olaroz 锂项目的二期扩产计划将会完成投产，但是受疫情影响，扩产延后。目前完成了 50% 的建设，预计将于 2022 年上半年建成投产，并将在 2024 年上半年达到 2.5 万吨 LCE 的满产产能。此外位于日本的 Naraha 氢氧化锂工厂将于 2021 年下半年投产，产能为 1 万吨。但是因为 Naraha 项目的锂资源原料主要来自于 Orocrobre 公司的南美盐湖工厂二期，因此该氢氧化锂项目投产大概率会延后。

（3）国外锂辉石矿开采情况

国外锂辉石矿主要集中在澳洲西部，2016 年至今，西澳锂资源经历了一个较为完整的价格波动周期：高价吸引产能投放—产能快速扩张—在产产能过剩—价格持续低迷—产能清出＋需求放量—价格持续反弹。当前正处于锂矿清出过剩产能，锂资源供需处于由供过于求向供不应求的拐点，锂价也开启了持续上行的过程。

2019 年澳洲锂矿产能达到近几年的顶峰，同时存在 Greenbushes、Wodgina、Mt Marion、Altura、Pilbara、Mt Cattlin、Bald Hill 和 Mt Holland 共八大矿山在产的局面。随后锂价经历价格大跌，西澳锂矿项目部分亏损，开启产能清出的过程，如图 3-27 所示。2019 年 8 月，Alita 旗下 Bald Hill 关停生产，成为西澳第一个关停的锂矿山。随后 2019 年 11 月，美国的雅保关停了 Wodgina 矿山。到 2020 年 10 月，Altura 被接管，随后也终止了生产。因此到了 2020 年第四季度，西澳只剩下了包括最大的 Greenbushes 在内的共 4 个锂矿山处于在产状态。

除去 Greenbushes，2020 年西澳地区锂精矿产量 89.7 万吨，同比减少 13%。2020 年产量大幅下滑主要是因为 Altura 矿山的停产，而同期 Mt Cattlin 和 Pilbara 两座矿山呈现逐步增长的态势。

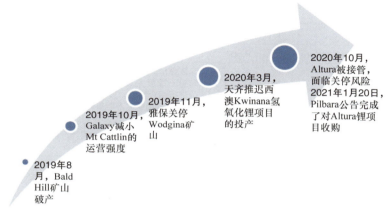

图 3-27　澳矿持续出清

资料来源：上市公司财报，国海证券研究所。

从西澳锂矿山动态（见表 3-17 和图 3-28）来看，在产矿山处于恢复性爬产阶段，但是处于关闭状态的矿山较多，整体锂矿供应处于收缩状态。随着 Altura 被 Pilbara 收购并且进入了停产的状态，澳洲在产锂矿山只剩下 4 座，供应偏紧的格局将维持。

在产矿山产量持续回升，但面临产量提升瓶颈。从最新的 2020 年第四季度数据来看，目前在产的 Mt Cattlin 和 Pilbara 矿山产量有所回升，而 Mt Marion 则因为运输问题，产销量均出现了下滑。Pilbara 季度产量接近历史峰值，产能进一步爬坡的空间不大。Mt Cattlin 产量恢复空间大，由于该矿山所属公司——银河资源的锂矿供应订单充足，预计该矿产量将恢复至满产，最新季度产量为 3.33 万吨锂精矿，距离历史峰值有 2.5 万吨的增长空间。

项目复产最快 2021 年第四季度才会出现。2021 年第一季度，Pilbara 完成了 Altura 锂矿项目的收购，并对该项目进行了综合评估，该矿复产时间待定，预计最早复产时间或将在 2021 年第四季度。雅保旗下的 Wodgina 矿山或将跟随其锂转化产能的投产而复产，预计最快在 2022 年。而停产的 Bald Hill 矿山其母公司 Alita 正被银河资源寻求收购，复产时间未知。

表 3-17 西澳锂矿山动态

公司	项目	2020 锂精矿产量/万吨	动 态
SQM/Westfarmers	Mt Holland	—	2021 年 2 月 17 日，SQM 发布公告称投资将投资 7 亿美元用于 Mt Holland 矿山项目的建设，设计产能为 5 万吨氢氧化锂，预计 2024 年投产
Mineral/雅保	Wodgina	—	停产状态，预计复产时间在 2022 年之后
Alita	Bald Hill	—	2018 年 7 月投产，2019 年 8 月进入破产重组程序，年设计产能为 16 万吨锂精矿。2021 年，银河资源正寻求收购 Alita，复产时间未知
Altura	Altura	8.86	被 Pilbara 收购，复产时间待定
Pilbara	Pilbara	18.09	2020 年下半年开始，锂精矿产量逐步恢复。2021 年第一季度完成 Altura 锂矿项目收购，并将对该项目进行综合评估，该矿复产时间待定。收购完成后，Pilbara 锂精矿总产能将超过 50 万吨/年
Galaxy	Mt Cattlin	10.86	2020 第四季度销量创历史记录，2021 第二季度将会逐步恢复至 23 万吨的满产产能，全年锂精矿产量指引为 16.2 万～17.5 万吨
Mineral/赣锋锂业	Mt Marion	51.90	2020 年第四季度产量维持高位，但是由于运输导致销量下滑。从 2020 年第二季度开始，其所产锂矿品位出现了下降
Talison	Greenbushes	2020 年未知，2019 年为 74.5	该项目由天齐/雅保共同控股，持股比例分别为 51% 和 49%。二期项目预计在 2021 年投产，2020 年锂精矿指引产量达到 85～90 吨，2022—2023 年将会进一步扩张产能

资料来源：上市公司财报，国海证券研究所。

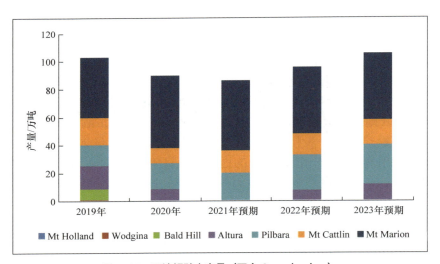

图 3-28 西澳锂矿山产量（不含 Greenbushes）

资料来源：上市公司财报，国海证券研究所。

（4）国内锂资源开发情况

国内锂矿石资源主要位于四川、新疆、江西等地，盐湖锂资源主要位于青海和西藏。目前正在勘探开发的盐湖锂资源主要集中在青海，锂矿的开采主要在四川、江西等地。根据 USGS 统计，2020 年中国锂资源 510 万吨碳酸锂当量（LCE），占全球 6.5%，且随着持续开发，近年资源量不断下降。

国内锂资源（见表 3-18）中，盐湖卤水资源占 90%，几乎全部都集中于青海和西藏。目前，我国已经工业化生产的盐湖包括：西藏扎布耶盐湖，青海东、西台吉乃尔湖，以及察尔汗盐湖等。其中，除扎布耶盐湖属于碳酸盐型、镁锂比为 0.01 外，其余盐湖的镁锂比值远远高于其他盐湖。

表 3-18　国内盐湖开采情况

	盐湖名称	资源所属	加工公司	镁锂比	储量[碳酸锂当量（LCE）]/万吨	卤水类型	技术	海拔/米
青海	察尔汗	盐湖股份，藏格控股	蓝科锂业，盐湖比亚迪，藏格锂业	原卤1800，老卤500	717	氯化型	吸附法	2670
	东台吉乃尔	锂资源公司	青海锂业，锂资源公司	40	247	硫酸镁亚型	电渗析法	2680
	西台吉乃尔	中信国安	中信国安，恒信融	61	268	硫酸镁亚型	煅烧浸取法	2680
	大柴旦	大华化工，锦泰钾肥	兴华锂盐，博华锂业	65	161	硫酸镁亚型	萃取法	3173
	巴伦马海	锦泰钾肥	锦泰锂业	—	—	—	萃取吸附	2733
	一里坪盐湖	五矿盐湖	五矿盐湖	100	157	硫酸镁亚型	膜法	2683
西藏	扎布耶	西藏矿业	西藏矿业	0.01	184	碳酸型	盐析法	4400
	龙木措	西藏城投	西藏城投	95	200	碳酸型	未投产	5000以上
	结则茶卡	西藏城投	西藏城投	1.15	187	硫酸型	未投产	4500以上

资料来源：中国知网，国海证券研究所。

目前，中国盐湖总产能约 9 万吨/年，实际产能利用率只有一半左右，每家公司年产能均在 1 万～2 万吨以内。地理位置偏远、基础设施差、盐湖差异大、工艺难复制，加上盐湖锂含量低、镁锂比值高等均加大了国内盐湖开采难度，且国内盐湖提锂多用于工业级碳酸锂，能达到电池级纯度的碳酸锂偏少。

1）西藏扎布耶盐湖位于西藏自治区日喀则地区仲巴县隆格尔区任多乡境内，是世界上三大锂盐湖之一，镁锂比低，是国内锂品位较好的盐湖。扎布耶湖海拔 4400 米，且扎布耶到甘肃省白银市有 2000 多千米，运输距离长，水、电、路均不通，基础设施差，目前进行大规模开发实现产能提升需要大量资金投入。但从资源禀赋来看，扎布耶是未来最具有潜力的碳酸锂产地。公司采用的"太阳池结晶法"生产工艺，应用梯度太阳能池蒸发结晶工艺提锂，从盐湖卤水中沉淀锂，利用上部淡水下部富锂卤水的太阳池分层结构，将富锂卤水中的锂离子以碳酸锂的形式结晶析出，直接得到碳酸锂矿。目前扎布耶锂精矿的年产能为 5000 吨左右。由于当地基础设施较差，需大量前期投入，该盐湖资源虽优质但暂无扩产计划。

2）青海东、西台吉乃尔盐湖矿区锂离子含量高，但镁锂比同样非常高，导致该地区提锂工艺较为困难。东台吉乃尔盐湖位于柴达木盆地西北部，海拔约 2700 米，盐湖属于硫酸镁亚型盐湖，卤水中锂、硼离子含量高。东台吉乃尔盐湖气候干燥、降水量小、平均气压低，锂品位较好，适合选择电渗析法，开发企业有青海锂业和青海锂资源公司。西台吉乃尔盐湖位于柴达木盆地中部，海拔 2680 米，矿区面积 570 平方公里，是一个以液体锂矿为主、固液共生的特大型锂矿床，同时还富产钾肥、硼矿、镁矿、石盐等矿产。西台吉乃尔盐湖交通便利，离格尔木 160 千米，煤、电、天然气等供给方便，开发企业有中信国安和恒信融。

恒信融锂业拥有西台吉乃尔湖 394.26 平方公里的卤水矿的探矿权。该公司于 2015 年开始以膜工艺建设年产 2 万吨电池级碳酸锂项目，并于 2017 年投产，目前年产量不到 1 万吨。

青海锂业有技术，但 2016 年把探矿权转让给锂资源公司，目前只有 1 万吨碳酸锂委托加工产能。青海锂业成为锂资源公司的子公司，控股股东为泰丰先行。

3）察尔汗盐湖位于柴达木盆地南部，东西长 167 千米，南北宽 20～40 千米，总面积达 5856 平方公里。其锂资源储量为青海盐湖中最大，锂资源品位却最低。察尔汗盐湖地处内陆盆地，日照时间长，太阳辐射能量高，降水量少，蒸发量大，气候条件有利于盐田生产。同时盐湖南侧河流较多，有丰富的地表水可供盐田生产使用，使得盐湖开发具备先决条件。青海盐湖股份子公司蓝科锂业通过吸附膜法实现量产。公司于 2012 年开始生产，现产能为 1 万吨/年碳酸锂，后期有 2 万吨电池级碳酸锂产能建设，预计 2021 年投产。但受制于资金问题，该新增产能投产进度一直低于预期。

4）一里坪盐湖位于柴达木盆地中部，海拔 2683 米，属于干盐湖类型，包括卤水资源和固体盐类资源，为高镁锂比盐湖，较难开发。一里坪盐湖为中国五矿盐湖公司所有。该厂区采用电渗析法，现有产能1万吨/年碳酸锂当量，尚无扩产计划。

5）巴伦马海钾矿位于青海柴达木盆地西北部，锦泰矿业享有开发权。目前规划1万吨碳酸锂产能。其中已经有3000吨产能，采用的是萃取法。蓝晓科技（采用吸附法）新建3000吨产线。

中国锂矿类型分为卤水型和硬岩型两种类型。卤水型约占我国保有资源储量的70%，主要分布在青海和西藏。硬岩型约占保有资源储量的33%，其中锂辉石矿集中分布在四川和新疆，占比6%；锂云母矿主要在江西，占比24%。

李家沟矿位于四川阿坝金川县，被誉为亚洲最大锂辉石矿之一，由雅化集团2014年通过参股获得采矿权，并于2018年开工。李家沟矿区现储量51万吨，平均品位1.30%，计划年产能18万吨锂精矿，预计2022年投产。

甲基卡锂辉石矿位于四川省甘孜州，该矿区储量2900万吨，平均品位1.42%。该矿区由融捷股份旗下融达锂业持有，2014—2018年停产，并于2019年上半年复工。融达锂业证载开采规模为105万吨/年，已有产能45万吨/年，2019年生产锂精矿2.73万吨，未来2~3年将逐步扩产。

业隆沟锂辉石矿同样位于阿坝州的金川县。该矿区储量654万吨，品位1.29%。该矿区由威华股份持股75%，总产能40万吨/年。2019年年底开始生产，预计2021年达到设计的生产能力的产量。

锂云母矿主要集中在江西宜春，江特电机、永兴材料等在该地区投资采矿。目前，永兴材料第一期0.5万吨碳酸锂已经投产，预计2021年实现1万吨/年产能计划。江特电机已建成年产3万吨碳酸锂产量，但受制于资金和工艺问题一直并未满产，未来增产预期有限。

综合来看，国内锂矿石未来1~2年维持扩产趋势。若这些计划落地，预计2021—2022年每年增加锂盐产能3万~4万吨碳酸锂当量（LCE），见表3-19。

表3-19 国内锂资源产能　　　　　　　　　　　　（单位：万吨LCE）

锂资源	2019年	2020年	2021年预期	2022年预期
国内盐湖	7.5	8	10	12
国内锂辉石	1.3	2	2.3	3
国内锂云母	3.2	4	6	8
国内总产能	12	14	18.3	23

资料来源：有色工业协会锂业分会，国海证券研究所。

3. 锂产品发展情况

（1）锂盐发展情况

国内方面，2020年碳酸锂产量16.46万吨，同比增长8%（1.3万吨），如图3-29所示。其中约8万吨的锂资源由我国国内提供（盐湖2万吨+锂矿2万吨+锂云母4万吨），贡献资源供给增量的主要为四川甲基卡锂矿的复产和江西锂云母的扩产。

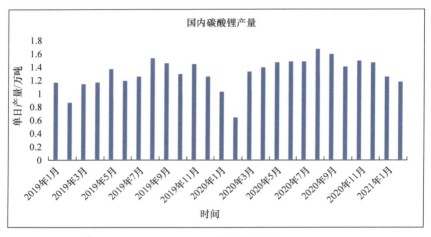

图3-29 国内碳酸锂产量

资料来源：SMM，国海证券研究所。

后续几年，盐湖方面主要有青海蓝科锂业的2万吨碳酸锂当量（LCE）扩产项目（预计2022年投产），锂辉石矿则有四川省金川县李家沟矿的投产，大概在2022年投产，产能约1万吨。在锂云母方面，有永兴材料的2万吨扩建项目（目前在产1万吨）。

在国内锂资源供给增长和海外锂矿保障加强的情况下，预计2021年国内碳酸锂产量保持稳步增长态势，全年产量或增加至18万吨（增长1.5万吨/增长8%）。

此外，2020年中国氢氧化锂产量达到9.27万吨，同比增长14.44%。产量增量主要来自雅化锂业、江西雅保、江苏容汇通用锂业股份有限公司、宜宾天宜锂业等企业。产量排名前三的企业市场占有率约70%。三家企业氢氧化锂生产线投产，新增产能约10万吨。

氯化锂主要用作熔盐电解生产金属锂的原料，用于空调除湿剂、杀虫剂、合成纤维、锂电池、太阳能电池、漂白剂、金属合金焊接剂或助焊剂；在新材料领域，可作为高分子材料聚苯硫醚等产品的催化剂、用于甲壳素的生产等。2020年国内无水氯化锂产量约2.3万吨，有些采用锂辉石精矿直接生产，部分采用工业碳酸锂转换，还有部分是利用回收的含锂废料、盐湖卤水生产。国内主要生产企业有江西赣锋锂业股份有限公司和天齐锂业股份有限公司。中国锂盐产量见表3-20。

表3-20 中国锂盐产量 （单位：万吨）

产品	2019年	2020年	2021年
碳酸锂	15.16	16.46	18
单水氢氧化锂	8.1	9.27	11.18
无水氯化锂	2.8	2.3	2.55
合计碳酸锂当量	26.06	28.03	31.73

资料来源：中国有色工业协会锂业分会，国海证券研究所。

（2）正极材料发展情况

新能源汽车产业已经成为国家战略性新兴产业，被寄予支撑未来经济发展和实现汽车产业转型升级的厚望。新能源汽车的核心是动力电池，目前动力电池以锂离子电池为主，而从全球锂离子电池的供给格局来看，锂电产业经过多年的发展，形成了中国、日本、韩国三分天下的市场格局。中国、日本、韩国基本垄断了全球锂电池供应。由于我国锂电行业的蓬勃发展，锂电正极材料市场也面临着前所未有的发展机遇。

2020年，中国锂电正极材料产量55.37万吨，同比增长26.13%，见表3-21。其中，三元正极材料累计产量约21.74万吨，同比增幅10.36%；磷酸铁锂材料产量达15.9万吨，同比增长33.61%；钴酸锂材料产量为8.45万吨，同比增长34.13%；锰酸锂材料产量达到9.28万吨，同比增长54.67%。

表3-21 中国正极材料生产情况 （单位：万吨）

产品	2019年	2020年	同比
钴酸锂	6.3	8.45	34.13%
三元材料	19.7	21.74	10.36%
磷酸铁锂	11.9	15.9	33.61%
锰酸锂	6.0	9.28	54.67%
合计	43.9	55.37	26.13%

资料来源：中国有色工业协会锂业分会，国海证券研究所。

从三元正极材料产品型号结构来看，2020年三元材料市场仍以5系及以下型号为主，但5系及以下材料占比同比下降9个百分点；高镍8系材料占比同比提升9个百分点。

三元材料市场 5 系及以下材料占比下降，8 系占比上升的原因有：

1）受新能源汽车安全性越来越受到重视的影响，2020 年下半年市场由高镍逐渐向 5 系过渡，加之行业降本影响，市场倾向于选择高电压的 5 系 /6 系低钴材料体系电池，如 Ni5810（4.4V），Ni6510/6505（4.3V）等。

2）2020 年下半年中国动力电池市场出货量环比上升超过 160%，头部电池企业产销量进一步提升，带动三元材料市场环比增长超 70%。

3）2020 年国外新能源汽车市场超预期增长，年销量超 150 万辆，产销提升带动上游电池需求量大增，进而带动松下、LG、SKI 等企业电池出货提升；国外电池企业主要布局高镍电池领域，中国具备三元材料出口能力，欧美市场需求带动导致 2020 年国内三元材料外销超过 4 万吨。

4）电动工具（扫地机器人等领域）等市场受国外产业链国内转移以及国外疫情导致终端企业逐渐加大无线电动工具生产，2020 年同比增长超 50%；电动工具用锂电池逐渐向高倍率、大容量方向倾斜，促使锂电池生产企业加快使用高镍材料。

随着三元材料市场规模扩大的同时，市场集中度也在提升，2020 年前十企业市场占有率达到 77.4%，如图 3-30 所示。

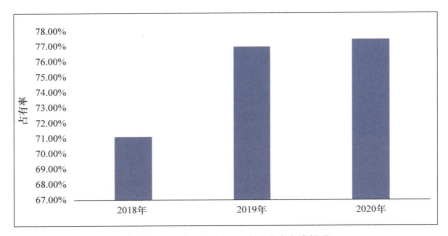

图 3-30　国内三元材料前十企业占有率提升

资料来源：鑫椤资讯，国海证券研究。

具体来看，2020 年国内三元材料产量超过 1 万吨的企业共有 10 家。广东邦普循环为新进入企业，具体各企业名单见表 3-22。值得注意的是，宁波容百为国内唯一一家三元材料产量超过 2.5 万吨的企业，因此继续蝉联行业第一宝座。

表 3-22　中国三元材料厂商

企业名称	产量
宁波容百	>2.5 万吨
天津巴莫	1 万～2.5 万吨
湖南长远锂科	
北京当升	
湖南杉杉	
广东邦普循环	
厦门厦钨新能源	
贵州振华	
南通瑞翔	
新乡天力锂能	

资料来源：鑫椤资讯，国海证券研究。

4. 市场及价格

（1）价格走势

1）2020 年锂盐价格如图 3-31 所示。第一季度碳酸锂价格涨跌互现。2020 年第一季度碳酸锂价格整体呈现涨跌不一的表现，走势相对震荡。2020 年春节假期较往年提前到来，碳酸锂市场成交有限，备货企业开始逐渐减少，生产企业基本以现款的方式进行低价成交。市场下游减停产情况普遍，需求低迷，高品质电池级碳酸锂出货艰难，因此价格处于低位。春节过后，国内冶炼厂受疫情影响，复工时间均出现推迟，加之国内物流不畅发货受阻，库存水平小幅被动增加。

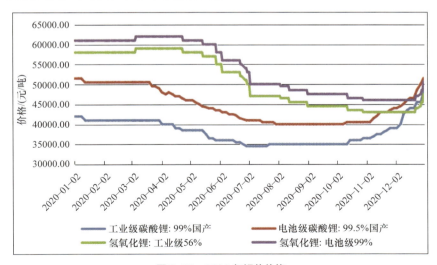

图 3-31　2020 年锂盐价格

资料来源：Wind，国海证券研究。

2月下旬，随着四川、江西部分锂盐厂开始陆续复工，材料厂对碳酸锂价格上调保持观望态度。金属锂受锂盐价格抬升及物流受限影响，价格同步上调。

3月，碳酸锂价格继续小幅上调，由于工业级碳酸锂库存处于低位，叠加物流费用上涨，部分锰酸锂下游急用锂盐至成交价格略微上调。但随着上游冶炼厂生产的恢复，叠加下游需求整体偏淡，碳酸锂价格趋稳。之后因国外疫情影响，下游动力需求仍无明显起色，消费类电子市场呈走弱趋势，碳酸锂价格承压明显，价格出现下行。

2）2020年第二季度，碳酸锂价格持续下行，出现"跌跌不休"之态。随着国内疫情逐步可控，各地复工顺利开展，碳酸锂供应端增长明显。

4月，位于江西的企业开工率迅速恢复，随着天气转暖，青海部分企业开工率也有所上升。而终端需求暂无明显起色，企业满产动力不足。加之国外疫情的扩散，东南亚地区多家终端工厂宣布停产，同时大量出口订单面临取消。多重因素导致电池级碳酸锂订单零星，工业级碳酸锂订单出现下滑。

进入5月，碳酸锂价格继续走低。市场成交依旧冷清，终端处于去库存阶段，材料端按需采购碳酸锂，无更多备库意愿。由于下游需求未现拐点，供应商普遍反馈下游需求仍在持续缩减，价格承压明显。直至6月，碳酸锂价格继续振荡下行。由于供应面充足，下游需求萎靡，市场供需矛盾突出。加之三元材料开工率仍维持低位，市场成交难度较大，因此碳酸锂价格出现进一步下行。

3）2020年第三季度，碳酸锂价格稍有回暖。第三季度开始市场下游需求略有恢复，市场询价有所增加，7月中下旬工碳价格逐渐回升，需求也相对有所转好，电池级碳酸锂也处于缓步提涨的状态。随着低价碳酸锂逐渐消耗完毕，碳酸锂价格开始触底，盐湖工业级碳酸锂出现反弹迹象。

8月，碳酸锂市场询价氛围相对浓厚，由于江西及青海锂盐大厂出货情况良好，价格保持持续坚挺，部分企业试着小幅上调碳酸锂价格，试探市场接受程度。

9月，碳酸锂市场价格处于先降后涨的态势，上旬开始小部分企业报价价格稍有下调，主要是由于前期价格偏高，因此下调价格来吸引客户资源，而其他大部分碳酸锂厂家基本都保持相对平稳的价格。随着下旬的到来，下游三元材料需求恢复缓慢，终端降本压力仍将持续向上游传导，电池级碳酸锂价格上调步调依旧承压。而后期工业级碳酸锂库存情况趋紧，下游从大厂购货出现货源短缺情况，价格随之反弹。

4)2020年第四季度,碳酸锂价格全面回升,市场一度呈现供不应求。第四季度开始碳酸锂市场呈现平稳运行的态势,虽然市场处于利好状态,但是价格持续稳定中,也有部分企业上调碳酸锂的价格。价格上调的原因是锂盐原料价格成本有所上涨,从而导致碳酸锂价格带动上行。

10月,澳洲锂矿Altura进入"托管"状态,这对原材料供应方面产生一定的影响,也会在一定程度上带动原料成本的提升,下游产品也因此受到上游原料涨价的传导。11月,碳酸锂产品开始逐渐出现货源紧张状态,由于上下游企业对价格博弈的持续升温,碳酸锂价格开始呈现上行。随着出货的日渐趋紧,价格也在持续走高,供需结构有望随着锂电行业持续发展而有所改善。随着冬季天气转凉,盐湖等地的锂矿产量降低,碳酸锂库存量的减少和新能源汽车市场需求的增长,带动碳酸锂价格持续走高。

12月初,碳酸锂市场一度出现了供不应求的状态,很多厂家碳酸锂基本处于无货状态,市场呈现出货紧价扬的现象。年末将至,市场进入年底备货的阶段,下游询价开始增多。加之材料厂成本提升较多,价格持续承压,使得市场调涨情绪仍旧继续。

在钴酸锂方面,2020年第一季度:1月,受钴价格影响,钴酸锂及三元材料价格略有上涨。2月,四氧化三钴价格大幅拉涨,钴酸锂价格出现较大上涨。3月下旬,受3C数码产品市场消费低迷影响,钴酸锂价格出现下滑,三元材料价格也开始下滑。

第二季度:钴酸锂和三元材料价格都小幅下滑,期间钴酸锂价格略有上涨后又下滑。

第三季度:7月下旬后,受四氧化三钴价格上涨影响,钴酸锂价格出现较大上涨,8月中旬后开始平稳运行,9月中旬后开始略有下滑;7月中旬后三元材料价格略有上调,8月份价格波动不大,9月末稍有下滑。

第四季度:钴酸锂和三元材料价格一直处于弱稳定阶段,价格波动不大,三元材料价格在11月下旬开始略有上涨,主要受碳酸锂和三元前驱体价格影响。12月下旬,受四氧化三钴和碳酸锂价格影响,钴酸锂价格略有上涨。钴酸锂全年平均价格每吨21.15万元,同比下降8.32%,三元523材料平均价格每吨10.66万元,同比下降19.67%;三元622材料平均价格每吨12.19万元,同比下降19.27%。价格趋势如图3-32所示。

而在锰酸锂方面,2020年第一季度:锰酸锂价格出现小幅下滑,主要因为市场需求不旺,部分企业调低出货价格,磷酸铁锂价格保持平稳。

第二季度:出口受疫情影响,加之碳酸锂价格持续下行,国内锰酸锂和磷酸铁锂销售压力持续增大,产品价格也持续走低。

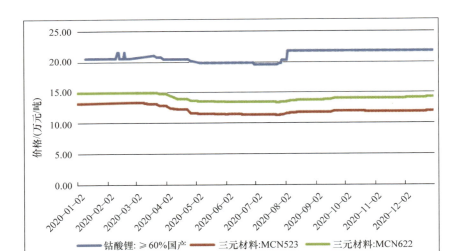

图 3-32 三元材料价格

资料来源：Wind，国海证券研究。

第三季度：国内碳酸锂价格疲软，锰酸锂价格维持低位波动，9 月份受电动自行车电池和数码类电池需求增加，锰酸锂价格开始逐渐上行；虽然磷酸铁锂的用量有增加，但部分企业为占领市场份额，继续低价出售，8 月中旬，市场平均价格继续下行。

第四季度：受市场需求影响，企业订单逐渐饱满，碳酸锂价格持续上行，锰酸锂和磷酸铁锂价格也持续上涨。价格趋势如图 3-33 所示。

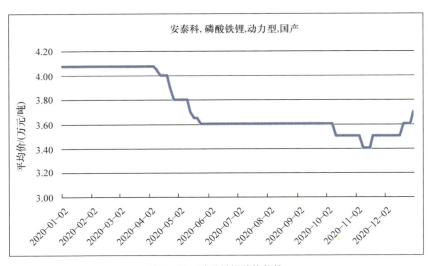

图 3-33 磷酸铁锂价格趋势

资料来源：Wind，国海证券研究。

（2）价格预期

中、美、欧对新能源汽车及配套设施建设的重视程度同步提升，刺激政策先后出台，且全球各国纷纷设立了电动化目标，刺激需求端快速增长。而在全球电动化大背景下，传统车企和新型车企也加大投入颜值新款及爆款车型，需求与供给共振，形成良性循环，新能源汽车市场将迎来持续景气周期。

全球新能源汽车产销量稳步增长确定性高，拉动动力电池产量高增长。2021年1—3月，全球新能源汽车销量达到106.3万辆，同比增长103%。考虑2020年受疫情影响基数低的问题，预计全年达到50%的增速也较为合理。初步预计2021—2023年全球新能源汽车产量分别为466万辆、699万辆、1048万辆。而在3C数码产品和传统行业需求增速平稳的情况下，预计2021年、2022年、2023年碳酸锂总需求分别为45.0万吨碳酸锂当量（LCE）、56.6万吨LCE、73.5万吨LCE，年化复合增速为25.6%，见表3-23。

表3-23 锂需求测算表　　　　　　　　　　　　　（单位：万吨LCE）

锂需求	2020年	2021年预期	2022年预期	2023年预期
新能源汽车销量（万辆）	310.5	465.75	698.625	1047.9375
新能源汽车销量增速	41.5%	50%	50%	50%
动力电池锂需求	13.90	20.85	31.28	46.91
非动力电池锂需求	11.98	12.94	13.97	15.09
其他行业锂需求	11.12	11.23	11.34	11.46
锂总需求	37	45.02	56.59	73.46

资料来源：有色工业协会锂业分会，Wind资讯，国海证券研究所。

锂资源增量投放最早于2022年落地，供应复合增速缓慢。

自2019年开始，锂价经历价格大跌，西澳锂矿项目部分亏损，开启产能清出的过程。锂精矿减产、停产项目较多，而扩建项目几乎都有所延迟。目前仅有Greenbushes、Mt Marion、Pilbara和Mt Cattlin四个矿山处于运营阶段。西澳锂矿的供应恢复与补充或将于2023—2024年投产兑现，我国矿山仅有在建的李家沟矿，预计2022年投产，因此全球锂矿供应维持缓慢增速。

而南美锂盐湖作为全球锂资源供应的另一极，因遭遇锂价持续低迷和疫情影响，原本定于2019—2020年的扩产计划也都纷纷延后。2022年开始，盐湖提锂投产项目较多，因此预计盐湖供应增速较大。

而中国锂云母板块作为另一种锂资源来源，近几年开采技术逐步趋于成熟，成本控制能力提升，云母提锂企业竞争力提升，因此预计锂云母板块也能贡献部分增量。

后续来看，全球锂资源供应集中在盐湖提锂，西澳锂矿山在2023年才能开始恢复较快增长，初步预计到2023年全球锂资源供应61.8万吨碳酸锂当量（LCE），3年复合年均增长率为14%，见表3-24。

表3-24 锂供应测算表 （单位：万吨LCE）

供应地区	2020年	2021年预期	2022年预期	2023年预期
西澳+中国锂矿山	21.7	22	24	26
南美+中国+美国盐湖	16.43	19	23	27
中国锂云母	4	6	7.6	8.8
全球锂供应	42.2	47	54.6	61.8

资料来源：上市公司财报，SMM，有色工业协会锂业分会，国海证券研究所。

3.2.2 钴产业

1. 钴资源的分布情况

据美国地质调查局（USGS）《2021年矿产品年鉴（Mineral Commodity Summaries 2021）》统计数据显示，2019年世界钴储量为710万吨。

世界钴储量主要集中在刚果（金）（360万吨）、澳大利亚（140万吨）、古巴（50万吨）、菲律宾（26万吨）、俄罗斯（25万吨）以及加拿大（22万吨），这些国家的钴储量约占世界钴总储量的88%，见表3-25。其中刚果（金）就占世界储量的50.7%。按照美国地质调查局的统计，中国钴储量仅为8万吨。

表3-25 2020年世界钴储量 （单位：万金属吨）

国家或地区	2017年储量	2018年储量	2019年储量	2020年储量
刚果（金）	350	350	360	360
澳大利亚	120	120	120	140
古巴	50	50	50	50
菲律宾	28	28	26	26
俄罗斯	25	25	25	25
加拿大	25	25	23	22
马达加斯加	15	14	12	10
中国	8	8	8	8
南非	2.9	2.4	5	4
美国	2.3	3.8	5.5	5.3
摩洛哥	1.8	1.8	1.8	1.4
其他	87	73	57	56
世界总计	715	701	693.3	707.7

资料来源：美国地质调查局（USGS）。

钴矿主要为铜、镍矿产伴生资源，50% 的钴来自镍的副产品，44% 的钴来自铜及其他金属的副产品，只有 6% 的钴来自原生钴矿，其生产规模在很大程度上受铜、镍矿产开发影响。

2. 国内外钴产量

据美国地质调查局（USGS）《2021 年矿产品年鉴》(*Mineral Commodity Summaries 2021*) 统计数据显示，2019 年世界钴储量为 710 万吨。刚果（金）就占世界储量的 50.7%，中国钴储量仅为 8 万吨。

USGS 统计 2020 年钴矿产量为 13.5 万吨，同比约减少 6.5%，呈现负增长。在经历了 2018—2019 年近 2 年的调整，钴价在 2019 年下滑至历史底部附近。全球钴原料供应情况见表 3-26。

表 3-26　全球钴原料供应情况　　　　（单位：吨）

国家及地区	2019 年	2020 年
刚果（金）	100000	95000
俄罗斯	6300	6300
澳大利亚	5740	5700
菲律宾	5100	4700
古巴	3800	3600
加拿大	3340	3200
巴布亚新几内亚	2910	2800
中国	2500	2300
摩洛哥	2300	1900
南非	2100	1800
马达加斯加	3400	700
美国	500	600
其他	6320	6400
总计	144310	135000

数据来源：USGS，国海证券研究所

2020 全年中国精炼钴产量 9.1 万吨，同比下降 2.2%，全球精炼钴产量约 13.7 万吨，同比下降 2.1%。综合来看，2020 年国内过剩放缓，全球精炼钴供需基本平衡。全年钴价在 14～20 美元/磅或 20 万～30 万元/

吨之间波动。

3. 主要应用领域

2020年，中国硫酸钴总产量为3.9万金属吨，同比2019年减少11.1%，预计2021年硫酸钴产量4.5万金属吨，全年同比上涨15.4%。

2020年，中国氯化钴总产量为4.3万金属吨，同比上涨20.9%，预计2021年氯化钴产量4.5万金属吨，全年同比上涨4.7%。

2020年，中国四氧化三钴总产量为6.9万吨，同比上涨22.1%，预计2021年四氧化三钴产量7.2万吨，同比上涨4.3%。

2020年，中国三元前驱体总产量为31.5万吨，同比上涨22%。预计2021年三元前驱体产量为41万吨，同比上涨30%。

2020年，中国硫酸钴总产量为3.9万金属吨，同比减少11.1%。硫酸钴产量减少，主要是因为受上半年疫情影响，新能源汽车需求持续低迷，硫酸钴价格较氯化钴价格低，浙江、江西、湖北等地的企业纷纷将部分硫酸钴产线切换至氯化钴，上半年中国硫酸钴供应每月同比均下滑。2020年2月为中国硫酸钴供应最低点，主因国内疫情暴发，春节复工延迟。7—8月下游新能源需求初步回暖，硫酸钴供应同比转正，但因价格涨幅较低，企业生产硫酸钴动力仍不足。9—10月下游需求持续回暖，但江西大厂新厂搬迁影响其供应量，整体供应同比转负。中国硫酸钴从2020年5月起去库存，自9月起，硫酸钴价格较氯化钴价格低的情况逐步缓解。11—12月，供应商生产硫酸钴动力增加，江西大厂新产线逐步投产，硫酸钴供应量增加。2021年受下游新能源汽车需求预期带动，预计硫酸钴4.5万金属吨产量，同比上涨15.5%。2020年中国硫酸钴排名前五生产商市场占有率如图3-34所示。

2020年，中国三元前驱体总产量为31.5万吨，同比上涨22%。三元前驱体产量增速不及2019年，主要是因为上半年受疫情影响，下游动力需求减弱。1—2月，国内疫情暴发，前驱体企业多在浙江、广东等疫情严重地区，复工复产情况较差。3月，前驱体企业开工率大幅增加，产量也随之提高，加上国外需求增加，出口量也环比上涨。第二季度受国外疫情影响，三元前驱体出口减量，不过国内小动力市场需求增加，动力市场逐渐回暖，三元前驱体产量月均超过2万吨。下半年动力市场回暖，特别是第四季度国内外动力需求增长明显，对前驱体需求大幅提高。2020年12月，三元前驱体产量4.1万吨，同比上涨150.2%。2020年产量过1万的企业共有9家，市场前十企业占比为84.8%，市场前五企业占比为69%。

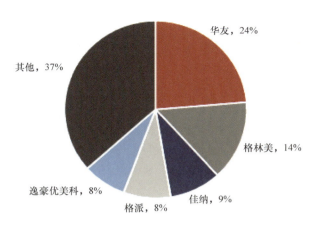

图 3-34　2020 年中国硫酸钴排名前五生产商市场占有率

数据来源：SMM，国海证券研究所。

此外 2020 年出口订单继续大幅增长。2020 年，三元前驱体出口约 10 万吨，较 2019 年同比上涨 47%，如图 3-35 所示。SMM 预计由于三元前驱体生产环保要求较为严格，国外新增产能不易，国外新增需求或依赖进口中国三元前驱体，加上 2020 年欧洲新能源汽车市场增速明显，预计 2021 年欧美新能源需求继续上涨，三元前驱体出口量或持续增多。加上我国新能源汽车继续大幅增量，预计 2021 年三元前驱体产量为 41 万吨，同比上涨 30%。

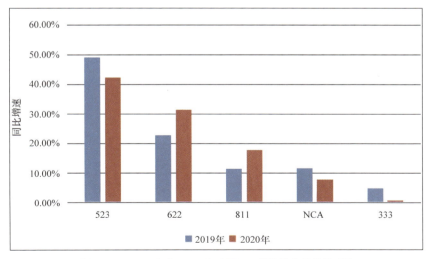

图 3-35　2020 年和 2019 年中国三元前驱体产品结构对比

4. 国内外价格走势

2020年，钴价整体呈现震荡小幅上行的趋势。2020年钴产品价格呈V字变化趋势，价格波动主要受到以下三点因素影响：

1）钴资源供应变化。
2）终端实际消费情况。
3）产业链一体化趋势对钴资源定价模式的影响。

从2020年全年来看，由于物流受阻，钴中间品进口全年占比同比下滑2%，海内外价格差异影响2020年未锻轧钴进口量，使其同比大幅增加，弥补了部分钴中间品库存缺口。因疫情影响，中国钴原料进口基本持平，不及需求增速，因此钴中间品现货报价大幅上行。

2020年，金属钴均价26.2万元/吨，同比下跌3.5%；硫酸钴均价5.1万元/吨，同比上涨1.6%；氯化钴均价6.1万元/吨，同比上涨2.6%；四氧化三钴均价19.6万元/吨，同比上涨1.5%；三元前驱体523（常规动力型）均价7.9万元/吨，同比下滑10.7%。基于对中国2021—2023年供需平衡的基本面判断，预计2021年电解钴年均价约29.5万元/吨，硫酸钴、氯化钴、四氧化三钴、三元前驱体2021年均价分别为5.8万元/吨、6.8万元/吨、21.5万元/吨、9.2万元/吨，如图3-36～图3-38所示。

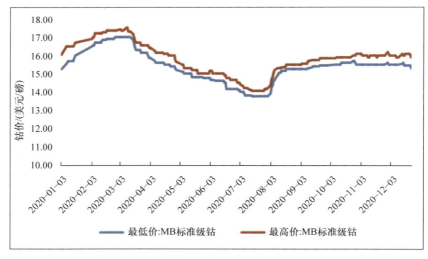

图3-36　MB钴价走势图

数据来源：MB，国海证券研究所。

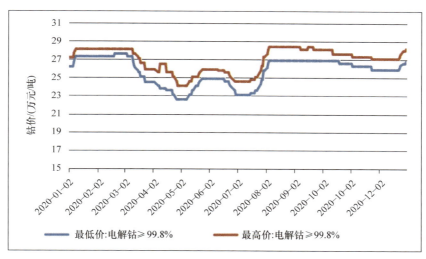

图 3-37 中国金属钴价格走势图（上海华通）

数据来源：上海华通，国海证券研究所。

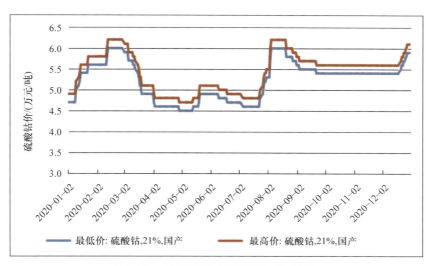

图 3-38 中国硫酸钴价格走势图（安泰科）

数据来源：安泰科，国海证券研究所。

3.2.3 镍产业

1. 镍矿供应

全球镍矿主要分布在红土镍矿（占 55%）、硫化矿（占比 28%）以及海底锰结核（占比 17%），如图 3-39 所示。但是因为海底镍资源开采难度较大，所以能被人类利用的只有硫化矿和红土矿。红土镍矿主要分布在赤道附近的巴西新喀里多尼亚、古巴、印度尼西亚、菲律宾、哥伦比亚等国，硫化矿则主要分布在澳大利亚、俄罗斯、加拿大、中国和南非，如图 3-40 和图 3-41 所示。

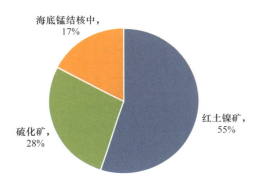

图 3-39　全球不同矿种储量比例

资料来源：USGS，国海证券研究所。

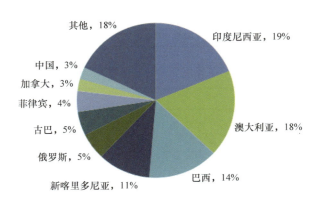

图 3-40　镍矿储量占比

资料来源：USGS，国海证券研究所。

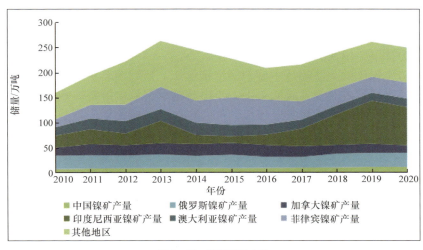

图 3-41 镍矿储量占比

资料来源：Wind 资讯，国海证券研究所。

从储备角度来看，澳大利亚、新喀里多尼亚和巴西占据较多的镍资源储量。但是位于赤道附近的菲律宾和印度尼西亚因其红土镍矿开采成本低、运输费用有优势等原因，是产量最高的两个国家，且是中国主要的镍矿供应国。

镍矿供应集中，政策性干扰影响较大。2014 年，印度尼西亚政府曾禁止镍矿出口，虽然 2017 年恢复品位为 1.5% 以下的镍矿出口，但是 2019 年再次发布 2020 年开始禁止镍矿出口的消息。这两次禁矿都对镍资源的供应造成了强烈干扰，同时也加剧了国际镍价的波动。

（1）硫化矿和红土矿的二元冶炼路径

经过多年开采和冶炼技术的发展，全球镍资源开发重心逐渐从硫化矿向红土矿倾斜。最初硫化矿冶炼工艺成熟，因此硫化矿的开发是镍资源的主要来源。随着镍下游不锈钢需求的逐步扩大，现有硫化矿资源不足以满足人类对镍资源需求的增长，因此用回转窑矿热炉法（RKEF）利用红土矿冶炼镍铁，利用高压酸浸（HPAL）湿法冶炼红土矿制备氢氧化镍钴以及火法冶炼红土矿制备高冰镍等技术，逐步得到开发和投向工业应用，全球红土镍矿的开采比例也逐年上升。印度尼西亚和菲律宾作为红土镍矿储量较高的国家，其镍矿产量逐年上升。据美国地质调查局（USGS）数据，2020 年全球镍矿产量为 250 万镍金属吨，其中印度尼西亚和菲律宾两国产量分别为 76 万镍金属吨和 32 万镍金属吨，占全球产量的 43%。

硫化镍矿主要以镍黄铁矿（Fe，Ni）$_9$S$_8$、紫硫镍铁矿（Ni$_2$FeS$_4$）、针镍矿（NiS）等游离硫化镍形态存在。硫化镍矿主要分布在加拿大的萨德伯里镍矿带和林莱克－汤普森镍矿带，俄罗斯的科拉半岛镍矿带和西伯利亚诺里克斯镍矿区，澳大利亚的坎巴尔达镍矿，芬兰的科塔拉蒂镍矿带，中国的甘肃金川镍矿带和吉林磐石镍矿带。

  硫化镍矿的火法冶炼主要包括造锍熔炼、低镍锍转炉吹炼、高镍锍加硫酸分离得到硫酸镍，硫酸镍进一步电解精炼得到电解镍。我国以及俄罗斯的镍厂所产的电解镍常以镍板的形式存在，主要应用于下游不锈钢的生产。而澳大利亚、西欧等地的冶炼厂所产的电解镍则主要以体积更小的镍豆形式存在，既可便于镍基合金生产，也可再次溶解生产硫酸镍而作为三元前驱体的材料。高镍锍经分离以后，也可以经另一步反应制造成三元电极材料——硫酸镍。硫化镍矿及红土镍矿冶炼生产路径如图 3-42 所示。

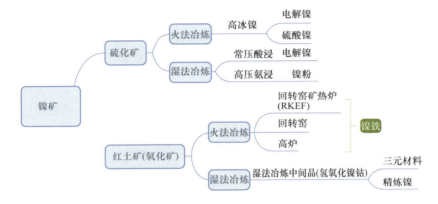

图 3-42 硫化镍矿及红土镍矿冶炼生产路径

资料来源：SMM，国海证券研究所。

  红土镍矿的火法冶炼则分为两类：一类是还原硫化熔炼产出含铁的镍锍，主要在鼓风炉中进行；另一类是还原熔炼产出镍铁，可在电炉、鼓风炉、高炉和回转窑中进行。

  鼓风炉法生产镍锍，是用红土镍矿（氧化矿）加入含硫的原料（黄铁矿、石膏等），以将矿石中的镍、钴和部分铁还原出来并硫化。这种硫化过程和硫化矿所致的高镍锍不同，它不含铜或含量较少，经焙烧再电炉还原就得到金属镍。

  而生产镍铁是红土镍矿的重要去向，因不锈钢使用量巨大，对镍和铁都有巨大的需求。红土镍矿可以炼成镍铁直接使用，不再需要进一步将镍和铁分开，也不需要将镍铁硫化造锍。我国主要使用回转窑矿热炉法（RKEF）、回转窑法和高炉法进行镍铁的生产。

当前我国在印度尼西亚新建镍铁产业链的企业几乎都采用回转窑矿热炉法，该方法最大的特点就是能耗低。回转窑矿热炉法是利用回转窑还原焙烧工艺对红土矿进行预热和预还原，所获得的高温预还原焙烧砂直接热装入矿热炉熔炼。这样的做法使炉料预热时进行脱水，并可以降低能耗。

（2）中国、印度尼西亚以外镍产量

2020年全球多数镍企业受疫情影响，全年产出下滑。嘉能可在加拿大和挪威的粗炼及精炼项目，因中间品运输受到影响而致产量下降。位于新喀里多尼亚的Koniambo项目由于疫情原因，推迟了检修，多数时间以单线运行，产量也受到负面影响。此外，英美资源旗下位于南非的Rustenburg以及埃赫曼位于法国境内的Eramet Sandouville冶炼厂都因为疫情原因，全年产量不同程度受损。还有南美地区的South 32也因为疫情推迟了检修，2020—2021年产量都将出现回落。上述这些受疫情冲击的冶炼厂，在2021—2022年产量预期里，应该给出向上的修正。

后续2～3年贡献供应增量的企业除了受疫情隔离影响以外，还包括复产的项目以及一些新增项目。由住友和谢里特合资的Ambatovy项目，在2020年第一季度因为镍价大跌，成本难以控制而关停，2021年3月宣布复产。该项目年产量大概有3.5万吨镍豆。此外，第一量子在澳大利亚的湿法中间品项目，在停产多年以后于2020年第一季度开启复产，第二、三季度进入爬产期，预计2021年开始将每年释放1.4万镍金属吨供应。

1）诺里尔斯克：2021年2月24日，诺里尔斯克镍业（简称俄镍）暂停Oktyabrsky和Taimyrsky两个矿场的部分运营，此前该公司检测到其中一座矿山有地下水流入。目前，公司计划采取行动恢复矿场运营，Oktyabrsky矿将在4—5月逐步增加产量。Taimyrsky矿计划于6月初恢复开采。预计镍产量减少3.5万吨。此外俄镍还宣布旗下位于芬兰Harjavalta厂的镍产量预计到2023年年产7.5万吨，主要是为了满足下游电池生产的需求。

2）淡水河谷：位于巴西的OncaPuma冶炼厂由于推迟了维护活动，目前的生产率在2020年第二季度被限制在50%，7月的大部分时间熔炉被关闭，加工活动将从8月开始恢复满负荷。位于加拿大的Sudbury-INCO铜崖冶炼厂因为检修和疫情原因，2020年产量下降较多。但是随着维护进展顺利，从第四季度开始产量回升较快。此外，淡水河谷出售了位于新喀里多尼亚的VNC项目，2020年淡水河谷Goro（VNC）镍钴矿约供应镍金属量3.3万吨。

3）嘉能可：由于疫情影响，计划维护工作延迟，2020年产出受到一定影响。2020年大部分时间将以单线运营。2020年3月份受疫情影响,将一台正在进行定期维护的熔炉的重启推迟到 10 月。第二座熔炉于 2021 年 1 月被拆除以进行维护。

4)BHP:位于澳大利亚的精炼镍冶炼厂四年期维护已经完成,并在 2020 年 6 月当季达到满负荷运行。计划中的主要维护工作和向新矿的过渡已完成,预计 2021 财年镍的总产量将增加到 8.5 万~9.5 万吨。

5)住友:与谢里特(Sherritt)共同控股的 Ambatovy 项目于 2020 年 3 月宣布关停,主要原因是镍价降低导致亏损。2021 年 3 月,时隔近一年,Ambatovy 项目重启生产镍豆。

6)英美资源:位于南非的 Rustenburg 精炼厂第二季度出现产量下滑,这主要是 2020 年 2 月 10 日 ACP(Anglo 转炉厂)发生不可抗力事件导致的。该事件导致 A 期和 B 期单元从 3 月 6 日起关闭。A 期维修工作于 2020 年第四季度末完成,预计后续精炼镍产量恢复正常产量。

7)South 32:熔炉翻新工作在 2020 年 12 月开始,因此 2020—2021 两年产量较低。

8)FQM:2020 年第一季度 Ravensthorp 项目复产,并爬产至接近满产,预计 2021 年保持高产出。

全球主要上市镍矿企业产量及变量较大镍项目产量预期见表 3-27 和表 3-28。

表 3-27 全球主要上市镍矿企业产量 (单位:吨)

公司	2020 年第一季度	2020 年第二季度	2020 年第三季度	2020 年第四季度	2020 全年同比(%)	2020 年产量占比(%)
诺里尔斯克	51757	55831	60165	67956	3.07	9.43
淡水河谷	53200	59400	47100	55900	3.65	8.62
嘉能可	37000	36400	38100	37300	-5.28	5.95
BHP	20900	23900	22000	24000	8.74	3.63
住友	15562	16536	12024	15939	-16.79	2.40
英美资源	14000	12800	16000	15400	-11.42	2.33
谢里特	7672	8294	7500	8040	-53.84	1.26
埃赫曼	13600	18100	21200	22000	58.35	3.00
South 32	10300	9700	10000	6100	-10.64	1.44
Antam	6315	6445	6371	6837	-10.62	1.04
中色	20000	5500	5500	5500	10.00	0.88
伦丁矿业	3575	3380	4854	4909	23.89	0.67
英帕拉	3971	3391	3956	4033	-4.06	0.61
FQM	0	1979	5113	5603	—	0.51
总计	237852	256156	254383	274017	-0.5%	41.77

资料来源:上市公司财报,国海证券研究所。

表 3-28　变量较大镍项目产量预期　　　　　　　　　（单位：千吨）

企业	项目	国家或地区	产品	2019年	2020年	2021年预期	2022年预期	2023年预期
诺里尔斯克	科拉矿冶公司（Kola）	俄罗斯	大小板	16.6	17.2	14	16.6	17
诺里尔斯克	哈贾伐尔塔精炼厂（Harjavalta）	芬兰	大小板/镍豆	6.24	6.34	6.5	7	7.5
淡水河谷	OncaPuma 镍铁冶炼厂	巴西	铁镍（FeNi）	11.6	16	21	24	24
淡水河谷	Sudbury-INCO 铜崖冶炼厂	加拿大	镍粒	50.8	43.2	50.8	50.8	50.8
淡水河谷	Voisey's Bay 冶炼厂	加拿大	镍粒	35.4	35.7	30	31	31
嘉能可	Koniambo 镍铁	新喀里多尼亚	铁镍（FeNi）	23.7	16.9	23.7	23.7	23.7
谢里特	Ambatovy(12%)	马达加斯加	镍豆	34	8	20	36	36
英美资源	Rustenburg 南非铂业	南非	大小板	23	13.8	23	23	23
South 32	Cerro Matoso 镍铁	哥伦比亚	铁镍（FeNi）	40.6	36.1	38	40	40
FQM	Raventhorp	加拿大	中间品	0	12.7	25	29	29
合计				241.9	205.9	252	281.1	282
变动				—	-36	46.1	29.1	0.9

资料来源：上市公司财报，国海证券研究所。

2. 印度尼西亚红土镍矿 - 镍铁产能进度

（1）印度尼西亚回转窑矿热炉产能高歌猛进

2019年，印度尼西亚政府宣布从2020年1月开始禁止国内原矿出口，造成全球镍价短期内大幅上涨。我国冶炼企业瞄准商机，开始进驻印度尼西亚，建设产业园，开办镍矿冶炼厂。由于我国不锈钢生产对印度尼西亚原矿生产的镍铁原料需求依赖度极高，因此我国冶炼企业在印度尼西亚开办的冶炼厂主要产出镍铁合金，且多数运回我国国内销售。随着新能源汽车电池消费进入快速增长期，我国对镍原料需求增长较快。2020年，我国在印度尼西亚冶炼企业也逐渐开始投放利用红土矿进行湿法冶炼生产镍中间品（MHP，可以用于生产电池原料硫酸镍）。

2020—2021 年是投产高峰期。从 2020 年第二季度末期开始，印度尼西亚镍铁产能投产进入高峰期。新投产产能主要集中在印度尼西亚的德龙工业园，以及青山 Weda Bay 工业园和青山 Morowali 工业园。

印度尼西亚镍铁产量呈现和我国产量相反的趋势，产量跟随产能投放逐月走高，2020 年全年印度尼西亚镍铁产量增加至 60 万镍金属吨。

从印度尼西亚镍铁投产进度来看，到 2021 年，青山 Weda Bay 的 18 台炉子、印度尼西亚德龙的 20 台炉子以及华迪和青岛中程各 4 台炉子将会投产，预计产能增加 40 万镍金属吨。考虑到投产进度以及检修等因素的影响，预计 2021 年印度尼西亚镍铁产量增加至 90 万镍金属吨，2022 年和 2023 年投产项目进入稳定生产期，镍、铁产量分别为 100 万镍金属吨和 110 万镍金属吨，见表 3-29。

表 3-29　印度尼西亚镍铁产能投产进度

项目名称	在产	扩产规划
青山 Morowali 园区	39 台回转窑矿热，1 座高炉	华新 2 台 36000kV·A 预计 2021 年第二季度投放 海天镍业 4 台 42000kV·A 预计 2021 年下半年投放
青山 Weda Bay 园区	总规划 44 台回转窑矿热炉，2020 年已投产 12 台	2021 年计划投产 18 台炉子，截至 2021 年 3 月底，已投产 8 台
印度尼西亚德龙	一期 15 台 33000kV·A 全部在产 二期规划 15 条 33000kV·A，于 2021 年 1 月正式投产	2021 年规划 20 台炉子，预计下半年全部投产
金川 WP	4 台 33000kV·A 正常运行	—
新兴铸管	4 台 33000kV·A 正常运行	—
印度尼西亚新华联	4 台高炉，目前在产 2 台高炉，平均品位 7%	二期 4 条回转窑矿热炉产线待建设
华迪	2020 年投产 4 台 33000kV·A，在产 6 台炉子	预计 2021 年再投 4 台
Indoferro	两台 16500kV·A 矿热炉在产，产量较低	2021 年规划两台 16500kV·A 矿热炉
青岛中程	—	规划 4 台 33000kV·A 炉子，预计 2022 年投产
力勤 HJF	—	规划 8 条 48000kV·A 炉子，预计 2022 年投产

资料来源：SMM，国海证券研究所。

（2）中国镍铁产量将维持低位

印度尼西亚禁矿，我国镍铁原料进口量大幅下降。2020年我国进口镍矿总量3912万吨，同比下滑1701万吨，降幅为30%。从进口结构来看，由于印度尼西亚禁矿，镍矿出口仅有小部分以铁矿石名义出口，下滑86%。而作为印度尼西亚禁矿以后主要镍矿供应国的菲律宾几乎没有新增镍矿项目，2020年进口到我国的镍矿达到3198万实物吨，仅小幅增长6%。

印度尼西亚2019年出口至中国的镍矿达到32.2万镍金属吨，2020年禁矿以后部分低品位镍矿以铁矿石名义出口，全年出口至中国的量达到4.6万镍金属吨。

中国2020年镍铁产量51.27万镍金属吨，同比下降7.12万镍金属吨（-12.19%）。展望后面几年，菲矿仍是我国进口镍矿的主要来源，供应没有较大增量。而印度尼西亚方面仍将保持当前以铁矿石名义出口的镍矿供应，预计每年保持在1万~2万镍金属吨。2021年镍矿港口库存接近300万实物吨的常备库存，较2020年降1000万吨，预计2021年消耗港口库存合约10万镍金属吨。后续2022年开始，我国镍铁产量将维持低位，预计2021年、2022年、2023年我国镍铁产量分别为41万镍金属吨、40万镍金属吨、38万镍金属吨。中国镍矿进口如图3-43所示，镍铁产量如图3-44所示，中国印度尼西亚镍铁产量预估见表3-30。

图3-43　中国镍矿进口

资料来源：Wind资讯，国海证券研究所。

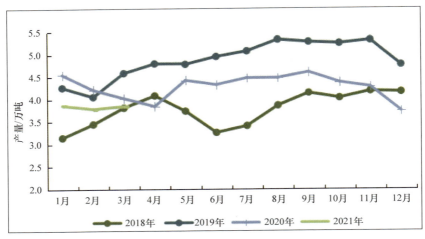

图 3-44 中国镍铁产量

资料来源：Mysteel，国海证券研究所。

表 3-30 中国和印度尼西亚镍铁年产量预估 （单位：万镍金属吨）

供应总计	2019 年	2020 年	2021 年预计	2022 年预计	2023 年预计
印度尼西亚镍铁	37.3	60.0	90	100	110
中国镍铁	58.3	51.6	41	40	38
合计	95.6	111.6	131	140	148
合计增量		16	19.4	9	8

资料来源：SMM，Mysteel，国海证券研究所。

（3）不锈钢历史产量

镍下游需求（见图 3-45 和图 3-46）仍主要集中在不锈钢。据 SMM 数据，2019 年全球用于不锈钢生产的镍占据镍消费的 65%，而我国用于不锈钢生产的镍消费占比更是高达 84%。为便于生产，不锈钢产业链常常使用镍生铁作为镍原料，再加上部分纯镍调配不锈钢含镍比例。因红土矿本身还有镍和铁元素，镍铁作为中间产物直接用于不锈钢生产，既减少了镍提纯的步骤，红土矿的铁元素还可以加以利用。

据国际不锈钢论坛（ISSF）数据，2020 年全球不锈钢产量（见图 3-47）为 5089.2 万吨，同比下滑 2.5%。产量下滑的主要原因是各国受疫情影响，经济增长放缓，从而影响了不锈钢需求和产量。而从 2010—2020 年，全球不锈钢产量保持稳步上升，从 2490.4 万吨升至 5089.2 万吨，年化复合增速为 5.1%，从 2021 年开始，主要经济体疫情影响散去，不锈钢产量将重新回到正增长的轨道。

不锈钢下游（见图 3-48）较为分散，因不锈钢优越的性能和靓丽的外观，其应用范围非常广泛，因而其几乎不受任何一个特定行业发展的制约，而与一个国家经济发展水平和人民生活水平息息相关。随着人民生活水平逐渐提高，不锈钢在民用领域发展迅速。

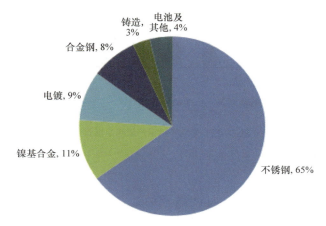

图 3-45　全球镍需求分布

资料来源：SMM，国海证券研究所。

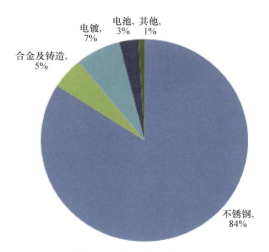

图 3-46　中国镍需求分布

资料来源：SMM，国海证券研究所。

图 3-47　全球不锈钢产量稳步增长

资料来源：ISSF，国海证券研究所。

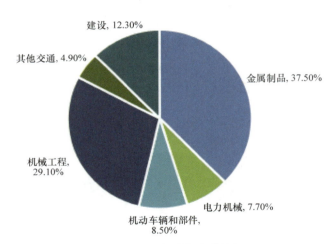

图 3-48　全球不锈钢需求分布

资料来源：ISSF，国海证券研究所。

由于我国不锈钢需求持续增长，故我国不锈钢产能产量也呈现稳步增长的态势。2020 年我国不锈钢产量达到 3013.9 万吨，占据全球产量的 60%（见图 3-47）。从产能上看（见图 3-49），我国 2020 年不锈钢产能达到了 4300 万吨，产能利用率约为 70%。同时我国仍有产能处于建设中，预计 2021 年、2022 年、2023 年新增产能分别为 235 万吨、210 万吨、400 万吨。

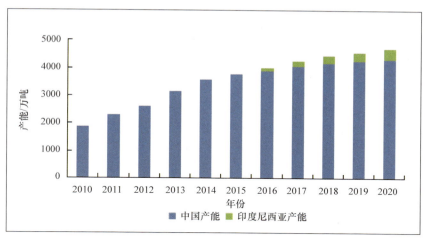

图 3-49　中国、印度尼西亚不锈钢总产能

资料来源：无锡中联金电子商务有限公司，国海证券研究所。

而近几年我国开始在印度尼西亚投资镍铁产业园，配套的下游不锈钢产能也在园区内开始建设，目前已投产项目包括印度尼西亚青山的 300 万吨、印度尼西亚德龙一期的 100 万吨。2021 年预计有象屿的 250 万吨产能投产，德龙二期的 150 万吨投产。

预计 2021 年、2022 年、2023 年中国、印度尼西亚合计不锈钢产量分别为 3520 万吨、3720 万吨、3928 万吨。考虑到有 15% 的不锈钢镍来源为废钢，因此仍有约 85% 的不锈钢将使用镍铁或者精炼镍生产。而在镍铁供应充足的情况下，精炼镍用量也将小幅下调。预计 2021 年、2022 年、2023 年中国、印度尼西亚所产不锈钢耗镍铁分别为 117 万镍金属吨、124 万镍金属吨、133 万镍金属吨。中国不锈钢产能进度见表 3-31。

表 3-31　中国不锈钢产能扩张进度

企业	产能/万吨	预计投产时间	产品
江苏德龙	135	2021 年	300 系
宝钢德胜	100	2021 年	300 系，400 系
内蒙古上泰实业	30	2021—2022 年	300 系
河北毕氏	100	2021—2022 年	300 系
内蒙古明拓	80	2021—2022 年	400 系
青山集团	400	2022—2023 年	2 系，3 系，4 系

资料来源：Mysteel，国海证券研究所。

3. 红土矿高压酸浸湿法的发展

（1）红土矿湿法的发展

硫化镍矿是供给硫酸镍的主要途径，而硫酸镍的生成共有四条路径。硫化镍矿通过火法冶炼（还原硫化熔炼镍硫工艺）先制成高冰镍，然后进一步精炼处理获得硫酸镍；另一条路径是在硫化镍矿火法冶炼得高冰镍的基础上，加工成电解镍，如镍豆和镍粉，最后将镍豆或镍粉制成硫酸镍；另外两条路径为镍产业链上述二元供应路径的交叉。

红土镍矿的冶炼也可以分为火法冶炼和湿法冶炼两类。其中，火法冶炼可以再分为镍铁工艺和还原造硫工艺，火法冶炼适合处理硅镁含量较高的镍矿，优点是回收率高，缺点是能耗大。而湿法冶炼常用的方法主要为高压酸浸（HPAL）法（见图 3-50），氨浸法较为少见，红土镍矿湿法冶炼的优点是能耗低，但缺点是前期投资成本高，投建周期长。红土矿湿法火法冶炼对比见表 3-32。

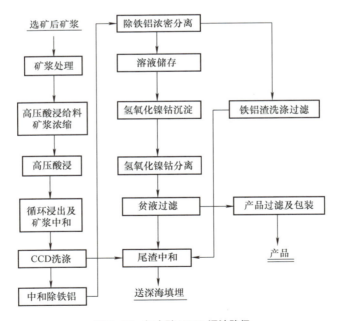

图 3-50　红土矿 HPAL 湿法路径

资料来源：《高压酸浸法从镍红土矿中回收镍钴》，国海证券研究所。

红土镍矿全球储量远高于硫化镍矿，因此近年来红土镍矿冶炼的工艺发展重视程度逐步增加，湿法冶炼有两种工艺：氨浸工艺和高压酸浸工艺。氨浸工艺一般只适合处理表层红土矿，生产成本高，而且全流程镍回收率仅为75%~80%，钴为40%~50%。美国最早在古巴建设的尼加罗镍厂采用氨浸工艺，当前新建湿法镍矿项目较少采用此工艺。像镁铝含量低高铁型的矿则适合高压酸浸工艺生产，全球最早的使用高压酸浸法（加压硫酸浸出工艺）的镍厂是古巴的毛阿湾厂，此工艺最大优势为镍钴的回收率都能达到90%以上。

前述得到的镍中间产品——氢氧化镍钴（MHP）或硫化镍钴（MSP），进一步处理便可获得硫酸镍；而红土镍矿通过火法冶炼工艺（还原硫化熔炼镍硫工艺）得到镍硫，转炉吹炼获得高冰镍，最后制成硫酸镍。

红土镍矿和硫化镍矿多元供应路径是相互交织在一起的。

表3-32 红土矿湿法火法冶炼对比

对比项目	火法		湿法	
	镍铁工艺	还原造锍	高压酸浸（HPAL）	氨浸
能耗	高	高	中等	高
镍回收率	90%~95%	70%~85%	88%~92%	75%~80%
钴回收率	0%	20%	88%~90%	40%~60%
复杂程度	简单	较简单	复杂	复杂
最终产品	镍铁	镍冰铜或者镍金属	镍钴硫化物，金属或者氧化物	镍钴氧化物，镍粉，钴粉

资料来源：SMM，国海证券研究所。

全球利用红土矿进行湿法冶炼的项目不多，且多数项目所产的中间品均在企业内部消耗。流通进入市场的湿法冶炼中间品仅有第一量子在澳大利亚的Ravensthorpe项目、中冶在巴布亚新几内亚的中冶瑞木项目、淡水河谷在新喀里多尼亚的Goro项目以及Zorlu在土耳其的Meta Nickel项目。而众多红土矿冶炼的中间品都会供应中国，我国再进一步加工生产出硫酸镍。全球红土矿湿法项目见表3-33。

表3-33 全球红土矿湿法项目

企业	项目	国家或地区	技术路线	中间品类型
谢里特	Moa	古巴	HPAL，硫化沉淀	MSP
嘉能可	Murrin Murrin	澳大利亚	HPAL，硫化沉淀	MSP
谢里特	Ambatovy	马达加斯加	HPAL，硫化沉淀	MSP
住友	Coral Bay	菲律宾	HPAL，硫化沉淀	MSP
住友	Taganito	菲律宾	HPAL，硫化沉淀	MSP
第一量子	Ravensthorpe	澳大利亚	HPAL，氧化镁沉淀	MHP
中冶	中冶瑞木	巴布亚新几内亚	HPAL，氢氧化钠沉淀	MHP
淡水河谷	Goro	新喀里多尼亚	HPAL	MHP
Zorlu	Meta Nickel	土耳其	HPAL	MHP

资料来源：SMM，国海证券研究所。

受新能源产业链需求拉动，镍豆／湿法中间品－硫酸镍－三元前驱体产需共同提升。我国会利用进口的镍湿法冶炼中间品进行硫酸镍的生产，此外在有利润的情况下，也会转产生产精炼镍。直接生产硫酸镍的经济性高，但是我国的原料短缺制约了硫酸镍的产量。我国的镍湿法冶炼中间品主要从巴布亚新几内亚、芬兰等国家进口，而 2020 年由于疫情，这两个地方的供应受到一定负面影响。此外，第一量子在澳大利亚的 Ravensthorpe 项目也生产镍湿法冶炼中间品，自 2020 年 3 月开始复产以来，发往我国增量较大。

随着疫情好转，预计巴布亚新几内亚和芬兰从 2021 年开始供应回补，我国进口镍湿法冶炼中间品有 2.9 万吨的增量，折合约 1.2 万镍金属吨。而远期来看，其他地区红土矿供应硫酸镍的原料新增项目不多，我国硫酸镍的原料来源将会瞄准红土镍矿丰富的印度尼西亚。中国湿法冶炼中间品进口量见表 3-34。

表 3-34 中国湿法冶炼中间品进口量 （单位：吨）

进口来源	2019 年	2020 年	同比	2020 年各来源占比
巴布亚新几内亚	233688	181106	-23%	51.0%
芬兰	44023	31104	-29%	8.8%
土耳其	11577	25930	124%	7.3%
新喀里多尼亚	25205	82333	227%	23.2%
澳大利亚	0	34665	—	9.8%
总计	314493	355138	13%	100%

资料来源：海关总署，国海证券研究所。

（2）印度尼西亚湿法进度

从 2018 年开始，传统生产硫酸镍的路径（硫化矿－硫酸镍）因受到硫化矿资源增量有限的约束，不再能继续满足三元电池对硫酸镍的需求。我国企业进一步瞄准红土镍矿丰富的印度尼西亚，建设高压酸浸湿法和火法－高冰镍－硫酸镍产能，加强对红土镍矿的利用。

印度尼西亚方面，中国盛屯／华友／青山（湿法）的 3.4 万吨高冰镍项目已于 2020 年年底投放，还有中国格林美／邦普／青山（湿法）的 5 万镍吨硫酸镍，中国力勤／印度尼西亚哈利达（湿法）的 3.7 万吨镍钴中间品，以及青山－华友－振石（维达贝工业园）将在近 3 年内陆续投放，预计未来 3 年我国硫酸镍原料供应保障能力提升。

硫酸镍供应增量稳步扩产能。近几年全球硫酸镍新扩建产能项目我国主要有金川、吉恩镍业、华友、银亿等，国外则有芬兰的 Terrafame 以及 BHP 的项目。其中金川和吉恩镍业的硫酸镍原料来自自有的硫化矿，通过硫化矿－高冰镍－硫酸镍路径生产，而其他产能更多依赖境外进口的湿法中间品作为原料。2021年预计我国硫酸镍产能增加16.6万实物吨，而国外BHP、Terrafame预计合计增加27万实物吨产能。硫酸镍产能扩建项目见表3-35。

表3-35 硫酸镍产能扩建项目　　　　　　　（单位：实物吨）

企业	原产能	扩建产能	投产时间
金川公司－结晶硫酸镍分厂	8	2	原计划2020年，现延后
金川公司－液体硫酸镍分厂	0	5	原计划2020年，现延后
广西银亿	7.2	3.3	2021年预期
华友钴业	4	3	2021年预期
宁波长江能源	4.5	0.5	2021年预期
广德环保	1.5	1	2021年预期
江西睿锋	1.8	1.8	2021年预期
BHP	0	10	2021年预期
Terrafame	0	17	2021年预期
吉林吉恩	4.8	1.5	2022年预期
印度尼西亚青山	0	15	2023年预期

资料来源：SMM，国海证券研究所。

2019年，全球硫酸镍产量约为20.68万镍金属吨，我国产量为12.34万镍金属吨，占比约为60%。2020年，我国产量增加至14.4万镍金属吨，同比增长16%。随着锂电池耗镍需求进一步增长以及硫酸镍产能进一步扩张，我国硫酸镍产量将保持稳定增长。预计2023年增至23万镍金属吨，3年复合年均增长率为16.8%。

4. 硫酸镍重要程度提升

政策护航，全球电动化成为主流。全球主要国家设定了电动化目标，中国提出2025年电动化率达到20%；德国提出2030年电动化率100%；法国提出2040年无使用化石燃料的汽车；英国提出2035年电动化率达100%。截至2020年第三季度，新能源汽车渗透率仅约3%，较2019年提升约1个百分点，未来成长空间较大。

中、美、欧对新能源汽车及配套设施建设的重视程度同步提升，刺激政策先后出台，且全球各国纷纷设立了电动化目标，刺激需求端爆发增长。而在全球电动化大背景下，传统车企和新型车企也加大投入颜值新款及爆款车型，需求与供给共振，形成良性循环，新能源汽车市场将迎来持续景气周期。

全球新能源汽车产销量稳步增长确定性高，初步预计2021年、2022年、

2023年全球新能源汽车销量分别为465万辆、698万辆、1048万辆，年化复合增速为50%。我国2021年、2022年、2023年新能源汽车产量分别为210万辆、294万辆、382万辆，年化复合增速为42.9%。

高镍化推动硫酸镍需求。高镍三元（NCM）是锂电池发展的长期趋势，从成本端来看，原材料成本占比高达90%，原材料降本还有一定空间。由于全球钴资源短缺，且受国际贸易形式影响大，钴价波动较大且价格均值常年位居高位。当前钴价超过30万元/吨，而当前镍价为13万元/吨，镍金属成本优势较为显著。三元电池高镍化，降低钴的用量是较为有效的降本方式，因此三元电池高镍化发展是发展趋势，如图3-51所示。

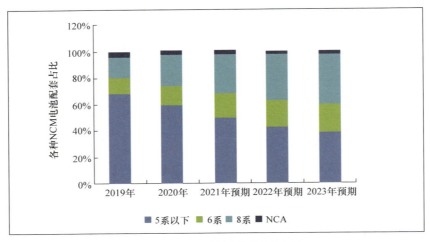

图 3-51　NCM电池高镍化趋势明显

资料来源：GGII，国海证券研究所。

磷酸铁锂和三元电池有望长期共存，如图3-52所示。相比三元电池而言，磷酸铁锂电池储能密度较低，成本也较低。在国家层面对三元电池进行补贴的情况下，过去几年磷酸铁锂在动力电池中的占比逐年下滑，由2015年超过60%的占比下滑至2020年的34.8%。但是随着三元电池补贴开始退坡，加之比亚迪刀片电池推出提升能量密度，磷酸铁锂占比稳定在30%~35%。远期来看，储能市场和小动力电动车市场对磷酸铁锂存在依赖，因此预计磷酸铁锂和三元电池有望保持长期共存的局面。

三元动力电池推动我国硫酸镍需求增长，我国2021年、2022年、2023年硫酸镍总需求分别为15.35万镍金属吨、21.07万镍金属吨、27.15万镍金属吨，三年复合年均增长率为38.6%。

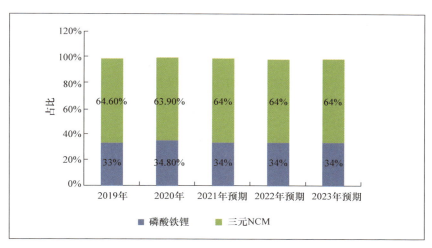

图 3-52 磷酸铁锂和三元 NCM 比例

资料来源：Wind 资讯，国海证券研究所。

5. 镍及硫酸镍价格预测

随着全球范围内汽车电动化的推广以及三元电池高镍化趋势的形成，硫酸镍需求将保持快速增长的态势。而我国作为主要的硫酸镍和三元前驱体的生产国，硫酸镍生产和需求较大，对全球硫酸镍价格将有较大的影响。

预计 2021—2023 年，我国硫酸镍供需平衡分别为 2.65 万镍吨/-0.07 万镍吨/-4.15 万镍吨。从 2022 年开始，硫酸镍将面临供不应求的局面，相比纯镍基准价格，硫酸镍将享受更高的溢价。

从全球镍的总平衡来看，镍金属过剩幅度逐年收窄，且由于高镍三元电池对硫酸镍需求拉动，硫酸镍将面临短缺。

2020—2021 年，中国在印度尼西亚建设的回转窑矿热炉法（RKEF）项目产能投入处于高峰期，镍铁增量较大，到 2023 年，印度尼西亚镍铁产量预计达到 110 万镍金属吨，较 2020 年增加 50 万镍金属吨，年均增速 22%，将贡献全球镍的主要增量。在我国，由于红土矿的短缺，镍铁产量持续下滑，到 2023 年将降至 38 万镍金属吨，较 2020 年下降约 13 万镍金属吨。此外，中国硫酸镍因为产能建设爬升以及原料供应增加，也将贡献部分产出增量。

从国外供应端来看，主要企业 2020 年遭遇疫情影响产出下滑，2021—2022 年产出处于产能修复期。仅有俄镍（诺里尔斯克）有增产计划，今年曾宣布旗下位于芬兰的 Harjavalta 厂的镍产量预计到 2023 年达到年产 7.5 万吨，仅仅较 2020 年基准增加了 1 万吨。预计 2021 年、2022 年、2023 年全球镍金属供应分别为 272 万、282 万、290 万镍金属吨，3 年年化复合增长率为 5%。

消费端仍以不锈钢为主流，2020 年受疫情拖累以后，预计镍消费恢复每年 5%~8% 的增速区间，到 2023 年总需求达到 288 万镍金属吨，3 年年化复合增长率为 5.9%。

从镍金属平衡来看，随着 2021 年印度尼西亚回转窑矿热炉投产高峰过去，全球镍金属元素过剩幅度将逐年收窄，2021 年、2022 年、2023 年平衡分别为 10 万吨、6 万吨、2 万吨。预计后续 3 年我国镍价中枢将上移至 12000~14000 元/吨。同时由于硫酸镍将面临短缺，硫酸镍-纯镍将享受更高溢价，溢价区间抬升至 8000~12000 元/吨镍的水平。全球镍平衡表见表 3-36。

表 3-36 全球镍平衡表　　　　　　　　　（单位：万吨）

	2020 年	2021 年预期	2022 年预期	2023 年预期
中国产量	82.71	76	79	79
中国精炼镍产量	16.9	17	18	18
中国镍铁产量	51.4	41	40	38
中国硫酸镍产量	14.41	18	21	23
中国进口	64.4	84	85	87
精炼镍进口	11.88	12	13	13
镍铁进口	52.52	72	72	74
中国消费 （中国硫酸镍消费）	134.43 （10.21）	146 （15.35）	154 （21.07）	159 （27.15）
中国硫酸镍平衡	4.19	2.65	-0.07	-4.15
印度尼西亚镍铁产量	60	90	100	110
全球产量	250	272	282	290
产量增速	-4.00%	8.80%	3.68%	2.84%
全球消费	242	262	276	288
消费增速	-1.60%	8.26%	5.34%	4.35%
全球平衡	8	10	6	2

资料来源：SMM，海关总署，USGS，国海证券研究所。

3.3　2020 年动力电池回收利用产业发展报告

随着新能源汽车保有量不断扩大，动力蓄电池回收利用问题逐步凸显，社会各方对此高度关注。在发展新能源汽车的同时，做好动力蓄电池回收利用工作,是践行生态文明建设的重要举措。这不仅有利于保护环境和维护社会稳定,也有利于实现资源循环利用,对保障资源供给意义重大。

本节介绍我国新能源汽车动力电池回收利用管理政策进展,解读了《新能源汽车动力蓄电池回收利用管理暂行办法》《新能源汽车动力蓄电池回收服务网点建设及运营指南》等政策要点,指出了法规约束力进一步加严的管理趋势,分析了动力电池梯次利用及再生利用产业发展现状、商业模式、技术趋势等同时探讨了当前我国动力电池回收利用产业面临的问题及产业发展对策。

3.3.1 政策动态

1.《新能源汽车动力蓄电池回收服务网点建设和运营指南》

2019年10月31日,工业和信息化部发布实施《新能源汽车动力蓄电池回收服务网点建设和运营指南》(以下简称《指南》),引导和规范动力蓄电池回收服务网点建设运营,已建设的回收服务网点如不符合本指南要求,应在指南实施之日起6个月内完成整改。《指南》从场地建设、作业规程、安全环保管理等方面规定了回收服务网点的建设和运营要求。

《指南》提出,新能源汽车生产企业及梯次利用企业应按照国家有关管理要求通过自建、共建、授权等方式建立回收服务网点。建设方面,要求新能源汽车生产企业应在本企业新能源汽车销售的行政区域(至少地级)内、梯次利用企业应在本企业梯次利用电池使用的行政区域(至少地级)内建立收集型回收服务网点或集中贮存型回收服务网点。其中收集型网点贮存面积不低于10平方米,贮存量不超过5吨;集中贮存型回收服务网点贮存能力不低于30吨。作业方面,应参照WB/T 1061《废蓄电池回收管理规范》的要求开展废旧动力蓄电池收集工作,应对废旧动力蓄电池进行分类管理,按照电池分类结果采用不同的贮存方式进行贮存,同时贮存时间应满足相关规定。标识方面,要求在营业场所显著位置设置提示性信息,在贮存场所及处理场所设置危险、易燃易爆等警示信息及作业流程图等指导信息。安全环保方面,要求设置灭火器等消防安全设施,规范移交废液、废弃物进行环保无害化处理,同时建立安全环保应急预案并具备应急处理能力。管理方面,要求及时反馈回收服务网点建设信息及退役电池溯源信息,同时配置管理人员、专业技术操作人员及安全值班人员。

《指南》的发布实施,将有效指导并推动汽车生产企业和梯次利用企业完成回收服务网点建设,可进一步完善我国动力蓄电池回收体系,提升废旧动力蓄电池的有效回收率。

2.《新能源汽车废旧动力蓄电池综合利用行业规范条件》及公告管理办法（2019年本）

2019年12月16日，工业和信息化部发布《新能源汽车废旧动力蓄电池综合利用行业规范条件（2019年本）》（以下简称《规范条件》）和《新能源汽车废旧动力蓄电池综合利用行业规范公告管理暂行办法（2019年本）》（以下简称《公告管理办法》），并于2020年1月1日实施。此次修订适应行业发展新形势，重点对梯次利用与再生利用管理要求、安全与环保责任等内容进行了调整和完善，进一步规范新能源汽车动力蓄电池回收利用。《规范条件》共分为8个章节，从布局、技术、能耗、环保、质量、安全等方面明确了综合利用企业应满足的系列要求。同时，《公告管理办法》明确了《规范条件》符合性企业的申报流程与监督程序。

《规范条件》修订主要遵循四项原则：与现有管理政策衔接；与行业发展实际协调；落实"放管服"方针；提高安全环保。

1）政策衔接方面，补充《新能源汽车动力蓄电回收利用管理暂行办法》《新能源汽车动力蓄电池回收利用溯源管理暂定规定》两项管理政策依据及相关标准；修订术语定义，进一步明确梯次利用及再生利用定义，修改废旧动力蓄电池定义；增加溯源管理要求，建立企业内部溯源管理信息化系统。

2）行业发展协调方面，进一步补充选址要求，需根据环境影响评价结论，确定厂址及其与周围人群和敏感区域的距离；新增总体要求，将从事梯次、再生利用的企业的总体要求进行统一说明，主要包括规模、土地使用、废旧电池预处理等基本设施、节能环保要求、溯源管理要求；新增梯次利用要求，细化梯次利用电池检测、无损化拆解、重组、产品生产等技术、设备与能力要求，提出对不可梯次利用电池规范移交；新增再生利用要求，在原有要求基础上，新增自动化拆解、修复、保障有价金属回收利用或合理处置、不可再利用残余物回收处理措施等要求；对金属元素回收率、材料修复率、水循环利用率及综合能耗提出量化要求；调整梯次利用产品鼓励应用领域为移动基站、电网储能、低速车等。

3）"放管服"落实方面，企业规模未设置量化限值，仅提出区域规划要求。

4）安全环保要求方面，增加环境影响评价制度及环保"三同时"要求；增加再生利用企业的排污许可证要求；调整清洁生产审核要求为仅针对再生利用企业；强化安全设施"三同时"要求。

《规范条件》的发布实施，进一步规范了梯次利用企业和再生利用企业的回收利用行为，对提高我国废旧动力蓄电池的回收利用率、促进资源综合利用具有重要意义。

3.《固体废物污染环境防治法》

2020年4月29日，十三届全国人大常委会第十七次会议审议通过了修订后的《固体废物污染环境防治法》（以下简称《固废法》），自2020年9月1日起施行。《固废法》共九个章节，具体从八大方面进行了修订。

《固废法》第二章监督管理第二十二条，明确废旧动力蓄电池跨省转移利用的，应向移出地生态环境主管部门备案；第二十五条删除了可作原材料的固体废物进口分类管理要求，进一步缩窄了固体废弃物的进口，将推动销售至海外市场的废旧动力蓄电池本地化处置；第二十八条强调将相关信用记录纳入全国信用信息共享平台，为将有关企业或个体开展动力蓄电池回收利用的行为纳入信用监管提供法律依据。第三章工业固体废物第三十六条提出了工业固体废弃物可追溯性要求，规范废旧动力蓄电池综合利用过程中产生的金属、石墨、塑料、橡胶、隔膜、电解液等材料的合理回收、规范处置及跟踪管理；第三十九条指出产生工业固体废弃物的单位应取得排污许可证，意味着未来梯次利用企业也应取得排污许可证，并执行排污许可管理制度的相关规定。第五章建筑垃圾、农业固体废物等第六十六条明确提出国家建立电器电子、铅蓄电池、车用动力电池等产品的生产者责任延伸制度，为动力蓄电池回收利用管理工作提供了上位法依据。

《固废法》的发布实施，加强了对固体废物从源头产生到末端处置全产业链的规范，加大了企业违法成本，健全了固体废物污染环境防治长效机制，同时也为动力蓄电池回收利用立法工作奠定了基础。

4.《报废机动车回收管理办法实施细则》

2020年7月31日，为支撑《报废机动车回收管理办法》（国令第715号）落地实施，商务部会同国家发展改革委、工业和信息化部、公安部、生态环境部、交通运输部、市场监管总局联合发布《报废机动车回收管理办法实施细则》（以下简称《实施细则》）。《实施细则》已于2020年9月1日起施行，明确了报废机动车回收拆解的资质以及汽车生产企业的主体责任等要求，细化了回收拆解环节的动力蓄电池回收作业要求及监管措施，实现了汽车生产与回收拆解以及新能源汽车报废拆解与动力蓄电池回收等环节的监管衔接。

《实施细则》明确机动车生产企业的主体责任，第七条提出国家鼓励机动车生产企业从事报废机动车回收拆解活动，机动车生产企业按照国家有关规定承担生产者责任，应当向回收拆解企业提供报废机动车拆解指导手册等相关技术信息。汽车生产企业参与报废汽车回收拆解是落实生产者责任延伸的重要体现，对于完善报废汽车回收体系建设、提升汽车资源综合利用水平有重要作用。

《实施细则》加强动力蓄电池回收利用及溯源管理全面衔接，第二十七条提出回收拆解企业应当按照国家对新能源汽车动力蓄电池回收利用管理有关要求，对报废新能源汽车的废旧动力蓄电池或者其他类型储能装置进行拆卸、收集、贮存、运输及回收利用，加强全过程安全管理。同时，回收拆解企业应当按照《新能源汽车动力蓄电池回收利用溯源管理暂行规定》相关要求，通过"新能源汽车国家监测与动力蓄电池回收利用溯源综合管理平台—回收利用管理模块"上传报废新能源汽车拆卸下的动力蓄电池有关溯源信息，包括车辆识别代码、电池包编码、电池类型、报废日期、电池出库日期、去向企业名称及统一社会信用代码。

《实施细则》强化废旧动力蓄电池规范移交要求，第二十九条提出"回收拆解企业拆卸的动力蓄电池应当交售给新能源汽车生产企业建立的动力蓄电池回收服务网点或符合国家对动力蓄电池梯次利用管理有关要求的梯次利用企业，或者从事废旧动力蓄电池综合利用的企业"，规定了废旧动力蓄电池的规范移交要求，如若报废新能源汽车动力蓄电池不齐全，企业应要求机动车所有人书面说明情况。其中回收服务网点和从事动力蓄电池梯次利用及再生利用的企业应分别符合《指南》《规范条件》相关要求。此外，《实施细则》明确提出采取"双随机、一公开"工作方式，强化事中事后监管，并对违反规定的行为进行从严处置。

《实施细则》的发布，对于促进报废汽车及废旧动力蓄电池回收利用、高质量推进动力蓄电池回收利用相关工作、加快汽车工业绿色转型升级发展进程具有重要意义。

5.《新能源汽车动力蓄电池梯次利用管理办法（征求意见稿）》

2020年10月10日，工业和信息化就《新能源汽车动力蓄电池梯次利用管理办法（征求意见稿）》(简称《梯次利用管理办法》)公开向行业征求意见。《梯次利用管理办法》旨在加强新能源汽车动力蓄电池梯次利用管理，提升资源综合利用水平，保障梯次利用电池产品的质量。

《梯次利用管理办法》具体包括总则、梯次利用企业要求、梯次产品要求、回收利用要求、监督管理、附则6章节以及1个附件，具体考虑如下：

一是明确管理原则及方式。明确实施动力蓄电池梯次利用管理的宗旨与依据，以及管理范围、原则、部门及其职责等内容。以梯次利用企业为主体，要求落实全生命周期理念与生产者责任延伸制度。加强工业和信息化部、科技部、生态环境部、商务部、市场监管总局的监管联动，引导技术、装备、商业模式等的研发创新，共同推动梯次利用行业持续健康发展。

二是明晰梯次利用企业及产品要求。对梯次利用企业的基本能力、质量保证、溯源管理，以及梯次产品试验、编码标识、信息提示、应用领域等方面提出规范要求，引导梯次企业采用租赁、规模化利用等利于梯次产品回收的商业模式。鼓励产业链上下游企业加强行业协作及信息共享，合理解决知识产权有关问题，利用已有回收渠道高效回收废旧电池，提高梯次利用效率及经济性。同时，通过建立自愿性产品认证机制，推动行业提升梯次产品质量。

三是强化梯次利用企业回收责任。要求梯次利用企业落实主体责任，按照《指南》等要求建立回收体系，规范回收、贮存、移交本企业生产、检测等过程中产生的报废电池以及梯次产品，并按有关要求落实信息公开工作。同时，明确了梯次产品所有人的移交处置责任，保障梯次产品报废后进入规范回收渠道。

四是加强多部门联合监督管理。明确县级以上地方工业和信息化、市场监管、生态环境及商务主管部门的监管职责，充分发挥市场监管部门的质量监督管理与企业信用信息公示系统的作用，通过对有关行政处罚、抽查检查结果等涉企信息的依法公布，加强社会公众的监督。提出成立梯次利用管理技术委员会，为重大技术问题及相关政策制定、行业信息分析提供支撑，建立引导行业可持续发展的长效机制。

3.3.2 梯次利用产业发展现状

1. 产业发展提速

近年来，随着动力蓄电池退役量逐步上升，从事梯次利用企业的数量不断增加，产业发展正在提速。大量企业开展探索实践，并率先在通信基站备电、电力储能、低速车领域实现商业化应用。

（1）产业规模及分布

据行业调研，我国有产能的梯次利用企业超过 40 家，已建产能超过 24 万吨/年（约 27GW·h/年）；在市场前景和利益的驱动下，梯次利用产业投资规模仍在扩大，已知企业的规划产能超过 24 万吨/年。由于梯次利用环节多为人工作业，企业可根据市场情况灵活调节产能与资源配置，出现产能过剩的风险相对较小。

从产业分布来看，由于梯次利用企业对电池退役量、运营成本、人才及技术等资源要素较敏感，企业主要集中在电池退役量较高以及人才、资金及技术较为聚集的长三角、珠三角等地区的一线城市或基础较好的中小城市。其中，广东省、江苏省的梯次利用企业总产能超过全国总产能的50%（见图3-53）。目前，格林美（武汉）、珠海中力、上海比亚迪等14家骨干企业已进入工业和信息化部《新能源汽车废旧动力蓄电池综合利用行业规范条件》公告企业名单，合计产能8.9万吨/年（约9.6GW·h/年，见图3-54）。

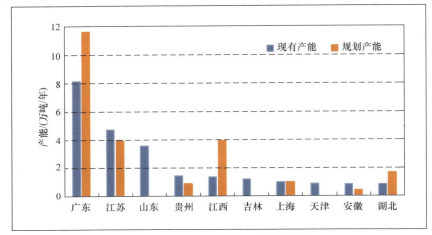

图3-53 各省份梯次利用产能分布情况

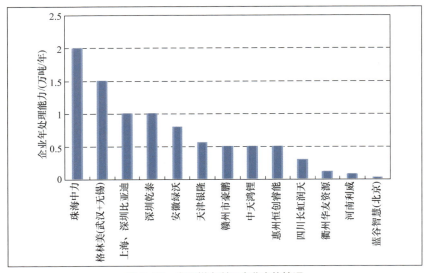

图3-54 主要梯次利用企业产能情况

（2）企业主要类型

目前，从事梯次利用的企业较为广泛，包括产业链上下游以及储能等相关领域的企业：一是新能源汽车生产企业（约占11%），如比亚迪、北汽新能源、宇通客车等，为挖掘本企业生产车辆退役电池的残余价值，将其梯次利用于光伏储能、充（换）电站等领域；二是动力蓄电池生产企业（约占22%），如力神动力、国轩高科等，利用本企业动力蓄电池的研发生产技术基础，延伸扩展至梯次利用领域；三是电化学储能企业（约占37%），如普兰德、江苏慧智能源等，利用本企业在电池储能领域的业务优势，开发梯次利用储能产品；四是综合利用企业（约占26%），如湖北格林美、浙江华友钴业等，具备一定的客户资源及拆解等技术基础，由从事再生利用扩展至梯次利用；五是梯次产品应用企业（约占4%），如中国铁塔、国家电网等，对于梯次产品有较大需求，在应用梯次产品过程中积累了一定的技术储备，与其他企业合作开发适合本企业使用的梯次产品。

（3）企业产量及排名

据不完全统计，2020年，比亚迪等20余家主要梯次利用企业共回收处理约1.6万吨废旧电池，产出约1.7GW·h梯次产品（见图3-55）。由于当前市场上退役电池量还较少，原料供应有限，企业梯次利用产能利用率较低。从产量分布看，比亚迪、恒创睿能、力神动力电池、格林美、安徽绿沃循环5家企业合计产量约1.4GW·h，占总产量的80%。其中，比亚迪利用新能源汽车及电池生产的优势，保障退役电池回收及梯次产品研发生产，其上海和深圳工厂合计产量约650MW·h，占总产量的37%，居行业首位。

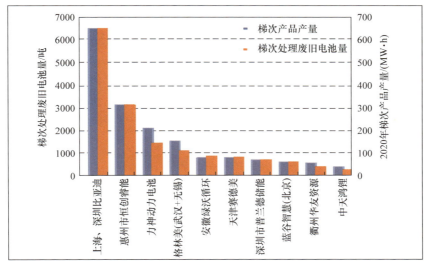

图3-55　2020年产量排名前十的梯次利用企业

（4）经济性分析

退役电池梯次利用到其他应用领域能够有较好经济性的核心因素是其技术性能优于铅酸电池，尤其是其寿命是铅酸电池的 2~3 倍，减少了维修保养和延长生命周期，从而可取得良好的经济效益。

行业机构分析铅酸电池和退役电池梯次利用的利润差值情况发现，将退役磷酸铁锂电池梯次利用于通信基站备用电源领域和电力系统削峰填谷领域具有较好的经济性；低速车领域应用的经济性受梯级利用电池寿命影响较大，若梯级利用电池寿命超过铅酸电池的 2 倍，则具有较好的经济性。

2. 市场商业化进程加快

目前，行业在电力系统储能、通信基站备用电源、低速电动车以及小型分布式家庭储能、风光互补路灯、移动充电车、电动叉车等领域，开展梯级利用示范工程建设和商业模式探索。

从应用形式上看，按照动力蓄电池的级别和各应用领域使用需求主要分为三种情况：

一是动力蓄电池整包级别直接梯次利用形式，主要应用于电网系统储能领域。储能装置电池组容量通常在兆瓦时级别，退役动力蓄电池在带电容量、尺寸结构等方面，均较为适宜整包级别的应用需求，还能较为明显地降低系统搭建成本。

二是将废旧动力蓄电池包拆解成模组级别，应用于低速车等领域。相较低速车原使用铅酸电池作为动力来源，退役电池在循环次数、容量等方面具有显著产品性能和使用成本优势。

三是将废旧动力蓄电池包拆解成单体级别，应用于二轮电动车、路灯等领域。

梯次利用废旧动力蓄电池来源方面，现阶段主要包括退役电池、次品电池、试验电池等。由于退役规模仍然较低，梯次利用生产来料仍显不足，大部分运营项目采取以测试电池或新旧动力蓄电池混用的方式来开展。

商业模式方面，主要形成四类主流方式：

一是售卖梯次电池产品，将退役电池回收、拆解、检测、重组后做成梯级利用电池，应用到非车用领域，例如通信基站备用电源、风光互补路灯等。

二是售卖终端产品，即将梯级利用电池安装到终端产品上，直接向用户销售。例如将梯级利用电池安装到相关设备上做成小的家庭储能系统后卖给终端用户，对产品的电池提供质保服务。

三是能源合同服务，即目标客户公司只为梯级利用企业提供一个安置大型储能系统的场地或空间，不再支付其他费用；而梯级利用企业和目标客户公司签订合同帮其减少一定数量的电费，并与电力公司沟通签订合同，通过向电网供电或其他方式来实现获利。

四是以租代售，即梯级利用电池或产品不是销售给用户，而是租给用户，收取用户一定的押金，一段时间后更换新电池或产品，此种商业模式，目前在低速电动车（快递物流三轮车）领域探索较多。

3. 关键技术进展

退役动力蓄电池在梯次利用前，首先要对其状态进行诊断，评估电池是否存在安全隐患，评测当前的容量（SOH）、内阻等参量，同时还要对电池在梯次利用阶段的衰退趋势进行预测，判断电池的剩余寿命；在此基础上依据电池的状态进行分选重组，同时为其选取合适的应用场景，最大化电池在梯次利用阶段的价值。

（1）电池状态的诊断

退役动力蓄电池的状态诊断包含三部分内容：一是评估电池当前的容量、内阻等参量；二是判断电池有无安全隐患；三是预测电池在梯次利用过程中的衰减趋势。其核心是以一种经济性的方式实现上述诊断。

目前退役的动力蓄电池依据历史运行数据的完整程度可分为两大类：一类是具有完善的电池在车载使用的阶段的运行数据，称之为"白箱"。针对这类电池，首次可通过历史数据分析来评估电池的剩余容量、内阻等当前状态，其次根据电池在车载使用过程中有无过充电、过放电、过热等滥用情况的发生以及退役时是否有鼓胀等问题来判断电池的安全状态，最后依据电池车载阶段充放电过程中的参数变化规律来预测电池的衰减趋势。这种诊断方法速度快、成本低，对动力蓄电池容量的评估比较准确，同时对电池的剩余寿命预测也有帮助作用，但该方法目前在电池内部安全隐患的识别方面有效性较低。另一类是退役动力蓄电池的历史运行数据不完整或完全缺失，称之为"黑箱"。针对这类电池的状态，目前有两种诊断方法：一是对电池模块或电池包进行几次完整的充放电，记录电池的电压、温度等参量的变化情况，分析单体之间的一致性；然后对退役动力蓄电池进行抽样，分析电池在滥用条件下的安全性能和储能工况下的衰退特性；这种方法虽然能准确掌握退役动力蓄电池的容量、内阻等状态以及单体之间的状态差异，但周期长、占用设备多，同时安全试验会对电池造成破坏，因此诊断成本较高。

（2）重组和应用场景界定

退役动力蓄电池个体之间的差异明显大于新电池个体之间的差异，在重组时要根据电池之间的差异采取有效的均衡策略；相比新电池，退役动力蓄电池的内阻显著增大，同样使用条件下的产热量也更多，低温下的充放电性能变差，在重组时要根据环境温度采用有效的温度控制策略，避免电池长期在高温（40℃以上）或低温环境下（0℃以下）运行；退役动力蓄电池安全失效风险增大，在重组时要结合应用场景采取必要的安全防护和消防措施。

梯次利用存在多种潜在应用场景，不同应用场景对电池的状态以及一致性要求不同，电池在不同应用场景下的衰退规律也有明显的差异。因此，在进行退役动力蓄电池重组时，要根据电池的状态、电池之间一致性以及不同场景的衰退趋势，为其选取合适的应用场景。

（3）梯次产品的运行监控

考虑到动力蓄电池梯次利用产品的性能监控、安全监控以及回收管理要求，对梯次电池的运行进行监控是十分必要的。梯次产品生产过程中，针对每个产品的编码，结合电池管理系统（BMS），可依托企业监控平台对梯次产品的运行、维修、更换、退役回收等环节进行监控，保障其运行安全与高效回收。

4. 技术发展建议

梯次利用属新兴产业，还存在一些亟待解决的技术瓶颈：一是退役动力蓄电池的状态评估、分选、管理等关键技术研究还不够深入，造成梯次利用过程中的再制造成本较高；二是新电池成本的持续下降使采用梯次利用电池的低成本优势变小。因此，对于动力蓄电池的梯次利用，未来应在以下几个方面重点开展工作：

一是突破退役电池安全隐患识别等关键技术。其中重点是电池安全隐患识别，分析梯次利用过程中状态评估、分选重组、系统集成和运维等环节的投入，利用上述关键技术降低梯次利用全过程的费用；掌握电池在梯次利用阶段的性能衰退趋势和安全状态演变规律，明确不同状态电池适用的应用场景以及边界使用条件。

二是完善基于"白箱"历史数据的分析法。针对不同梯次应用场景的PACK设计电池模组，建立数据库，根据不同电池模组的性能、寿命、容量、内阻、余能等数据参数重新分组，建立数据模型和电池管理系统，提升重组后电池的性能。同时优化基于历史数据的电池状态诊断方法，提升电池状态、安全隐患以及剩余寿命评估的准确度。

5. 未来发展趋势

一是低速车将成为退役电池最大的梯次利用场景。退役后的车用电池的循环次数、剩余容量、单体内部化学结构等性能均有不同程度的下降，如充放电功率过大，存在较大的安全隐患。同时，大容量储能系统投建成本较高，使用退役车用电池与使用新锂系电池相比，投资回报效益预期性不强。从系统一致性、市场前景及项目运营的经济性角度考虑，退役后的车用动力蓄电池更宜应用到低速车等工况相对"温和"的领域。

二是以替代铅酸电池为目标的成熟商业模式将不断涌现。未来一段时间内，车用动力蓄电池的梯次利用仍会以产品循环次数、能量密度、全生命周期使用成本等优势，来替代相关领域在用的铅酸电池为经营目标。已有梯次利用企业通过实践探索出了"以租代售、提供服务获利"等发展前景较好的商业模式。未来，随着退役动力蓄电池规模逐渐增多，为大量实践提供基础支撑，更加贴近市场需求、可持续发展的成熟商业模式将不断形成。

三是退役车用电池整包形式应用于电力储能领域是未来提高系统搭建经济性的有效路径。通过将车用动力蓄电池和储能电池关键技术参数对比，两者在系统级别上的基础要求差异不大，退役电池具有整包应用到电力储能领域的物理基础。同时，整包形式应用可避免产生拆解、筛选、重组等中间成本，大幅降低系统搭建初始投入，提高项目投建效益。

3.3.3 再生利用产业发展现状

1. 产业发展趋于集中化

我国废旧动力蓄电池再生利用行业已有一定产业化规模，截至2020年底，我国有产能的再生利用企业有20余家，已建产能约69万吨/年，产业规模仍在扩大，已知企业的规划产能超40万吨/年。由于部分地区的环保和产业规划等限制，这些企业主要集中在湖南、浙江、广东、湖北、江西等省具备相应工业基础的中小城市（见图3-56）。

参与废旧电池再生利用的企业主要由废弃电气电子产品处理企业和有色金属冶炼企业发展而来，正在建设中或拟进入废旧动力蓄电池再生利用行业的企业则种类较多，既有新能源汽车和电池生产企业的布局，也有其他领域资本的流入。近年来，有包括天奇股份、福建常青新能源、迪生力等许多资本和企业进入再生利用领域。目前，荆门格林美、湖南邦普、衢州华友等13家骨干企业已进入工业和信息化部《新能源汽车废旧动力蓄电池综合利用行业规范条件》公告企业名单，合计产能超 47 万吨／年，约占总产能的 68%。

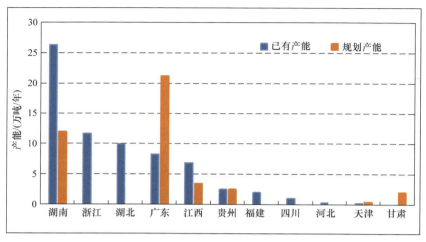

图 3-56　各省份再生利用产能分布情况

2. 经济性分析

当前，中国废旧动力蓄电池可主要分为三元材料电池和磷酸铁锂电池两大类，从技术层面考虑，采用湿法冶金工艺为主的技术路线可安全、环保、有效地回收这两类废旧动力蓄电池，技术成熟，元素回收率高，已有成熟的产业化经验。

行业机构以湿法冶金工艺为例，按照成本分析法和适当的简化，建立了统一的废旧动力蓄电池再生利用收益数学模型，并综合考虑当前市场上各金属的销售价格以及行业调研情况，对湿法再生工艺经济性进行了深入分析。研究发现，再生利用收益随稀有金属价格的波动而变化，废旧电池回收价格、运输成本和有无进项税发票抵扣对企业盈利情况都有较大影响。对于单个再生利用企业，无论是处理三元电池还是磷酸铁锂电池，企业盈亏平衡点取决于产能利用率，只有满足一定的产能利用率条件，才能保证企业收支平衡。

3. 产品市场多元化发展

当前我国再生利用以湿法冶金工艺为主，主要提取钴、镍、锂、锰等稀贵金属且已能达到较高的资源回收率，以格林美、华友等企业为首的主要再生利用企业的镍、钴、锰元素综合回收率均达到 98% 以上，锂元素的回收率不低于 85%。2020 年，这些主要再生利用企业处置的废旧电池中，约 76.6% 为三元电池，21.9% 为磷酸铁锂电池（见图 3-57）。

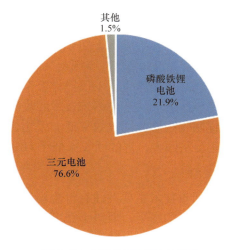

图 3-57　再生处置废旧电池类型

各企业根据自身发展策略，再生产物分为金属粉、金属盐、电池前驱体材料和电池正极材料等。除此之外，采用材料修复工艺路线的主要产品为正极粉、铝粉、铜粉、负极粉、电解液、隔膜等产品。

4. 关键技术进展

（1）等离子体技术

用于废旧锂离子电池回收领域的等离子体技术主要有低温等离子体焙烧技术和等离子体热解技术。等温等离子体焙烧技术是利用低温等离子体强化正极材料晶格修复和重构，实现正极材料的修复再生。等离子体热解技术用于热解电池中有机物，利用正极材料由于吸收激光的能量形成急剧膨胀的等离子体而产生冲击波；冲击波使得正极材料从正极片表面被剔除，同时在等离子体的催化作用下氧化剂分子产生大量的超氧自由基、硫酸根自由基及羟基自由基等；产生的强氧化性的自由基在分解黏结剂的同时还能够对正极材料起到活化再生的作用。电解液经过等离子体技术工艺处理后的含氟锂盐和废气，进一步经过高温等离子体烧结使其熔融冷却后成为玻璃体。玻璃体粉碎后可成为建筑辅材，从而实现电解液的无害化和资源化。

低温等离子体技术具有能耗低、处理效率高、无污染等优点，在动力蓄电池回收领域已经逐步受到关注，但其也存在电解液直接热解、不能回收再利用的缺点。

（2）选择性提锂技术

废锂离子电池中富含锂、镍、钴等资源，目前主流的湿法冶金工艺为了实现较高的资源综合回收率，试图回收正极材料中的每一种元素／组分。在浸出环节，正极废料中几乎所有金属元素均被同步浸出，导致浸出液成分极为复杂，需进行多次化学沉淀、萃取、离子吸附等操作才能实现浸出液中不同组分的有效分离及净化，不仅操作繁杂，而且几乎每步都会造成锂的损失。而使用传统的火法还原熔炼技术回收废锂离子电池时锂进入炉渣或炉尘中导致锂回收困难，回收效率低。采用传统火法回收，锂的回收率基本为零；采用湿法回收，锂的回收率低于60%。

5. 技术发展建议

现有的锂离子电池回收技术主要关注有价金属组分的回收，对电池中的金属回收已经达到了较高的水平，但对于锂电池中的电解液、隔膜等的回收缺乏系统的研究。企业对废旧电池中隔膜、电解液等材料多采用低温焚烧处置，会产生尾气、废渣，易造成环境污染。随着废旧动力蓄电池报废量的激增及环境保护政策的进一步完善，电解液、隔膜等组分回收应受到关注。对于再生利用技术，未来应在以下几个方面重点开展工作：

一是突破隔膜、电解液等材料高效回收的关键技术。加强对废锂离子电池电解液冷冻处理法、萃取法及蒸馏法等技术的探索及产业化应用。研究电黏结剂、隔膜等有机组分清洁脱除技术及装备，突破石墨废料深度除杂净化技术，实现再生石墨生产成本不高于同类石墨现有国内市场主流生产工艺。

二是攻关低残值电池材料高值化利用技术。重点针对磷酸铁锂、锰酸锂等低残值废旧动力蓄电池，研究其正极材料修复再生技术，保障修复再生后的正极材料达到电池级应用标准。攻关废旧磷酸铁锂正极材料中锂高效提取技术，以及铁、磷等廉价组分高值利用技术，实现锂回收率大于90%，铁、磷回收率大于92%，磷酸铁产品达到电池用标准。

6. 未来发展趋势

一是物理修复工艺的产业化进程加快。近年来，随着中国环保压力的不断加大，许多地方已无法建设以湿法冶炼工艺为主的再生利用处理工厂，行业积极探索污染更小的材料修复工艺，已具备一定的技术基础，正加速产业化发展。

二是再生利用产业向规模化和集中化方向发展。随着规模效应日益凸显，以及环境监管要求日趋严格，作坊式企业将被取缔，产业链进一步完善，废旧电池再生利用经济性提高，企业最终将向规模化和集中化发展。

这种发展趋势将有利于防止产能过剩，易于实现对行业的环境监管。

3.3.4 主要问题及产业发展对策

1. 当前主要问题

在各级政府部门的引导和推动，以及产业链上下游企业的参与下，我国动力蓄电池回收利用行业高速发展，但也面临着一些突出问题。

一是动力蓄电池回收利用制度约束力不足。目前，国家和地方已出台的政策措施均属行政性文件，尽管明确了回收利用主体责任，但是没有法律约束力，导致相关主体责任落实难以保障。

二是梯次利用企业及产品缺乏市场引导。目前，梯次利用市场处于加快探索期，企业大多追逐短期利益，面向不同消费群体开发梯次产品，部分企业开发充电宝等小型化梯次产品，导致产品应用领域分散，产品报废后再回收难度增大。由于市场上的梯次产品生产企业技术、管理水平参差不齐，产品质量缺乏保障，安全及环保隐患较大。

三是磷酸铁锂电池回收利用缺乏经济性。当前退役量较大的磷酸铁锂电池以及锰酸锂等电池所含贵金属元素较少、价值低，回收利用经济性不足。据调研，再生利用企业回收的磷酸铁锂等低残值电池基本使用针对三元电池的再生利用产线进行兼容处置，材料综合回收率较低，回收处理成本倒挂，如每吨磷酸铁锂电池处理约亏损 500 元。

四是回收服务网点建设运营不完善。部分新能源汽车企业为满足政策要求，主要关注网点申报的数量和覆盖率，对网点的建设质量重视程度不够。此外，现阶段退役电池量较少，回收服务网点实际回收的退役电池量较少，网点利用率较低，尚未能实现盈利，导致企业建设网点积极性不高。

2. 产业发展对策

一是加强法规制度建设，强化监督管理机制。建议国家立法部门加快新能源汽车动力蓄电池回收利用立法，加强相关责任主体的履责约束力度，切实保障生产者责任延伸制度有效落实，避免退役电池流入不规范渠道处理。同时，建议地方有关主管部门加强联动执法，加大对企业的检查及督导力度，并向社会公布企业履责情况。

二是加强政策引导，鼓励开展梯次产品认证。建议主管部门尽快出台《新能源汽车动力蓄电池梯次利用管理办法》，规范梯次产品的生产及回收利用。同时，鼓励专业第三方机构开展梯次产品认证工作，充分发挥市场机制作用，推动行业增强内生发展动力，实现"优胜劣汰"。

三是加大政策支持力度，助力薄弱环节发展。建议国家及地方主管部门研究出台相应的激励政策，并将废旧电池回收利用纳入"十四五"科技重点研发计划专项支持范畴，支持产业化技术推广应用，着力突破退役电池残值评估、高效再利用等技术瓶颈，并对磷酸铁锂等低残值电池回收利用，给予一定支持。

四是加强行业协作，探索"共建共享"。建议行业机构联合产业链上下游相关企业主体，发挥各方资源优势，探索建立"共建共享"回收服务平台，率先在新能源汽车保有量较大的区域进行网点铺设和规范改造，优化网络布局，逐步取缔不合规或利用率极低的网点，实现资源配置的最大化利用。同时，鼓励推进回收服务网点自愿性认证工作，逐步提高网点建设的合规率。

第 4 章 热点专题研究

4.1 新能源汽车动力电池运行安全研究

发展新能源汽车是我国从汽车大国迈向汽车强国的必由之路，是应对气候变化、推动绿色发展、保障能源安全的战略举措，新能源汽车是国家汽车行业和汽车市场发展的重要方向。经过近年来国家对新能源汽车用户市场及使用环节的政策引导和鼓励支持，新能源汽车产业发展取得了举世瞩目的成就，成为引领世界汽车产业转型的重要力量。

经过多年持续政策的鼓励支持和行业的不懈努力，我国新能源汽车技术水平显著提升，产业体系日趋完善，产品竞争力大幅增强，产销量、保有量连续五年居世界首位，产业进入叠加交汇、融合发展的新阶段。根据最新发布的《新能源汽车产业发展规划（2021—2035）》，坚持整车与零部件技术创新并重，加强关键共性技术供给，优化创新发展环境，提升新能源汽车产业创新能力，促进新能源汽车的推广应用。预计到 2025 年，新能源汽车市场竞争力明显提高，动力电池、驱动电机、车载操作系统等关键技术取得重大突破。新能源汽车新车销量占比达到 20% 左右。随着新能源汽车续驶里程及动力电池能量密度等关键指标的逐年提升，可有效缓解消费者对续驶里程的焦虑。随着新能源汽车在私人领域和公共领域等的广泛应用，汽车与能源、交通、信息通信等领域加速融合，推动汽车产品形态、交通出行模式、能源消费结构和社会运行方式发生深刻变革，新能源汽车产业面临前所未有的发展机遇。

4.1.1　安全分析

随着新能源汽车销售量与保有量的攀升，新能源汽车的安全事故和安全问题呈现多发态势，给人民生命和财产安全带来了隐患，受到了社会和政府的高度关注，影响了消费者购买新能源汽车的信心。新能源汽车安全问题成为新能源汽车行业发展的制约因素，任其发展将对新能源汽车行业造成致命影响。

对于新能源汽车的安全及质量方面出现的问题，如动力电池性能衰退、车辆续驶里程大幅降低等，需要在车辆技术和企业监管方面给予加强和完善，主要包括：

1）车辆监控／企业监管／关键系统部件行业的监管等手段、措施、相关技术、管理方式等尚不完善。

2）产品监控和企业监管的技术或管理措施单一。对于需要风险预警、车辆排查、停运整改、暂停车型、撤销、收回（召回）等的车辆及相关责任单位，管理措施和技术措施限于"公告"管理的约束，尚未确立及时、有效、垂直到位的监管模式；对于突发安全和质量事故、相关故障报警等状况，政府部门主要依据车辆监测平台、售后部门／车辆企业上报的信息、媒体和网络信息等进行跟踪、监控，其主动性、专业性及渠道数量、均有欠缺。

3）在企业管理方面，存在相关管理机制和体系不健全、组织机构和责任部门不明确、监测平台和监控措施不到位、企业和销售服务网点及事故处理部门协调联动和服务不深入、监控和数据信息研究分析开展少或未开展、企业对于安全和质量问题整体应对能力低等问题。

4）在产品管理方面，存在产品监控不细致、车辆安全风险感知弱、故障和事故反馈处理不及时、突发和意外引发的安全事故响应和处置欠周全等问题。

5）监控及管理中对于出现的隐患或事故，缺乏较好的操控处置模式。对于数据和信息存在异动、车辆技术特性存在偏差、产品使用习惯及环境条件等存在异常的情况，难以及时提示用户予以检查、处理；缺少在用车辆定期或定程维护保养检查的服务机制；对于意外情况（如刮蹭、事故、磕碰等），既无法及时感知，又难以早期处理，容易酿成较大事故。

6）对于安全风险和事故的预防、车辆相关隐患的早期观察和警示、产品使用的性能和可靠性衰退及风险攀升等方面，企业尚未建立完善的统计分析研究模式，且未形成有效的跟踪评价和反馈预警机制。

7）对于车辆出现异常或事故的情况，在全行业内未形成全面、规范、可操作的响应、应对、处置、勘查和深入调查的工作机制和方式。

8）目前新能源汽车安全监测平台存在不足，导致安全监管效果不理想，如部分车辆存在数据传输中断情况，甚至未传输数据；部分车辆传输的数据项未按照国家标准要求的数据项进行上传；上传的数据存在误传、漏传、无效数据等问题；部分车辆存在报警、故障、阈值设置不合理等问题。

部分整车企业虽然建立了企业监测平台，对整车及动力电池等关键系统运行的安全状态给予监测和管理，但未对平台监测的运行数据加以深入分析和利用，未能及时发现潜在的安全隐患和安全风险，未能启动新能源汽车的预警机制，未能采取有效措施消除安全隐患。

因此，针对"新能源汽车安全控制策略"开展研究，可涉及新能源汽车产品全生命周期各个环节的监管，能够有效降低新能源汽车的安全风险，提高行业安全水平。

4.1.2 企业安全控制策略

新能源汽车企业及产品应符合相关的法律法规、规章制度及标准要求。主管部门对生产企业、车辆产品等进行准入管理、产品符合性管理、生产一致性管理。在产品一致性方面，新能源汽车应保证实际生产销售的车辆产品与《道路机动车辆生产企业及产品公告》批准的车辆产品、用于试验的车辆样品、机动车整车出厂合格证及出厂车辆上传信息中的有关技术参数、配置和性能指标一致。

基于国家标准 GB/T 19001—2016《质量管理体系要求》，企业应在管理制度、工作机制、组织架构和工作流程方面，建立适应新能源汽车及产品应用的管理和技术体系，在研发、采购、生产、销售与售后、运行、质量、监控、回收、报废等的各主要环节加强质量管理，尤其是涉及产品安全相关问题给予阐述，提出合理化意见、改进建议或防范措施，以降低新能源汽车的安全风险。

1. 新能源汽车产品设计和测试验证能力要求

企业在设计开发输入中需识别产品安全相关的法律法规、产品标准的要求，识别与产品安全相关的特性，并制定监控措施。企业应具备必要的开发工具、软件系统和设备设施等。开发人员有能力达成设计要求，并具备设计工具和技术技能。

1）在已经掌握新能源技术和安全风险分析的技术基础上，对在产、在用车辆进行安全性复核和技术深度分析，提升已有车型的安全水平。

2）充分开展与动力电池企业和驱动电机企业的密切合作，实现数据共享、设计协同、技术衔接紧密，从根本上改进和完善设计理念和设计思路。

3）更加深入、细致地开展用户跟踪和调研工作，在主动、积极培训指导用户的同时，掌握用户的使用特点及潜在需求，使得产品设计思想和功能指标满足用户的需要。

4）对各部件匹配控制策略进行验证，具有从软件、硬件、系统集成等不同层级进行测试验证的能力，确保产品质量，满足功能安全、信息安全相关要求。

2. 生产制造及质量控制能力要求

企业应根据新能源汽车产品特点，制定有针对性的质量管控制度，根据过程控制、生产一致性管理、电检制度、三电系统的产品测试/抽查/储存/安全操作制度识别制造安全特性，采取包括防错、软件版本管理等在内的有效控制措施，并反映到生产控制中。

企业应建立产品可追溯体系，包括车载能源系统、驱动电机、整车控制器等关键零部件总成及整车制造过程。应建立整车产品信息，包括检测数据的存储系统。

为提高行业自动化整体水平，企业的准入需满足产品一致性达到一定指标、生产自动化达到一定水平。采用生产加工操作规范和职工能力培训、评价制度，对从事与安全特性有关制造过程的人员进行产品安全相关的培训，提高产品安全质量意识。

车辆企业应针对新能源车辆的生产和管控特点制定有针对性的产品技术质量要求和过程管理制度，并明确关键部件的质量控制要求、确定主要生产加工过程。

三电系统相关外围件（插头、接口、高压和低压线束、线板、高低压元器件等）的供应商应提供验证报告，同时企业应做充分测试验证，保证较长周期使用后安全性和质量水平不衰退，应策划在制造过程中关于产品安全特性的验证。

3. 新能源汽车特殊（关键供方）管控体系要求

针对新能源汽车企业产品的关键系统、子系统、零部件（如动力电池系统及其他电器系统部件），包括硬件、软件及服务等供方，应加强供应链质量管理体系的实施。对供方及其产品建立评价和选择机制，进行日常监督管理和抽查，以保证产品的质量和安全性。按照整车的安全件、关键件的管理方式，对电池系统、电池模组、单体电池、高压控制盒、各类控制器、驱动电机和变频器/绝缘栅双极型晶体管（IGBT）等进行更高等级的管理。

对于单体电池等核心部件，整车企业需提出产品技术指标、性能、产品一致性、质量保证期等方面的系统性要求，以及产品生产加工方面的水平能力要求。

对于不同技术方案、不同技术水平和安全特性的高能量密度电池产品，在换产、新投放、产品更新前，应开展充分的检验测试；对于标准法规未明确规定的方面，企业应自主研究并形成独特的验证评价和模拟仿真分析能力。

对于新技术的应用，应开展全方位、多方参与的深入研究（如采用高镍材料的动力电池），对于车辆使用和运行中的数据和信息，整车企业应联合关键部件企业共同研究、分析。

4. 车辆运行、维护要求

企业应建立销售和售后服务技术管理体系，包括销售技术培训手册、维修手册、备件目录、专用工具和仪器清单、产品使用说明书、售后服务承诺、应急措施等。明确能够提供的技术和服务要求，包括充换电设施的安装、使用、维护等。明确包括电控系统在内的系统诊断、升级、维修、更换要求，具备整车及车载能源系统、驱动系统、控制系统及子系统和相关部件的故障诊断专用仪器和软件。

1）加大车辆服务企业对用户的培训力度，建立适应消费者的针对性培训的程序和方法，增强理论、内容细致，提高安全性。

2）充分利用企业监测平台数据进行分析，查找高风险车辆，督促高风险汽车用户及时到店维护保养，数据信息采集共享，每年定期进行安全隐患排查。

3）新能源汽车进店实行维护保养的同时，还需进行系统性、电子电控方面的安全及相关风险的检查，同时对车辆的磕碰及外力受损情况进行细致检查，以降低安全风险。

5. 企业监测平台运行数据分析要求

1）新能源汽车生产企业应当建立新能源汽车产品运行安全状态监测平台。按照与新能源汽车产品用户的协议，对已销售的全部新能源汽车产品的运行安全状态进行监测。车辆实时数据信息应包含 GB/T 32960.3—2016《电动汽车远程服务与管理系统技术规范》中要求的全部数据项。实时信息上报的日期应精确到日，时间应精确到秒，间隔最大应不超过 30 秒。

保证车辆监测数据上传不间断，保证车辆出现故障后能及时发送报警信息，排查高风险车辆。保证上传的监测数据质量过关，要求有效数据（排除初始化数据、超限数据、不合理数据）占比达到 99% 以上，保证上传监测数据的有效性，不影响车辆故障报警信息误判。

企业监测平台现状：有些企业未建立专有监测平台，而是委托第三方单位进行监测管理；有些企业建立了专有监测平台，但传输数据、数据库及应用软件功能性有待提高，分析能力较差；有些企业能够充分利用监测平台，在数据分析和监测预警方面做了很多工作，积累了丰富的经验。

2）新能源汽车企业应充分认识到产品运行安全状态监测平台的重要作用，按照要求对已销售的全部新能源汽车均能接入企业监测平台并受到有效监测，确保接入监测平台车辆的运行数据均能正常传输，数据项齐全，时间采集间隔符合或者优于国家标准 GB/T 32960.3—2016 的要求。

3）对于平台监测数据反映的故障、报警、阈值设置问题及异常情况，根据可能对车辆造成安全隐患的严重程度，进行故障和报警分级管理，不同的级别应设置相应的处置措施，新能源汽车企业需对报警情况进行梳理，合理设置报警的阈值，完善安全预警管理机制。

4）加强大数据分析能力，可建立专业的数据分析部门，对车辆全生命周期数据进行分析对比与系统性统计研究。除了故障和报警分析，还可研究用户驾驶行为、操作习惯及对车辆的影响等，提升企业对车辆电池失效原因的判断和三电系统故障处理的效率。

5）加强对新能源汽车整车休眠状态下电池安全监控及唤醒，进行数据的上传等。适当调整 T-box 存储数据间隔，应存储至少 2 分钟全套数据。

6）新能源汽车企业需定期排查车辆存在的异常情况，并采用合适的方式处理。例如，同一运营单位多车运行时间、行驶路线、荷电状态（SOC）、行驶里程、速度均相似的公共领域车辆；长期聚集停放的车辆；日均里程或平均车速超常（空转）的车辆；电池状态异常的车辆；通信异常的车辆等。

4.1.3　动力电池安全控制策略

动力电池产业经过十多年的培育、扶持和引导，经历了从弱到强，从小到大的过程。由初期的模仿、跟随发展为主导和引领，实现质的飞跃，量的提升，产生了多家具有国际影响力的动力电池生产企业。

同时电池行业必须清醒地认识到在动力电池设计验证、生产制造、使用回收等方面依旧存在诸多问题，亟待攻关和研究。

1. 动力电池设计要求应明确

在动力电池设计验证环节，主要问题是设计需求模糊导致的设计目标不明确，以及开发周期过短导致的验证不充分。对调查过程中了解的情况进行分析，发现整车使用工况和使用场景的不确定性导致整车企业无法明确其产品定位，因此无法针对零部件提出有明确的技术需求和指标要求。电池企业与车辆企业在技术共享、信息交流、运行特点和使用维护等方面的衔接和沟通不透彻，难以将车辆的实际使用要求转化为电池测试验证评价的方法，也难以提出有针对性的技术指标要求。例如，定位为私家车的车辆用于营运，其车辆的行驶工况、日负荷强度、使用年限等均有明显差异。由于需求的不明确性，整车及零部件的验证试验无法有效反映实际情况，存在验证不充分的情况。此外，由于产业发展迅速，政策调整频次较高，企业追求高比能量，所以导致产品的开发周期缩短，产品迭代迅速，无论整车还是零部件的长周期验证试验均不充分，由此引发验证试验未覆盖普遍工况的情况，也是造成安全事故的重要原因之一。

2. 提高自动化制造水平和产品一致性的要求

在动力电池设计制造环节，主要是生产工艺、流程、质量控制等方面存在有待提升和完善的地方。质量控制对单体电池的生产质量尤为重要，过程的质量控制是保证单体电池质量和一致性的重要手段，例如进料的杂质金属检测及筛除，以及涂布环节的杂质控制等均会对电池的质量产生重要的影响。此外，由于电池对水分的敏感性，电池生产环境的湿度控制极为重要，对电池的性能、寿命和安全性均会产生重要的影响。加强对生产工艺的优化，是现阶段提升产品品质的必经之路，也是目前行业普遍存在的短板。

3. 关键部件按照规定进行验证和评价要求

电池和电池系统等关键部件的供方，应与整车企业建立相适应的质量管理体系并接受整车企业的管理和审核。关键部件的供方应实施质量保证，有相关证据证明其开发能力。

对于不同技术方案、不同技术水平和安全特性的高能量密度电池产品，在换产、新投放、产品更新前，应开展充分的检验测试；对于标准法规未明确规定的方面，企业应自主研究并形成独特的验证评价和模拟仿真分析能力。

对于新材料、新技术的应用，应开展全方位的深入研究，对于动力电池的使用和数据信息，关键部件企业应结合电池机理主动与整车企业共同研究、分析。

4. 配合进行车辆维护检查及数据分析的要求

在动力电池使用管控环节，主要问题是动力系统匹配控制及使用过程中的阈值控制。由于验证环节不充分，导致车企对动力电池全生命周期的性能无法精准获取，因此在动力系统匹配时易出现过度需求，导致电池过负荷使用，加速了电池的衰减，造成了潜在的安全隐患。验证环节不充分的另一弊端是无法获取安全阈值随寿命变化的规律，导致在车辆使用过程中安全控制策略无法精准实施。

综上所述，在动力电池的设计、研发、生产、制造和使用等环节中存在的主要问题集中在验证周期短、验证不充分、验证方法不完善等方面。因此从提高电池产品品质和产品一致性方面着眼，亟须建立顶层设计和长远规划，对产品做长周期规划，积极开展验证方法的研究和创新，从验证中发现问题，指导产品研发和生产。

5. 动力电池的技术方向

目前制约新能源汽车技术和产品普及推广的核心瓶颈在于动力电池，主要影响因素包括安全性（居于关注首位）、经济性（成本）、能量密度（重量和体积）以及充电倍率等。目前动力电池研究和重点工作方向集中在材料、电池制造、电池管理系统（BMS）管控、系统集成等方面的前沿核心技术研究。

在材料领域，改进正极材料配比及成分以兼顾活性和稳定性等技术研究（如材料的无钴化）、固态电解质、锂元素提取、隔膜表面改性处理等技术也得到高度重视和发展。

在电池制造领域，制造过程的自动化和机械化、制造工艺精细化、混线生产及智能制造、数字化技术、数字化管理等成为今后工作的主要方向，并着力研究软包电池铝塑膜封装技术等"卡脖子"技术。

在BMS管控领域，重点开展BMS用芯片等关键核心技术攻关，以及研究基于大数据分析和云平台等先进技术的动力电池状态在线预测和运行安全实时预警技术等。

在系统集成领域，电池系统企业与车辆企业呈现密切合作、深度联合研究的发展趋势，一体化设计和模块化设计理念得到广泛认可，同时对于电池系统的结构、功能和性能的优化，以及新技术的应用，如：无模组（CTP）、电池即底盘（Cell To Chassis，CTC）技术，将提升产品的质量能量密度和体积能量密度。

在新技术应用及技术高度集成发展的同时，也给电池和车辆的使用和运行安全也带来了风险，主要原因：一是各类新技术的衔接和匹配的程度和方式可能引发新的隐患；二是采用的新材料、新工艺、新结构等的电池产品与车辆使用要求的适应性不强；三是新产品的安全阈值和临界状态的机理有待深入研究；四是快速的技术迭代带来了成熟度和稳定性的挑战。

4.1.4 故障和事故应急处置

新能源汽车事故依据事故类型和事故地点分为车辆静止时（车辆处于下电状态，包括充电）的事故和车辆运行中（车辆处于上电状态，包括路面停车）的事故，包括由于交通事故引发的车辆事故。新能源汽车在发生事故时，除按照相关管理部门（如消防救援、公安交警等）等的处置外，车辆企业、电池系统企业和运营单位还应该按照管理制度及时开展联合响应、救援、处置、调查和原因分析等工作，并将事故深度调查分析反馈到产品的设计开发验证中。

企业应建立新能源汽车事故应急救援机制，按照国家标准 GB/T 38117—2019《电动汽车产品使用说明 应急救援》编制应急救援说明书。除了需要完善应急管理文件体系（应急救援流程、指南和标准）外，还应完善开展应急救援活动的整套人员结构，如汽车销售服务公司应在应急救援活动中发挥重要的作用，应能够系统化、有针对性地解决问题并消除安全隐患，对相关人员进行培训，如操作、应急处理、施救后的安全事项以及现场保护措施等。

1. 车辆运行中事故应急处置要求

新能源汽车运行中（车辆处于上电状态，包括道路上停车）的事故往往处于交通场景下，响应、救援和处置的应对在考虑不影响其他交通主体的情况下，宜快速、有效、短暂，以免造成大面积扩散并避免人员伤亡、财产损失。

事故早期：驾乘人员应远离事故车辆并协助和引导其他交通主体尽快疏散，有条件时采取屏蔽、隔离、防止事故/火灾扩大的措施；第一时间联系消防、公安、车辆企业（包括电池企业）、运营公司、维修服务店等相关方。

事故衍生扩大：抵达事故现场的各方在做好安全防护的前提下，积极做好事故车辆减灾/灭灾、防止险情扩大的工作，采用降温、灭火、绝缘、围挡等措施控制险情、压制火势。在操作时注意保护现场、留存关键证据、记录事故缘起和演变过程。

救援结束：对于险情消失、火灾扑灭的情况宜反复确认，防止出现复燃现象，观察有无存在烟雾、火星、过温、异动、闪烁等情况，有条件时采用热成像仪观察重点部位温变趋势，待情况稳定后再撤除相关措施，转入车辆和现场保护流程。有条件时要对车辆和现场的情况做详细记录、拍照，必要时摄像。

车辆移动：按照主管机关要求转移场地时，车辆在移动前、移动中和移动后应做好安全防护、过程记录，不遗落残留物和其他物品，不破坏车辆原状态等。

2. 车辆静止时事故应急救援处置要求

车辆静止时（车辆处于下电状态、包括充电）的事故多为火灾事故，往往位于停车场、充电站和社区等地点。由于新能源汽车不同于燃油车的特点，在救援和灭火时需要特别注意的有以下几个方面。

1）动力电池无明火：动力电池系统未出现明火时，可按照燃油车的火灾处置方法进行灭火，并密切关注动力电池系统的异动情况（如烟雾、异响、鼓胀变形、高压线路变化、电子元器件变化等），必要时采取新能源汽车事故专项应急处置程序。

2）动力电池出现明火：宜采用降温措施、隔断氧气和扑救明火措施相结合的方式展开救援。采用不燃液体介质是较为有效的方法。当局部火势严重需要重点扑救时，慎重采取机械破拆（如刺穿、切割、撬、破除等）操作，做好绝缘防护或防止电池系统过放电的措施。在救援现场未佩戴自给式空气呼吸器的人员尽可能置于火灾上风向，避免吸入烟气中的有毒物质。

3. 事故车辆安全处置要求

事故车辆安全处置主要是由于新能源汽车事故后易发生燃烧事故，建议按照中国汽车工程学会团体标准 T/CSAE 87—2018《事故后电动汽车处置规程》开展作业。

事故后车辆应停放在安全稳固地带，在取下电池系统前，宜停放于室外场所，且距离周边建筑物不小于 15 米，距离其他车辆不少于 5 米。事故后车辆停放于室内场所时，应设置停放间。停放间应设置于地上一层并靠外墙设置，停放间除出入口外，建筑其他部分应设置耐火极限不小于 2 小时的防火隔墙。另外应设置排烟设施，且不得设置电动汽车充电设施。事故车辆的停放场所宜处于视频监控范围内。

将事故电池从整车中取下，取下前应观察电池系统状态，外观破损、漏液、外壳漏电等情况。取下的事故电池应进行放电等安全处置，该处置应在具有排烟设施的室内地上一层进行，或在具有挡雨功能的室外进行，并应划定安全区域。

4.1.5 特殊状态下的重大安全问题

1. 新能源汽车长时间密集停放要求

在对新能源汽车骗补严查后,行业乱象已经减少很多,但是依然有大量新能源汽车无法正常运行,成为"僵尸车"。新能源汽车长期密集停放对资源造成了浪费,也带来较大的安全隐患。一旦一辆车发生了起火燃烧事故,将发生"火烧连营"的恶劣影响事件,造成消防施救难度大和火灾损失惨重的后果。

为了保证停放安全,新能源汽车无论以何种方式运营,长时间密集停放都应明确停放要求和管理机制。

(1)车辆电池系统荷电状态

宜保持在30%~50%SOC的区间范围内,降低高SOC状态下的风险;应定期监控车辆SOC值,不宜长期处于亏电状态,2~3个月进行补电维护保养,检查电池衰退和变化情况,使之处于合理的区间范围内。

(2)车辆状态监测机制

车辆定期上电唤醒,进行电池安全性检测,发现异常后唤醒整车无线通信网络,上传报警信息,上传异常监测数据,启动应急预案,完成车辆状态管控;停放地定期巡查,对车辆的状态实行日巡查制,保证车辆状态可控,或发现事故立即响应;车辆充电桩的安装应便于操作和使用,保证操作安全,防止高压触电。

(3)车辆停放空间要求

车辆的停放场地不要选在地势坑洼、容易贮存雨水的地带,地面需保持平直,防止积水灌入电池内部引发短路起火。车辆停放场地应远离环境因素变化较大的区域。停放区域应有合理的灭火设施。

车辆停放时应保持一定安全距离(建议不小于1米),一旦某个车辆发生起火燃烧,为使消防人员及时高效救火,车辆之间的安全距离应能保证消防人员及设备顺利进入,快速灭火。

车内避免长时间存放易燃易爆物品。

(4)车辆再投入运营使用安全检查

对于再次投入运营使用的车辆(包括车辆再启动用),要开展车辆状态再确认,保障车辆安全。

(5)应急措施,防止扩大损失

应建立停放区域负责部门、企业和政府相关部门的实时联动机制,并在停放区域设置明确的应急预案和消防预案,停放区域人员定期开展消防培训、应急事故处置培训和消防演练等,一旦发现火情,应及时联系消防和整车生产企业，灭火方式宜选择大量的消防水进行降温冷却。具体应急救援措施参见新能源汽车事故应急救援机制。

2. 新能源汽车重复、多发、连续出现的事故

新能源汽车出现重复、多发、连续的火灾事故主要表现为：

1）季节性波动出现的事故，尤其是在春夏之交及夏季，环境温度较高，电池活性增加，电池冷却系统冷却效果变差，其次是在冬季由于电池低温造成活性差异较大，电池性能下降造成充电周期长，存在析锂风险，对车辆的安全性造成风险。建议加强培训，提示用户和运输企业关注季节交替的预防措施，在初夏、初冬时调改物流安排、充电习惯和驾驶操作模式。

2）单车型重复出现同类火灾事故，建议这类事故应重点管控、开展深度调查和原因分析，对于设计或系统性的原因，按照公告管理相关规定对车型进行处理；对于操作使用方面的原因，应制订培训和应急工作方案，在销售服务救援等环节予以贯彻。车辆企业及电池企业应该定期或有针对性地排查车辆的技术情况，及时报送相关分析和处置报告。

3）不同营运模式下的事故集中出现阶段性事故规律。建议主管部门与技术机构共同研究分析环境和条件特点，提出有针对性的技术应对和事故应对方案，在车辆企业、电池企业、车辆用户、维修服务等环节开展培训，贯彻落实。

4.1.6 安全监管思路

为深入推进"放管服"改革，包容审慎地加强新能源汽车事中事后的监管要求，建议采用以下安全监管思路。

1. 车辆监控和运行数据的实时分析、判断

新能源汽车企业应重视车辆运行安全状态的监测，确保上传数据的质量符合标准要求。建立健全监测机制、监测制度和管理体系、组织和工作模式、监测平台和统计分析系统、监测和管理工作流程、多方联合共同研究方式、事故及问题快速响应处置方案等。

加强车辆运行数据的实时分析能力，运用数理统计方法及产品质量控制工具开展车辆运行数据的分析与运行规律的统计，总结提炼车辆及三电系统的性能变化、可靠性指标衰退、安全风险隐患预示等的技术特性。

2. 深度挖掘车辆运行数据，建立预警机制

新能源汽车企业应开展车辆运行平台监测数据的分析和挖掘，提升新

能源汽车事故预报警和安全隐患筛查能力，引导潜在风险的车辆及时维护保养，指导在用车辆定期维护保养。

新能源汽车企业建立安全预报警研究和分析管理办法，及时、妥善处置监测平台数据反映的故障报警、阈值设置、长期聚集停放等异常情况，切实降低安全风险，消除安全隐患，对出现故障等级高的报警车辆，应及时通知用户并采取措施。

3. 车辆的售后服务及定期维护检查

新能源汽车企业应建立健全新能源汽车定期维护保养等相关制度，细化并明确产品维护保养项目，可针对动力电池、驱动电机和电控系统三电系统，重点关注部件功能、性能和安全性三个层面，采用人工检查、仪器分析和数据分析的多维度检测方式。

4. 对于车主和运营企业的培训和指导

建立用户培训和新能源汽车跟踪机制，研究指导性的驾乘操作规范，鼓励新能源汽车进行定期维护保养，支持用户对新能源汽车的自主检查，及时与用户进行多方面信息交互，指导用户对出现的安全风险或安全事故进行适当应对等。

建立有针对性的新能源汽车维护维修服务体系，充实各个服务站点的技术实力，提升站点人员的水平，完善营运车辆的技术保障工作，如派驻地域性巡查和服务团队，与关键零部件的供方联合设立服务站，各个服务站点需具备全面的车辆检查和测试、运行数据初步分析、车辆运行和故障情况研判、对故障和轻微事故处置的能力等。

4.2 纯电动乘用车低温实际续驶里程变化研究

4.2.1 研究背景

纯电动汽车的续驶里程是用户普遍关心的技术指标，尤其是冬季低温环境下的续驶里程衰减问题更是行业的痛点。整车续驶里程与多方面因素有关，如与工况、环境温度以及用户使用习惯或出行特征等均有明显关联。经用户调研及初步测试表明：电动汽车在实际使用中（一般为多天多次使用，而不是一次性将电耗完，见图 4-1 和图 4-2）的续驶里程（以下简称"分段续驶里程"），与行业内现普遍宣传的续驶里程（车辆从满电状态运行至放电阈值为止的极限续驶里程，以下简称"一次极限续驶里程"）

存在较大的差距。基于用户实际使用习惯所造成的续驶里程差异甚至高于工况不同所造成的差异，在低温环境下表现尤其明显。

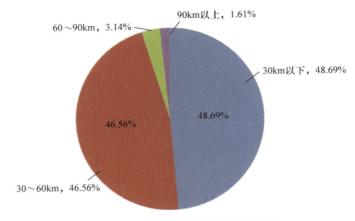

图 4-1　纯电动乘用车日均行驶里程分布

数据来源：新能源汽车国家监测与管理平台。

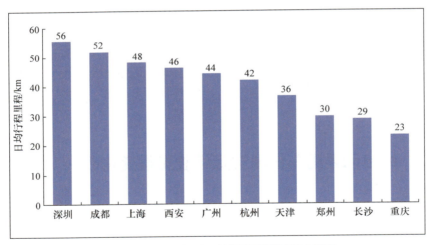

图 4-2　纯电动乘用车日均行驶里程排名前十城市

数据来源：新能源汽车国家监测与管理平台。

通过对纯电动汽车在低温下的能耗特征研究，搭建整车能耗解析测试平台，分析不同工况下由动力电池提供的能量分配到各部件的有效功率、热损耗以及其他损耗等能耗分配情况，从系统集成的角度分析纯电动汽车动力总成中能量的转换和传递过程，并针对车辆极限续驶里程测试与日常多天多次行驶两种运行场景下整车及各部件的能耗差异情况的对比分析，可以总结出整车在低温环境下整车能耗、续驶里程及动力电池放电量变化的原因及规律。

1. 国内外研究现状

针对纯电动汽车在低温下续驶里程变化的研究，当前重点企业及行业机构主要采取转鼓台架测试方法，参考 GB/T 18386—2017《电动汽车能量消耗率和续驶里程 试验方法》进行不同环境、工况下的一次极限续驶里程测试；业内对基于用户实际出行习惯的分段续驶里程的测试研究较少。另外，整车能耗方面，业内普遍基于电网端的放电量计算车辆充电及行驶过程的总能耗，无法细分至动力电池的实际放电量差异以及各部件的真实能耗变化情况，因而对低温续驶里程衰减的原因无法精准定位。电池放电特性方面，有通过研究单体电池在不同温度下的充放电特性，利用等效计算的方法研究车辆在不同温度下的续驶里程变化，结合实车测试，但结果发现该方法仅在室温下具有较高的精度，在低温条件下的计算结果与实测结果差异较大，因此该研究方法适用范围有限。

2. 研究内容

导致纯电动汽车低温续驶里程衰减的原因可以从电池可用电量和整车实际能耗两方面进行分析：一方面，低温下电池实际放电量减少，原因在于动力电池在低温环境下内阻增大，自身内耗电量增加，导致其对外放电量减少；另一方面，低温下传动系统润滑阻力、轮胎滚阻加大，电驱动系统等在低温下的工作效率降低，导致驱动能耗增加，且低温下空调暖风系统工作耗电量较高，导致整车能耗明显增加。两方面因素都将导致车辆在低温下续驶里程降低。下面分别研究动力电池放电量及整车能耗变化两方面因素对低温续驶里程的影响（本章暂不研究低温环境下充电能量的差异，为统一充电条件，测试期间均在统一的常温环境下使用交流充电桩进行充电）。

（1）电池充放电特性分析

动力电池作为纯电动汽车的唯一能量来源，其特征参数直接决定整车的性能。动力电池实际能够存储的能量为一定值，定义为理论能量。但是在不同温度、放电倍率下，动力电池所能放出的实际能量必然小于理论能量。一方面是由于动力电池所能放出的能量受温度、放电倍率的影响；另一方面由于动力电池内阻的存在，必然有一部分能量消耗在内阻上。

通过对实车动力电池运行数据（包括电压、电流、温度、荷电状态）的分析，可以揭示实际应用环节下电池组的内阻水平、温度场分布及放电容量随温度变化的情况，对电池组的优化控制及能量管理具有指导意义。

（2）整车能量流向分析

续驶里程存在差距的原因主要有两个：一是动力电池放电量的差异，二是整车负载能耗存在差异。纯电动汽车动力传动系统由逆变器、电机、变速器等组成，在能量传递过程中，各环节都会出现能量损失，图4-3所示为纯电动汽车整车能量流向及损耗示意图，能量在从动力电池组→电机控制器→驱动电机→传动系统→驱动轮传递的过程中，动力电池的直流电能转换为电控输出的交流电能，通过电机转换为机械能，再通过传动系统传递到驱动轮，能量最终消耗在车辆的阻力上。动力电池电控电机在能量转换的过程中均会产生损耗，各系统损耗差异的原因及规律将是主要研究内容。

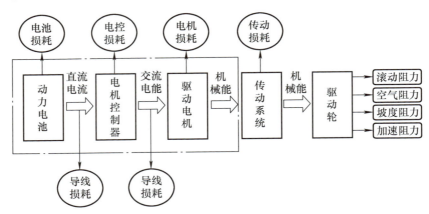

图4-3 纯电动汽车整车能量流向及损耗示意图

为分析不同的用户习惯对纯电动乘用车在低温环境下工作特性的影响，分别进行不同环境温度下的"分段续驶里程测试"和"一次极限续驶里程测试"，对两种使用场景下的动力电池放电量及整车重点部件能耗分配情况进行解析测试，定量分析不同温度和运行工况下动力电池的放电特性以及各电气部件的能耗特性，研究整车能耗的差异规律及关联影响因素。为优化传递系统效率，可通过测试运行过程中各个部件的工作效率情况评估各环节的节能潜力。

针对典型纯电动车型在低温环境下的工作特性，分别进行不同环境温度下的整车一次续驶里程测试及分段续驶里程测试；同时，对两种使用场景下的动力电池放电量及整车能量流向情况进行解析测试，定量分析不同温度和运行工况下动力电池的放电特性以及各电器部件的耗电分配情况；研究不同工况下能耗的差异规律及关联影响因素，从而精确定位最有效优化整车能耗的着手点。

3. 研究路线与方法

研究方案总体分为三部分：第一部分是实车测试，分别进行不同环境温度下的整车一次续驶里程测试及分段续驶里程测试，对车辆在两种使用场景下的续驶里程、电池放电量、整车能量流向等差异情况进行摸底；第二部分是基于相关测试数据分析并建立动力电池放电能量模型及整车运行能耗模型，分析两种场景下续驶里程差异的原因、规律并进行量化分析；第三部分是提出相关解决方案，从整车及动力电池等方面提出纯电动乘用车在多天多次使用条件下保证续驶里程的意见建议，并提供相关支撑数据及分析模型、方法。

（1）**实车测试分析**

测试内容主要由两部分组成：一是测试整车在低温环境下的续驶里程；二是测试动力电池的放电能力。

（2）**数据分析与建模**

基于以上测试进行数据采集与处理，分析车辆在不同环境温度下的多天多次使用和一次使用下续驶里程差异的原因，分别从整车、动力电池两方面分析关联影响因素，研究车辆续驶里程及动力电池放电量减少的规律，建立基于使用习惯和环境变化下的整车续驶里程差异模型以及动力电池放电容量衰减模型。

（3）**提供技术解决方案**

在整车能耗管理方面，针对具体车型，根据整车能耗分布情况，评估整车能耗的优化潜力、有效优化整车能耗的入手点、具体优化措施可带来的效益，提出相关优化建议。在动力电池方面，针对具体动力电池类型，依据动力电池温升特性及放电特性，从电池材料、热管理等方面提出技术优化建议。

另外，针对用户实际出行特征，从整车及动力电池角度提出纯电动乘用车在不同温度多天多次使用条件下如何提高放电能量及降低整车能耗的意见、建议。

4.2.2 续驶里程影响因素分析

在电动汽车的发展过程中，电动汽车的续驶里程始终是影响电动汽车发展的重要因素。而在动力电池容量一定的前提下，电动汽车续驶里程主要受行驶时的电耗影响。在行驶时尽可能降低车辆的能耗、提高车辆的运行效率，可以有效地提高电动汽车的续驶里程。因此，对电动汽车各部分的能效进行分析进而采用优化措施来降低整车能耗，提高各部件的效率，是提高电动汽车续驶里程的有效途径。影响电动汽车能效的因素较多，例如环境气温、行驶工况、道路状况和驾驶行为等。本文主要从电池能量和行驶电耗两方面对纯电动汽车续驶里程的主要影响因素进行分析，在车辆行驶时尽可能地提高动力电池的实际可用电量，同时降低车辆的能耗，提高各系统的能量传递效率，进而有效地提高电动汽车的续驶里程。

1. 动力电池特性

动力电池作为纯电动汽车的唯一能量来源，其放电特性对整车的续航性能具有直接的影响。动力电池放电容量受电池的材料、内阻、低温容量衰减率和劣化容量衰减率等方面的影响。从电池材料看，锂离子电池是目前电动汽车中使用最为广泛的动力电池。从内阻看，动力电池内阻随温度的降低呈指数关系增长，导致低温电动汽车的效率降低。

2. 车辆行驶工况

车辆行驶工况以及城市交通状况与整车能耗有直接的关联。电动汽车在不同的交通状况下会有不同的运行特性。在车辆行驶工况发生变化时，电机的运行工况也相应变化。在滚动阻力小、风阻小或道路坡度小等工况下，整车驱动功率较小。因此，车辆在低速行驶、加速减速平缓、爬坡度小时整车能耗相对降低，反之则能耗上升。

3. 环境因素

电动汽车的续驶里程与环境因素有关，这里主要考虑环境温度的影响。环境温度对电池内部进行的化学反应、电动汽车润滑油的黏度等均有影响。因此，电动汽车在不同环境温度下运行时，消耗的能量是不同的，温度低时消耗的能量大。纯电动汽车及动力电池性能受温度影响显著，尤其在低温环境下，充电效率和电池容量都与常温环境具有明显差异。加之空调等运行消耗不少的额外电量，直接导致续驶里程降低。因此，环境适应性是电动汽车用户较为关心的问题，也是当前行业关注的热点共性技术问题。实车测试表明，环境温度对整车能耗影响明显，随着环境温度下降，整车能耗逐步上升；在分段续航场景下表现更加明显。

4. 用户习惯

纯电动汽车使用场景范围较广，在不同的使用场景下车辆的续驶里程、能耗存在较大的差异。其中，出行时间、出行里程、出行频率等因素对整车能耗以及动力电池的放电特性均存在一定影响。另外，用户的用车习惯、驾驶行为等因素也对整车能耗有一定影响，主要体现在对暖风空调等大功率电器的使用习惯，以及驾驶人对加速踏板、制动踏板的操作上。

本文以典型纯电动乘用车城市出行特征为例，分析低温环境下用户出行特征对整车能耗的影响。

4.2.3 整车能耗测试平台研究

研究内容主要包括测试平台的搭建和整车能量流的测试。首先根据电动汽车动力总成的特点，对测试平台进行需求分析和整体规划，搭建电动汽车动力总成能量流测试平台；根据动力总成的特点对测试平台硬件进行选型，同时编写测试平台控制软件和数据采集软件，并对系统整体进行调试。其次，针对某电动汽车在能量流测试平台上进行测试，分析不同运行工况下整车各部件的能量损耗和能量流数据，分析车辆运行工况、环境温度、出行特征等对能量损耗和能量流的影响。

1. 测试方案

搭建本测试系统的目的是模拟纯电动乘用车用户实际使用场景，进行多种环境工况下的整车续驶里程、能耗以及电池充、放电测试，研究整车能量流向分配情况，测试规则见表 4-1。

表 4-1　纯电动乘用车低温续驶里程测试规则

测试内容	测试规则	测试要求
一次极限续驶里程测试	参考 GB/T 18386—2017《电动汽车能量消耗率和续驶里程试验方法》，在整车环境舱内进行中国工况（CLTC-P）下的极限续驶里程测试，达到试验终止条件后继续测试至电量耗尽为止	参考纯电动乘用车使用低温环境，分别选取 -15℃、-25℃ 两个温度点各测试一轮
分段续驶里程测试	在整车环境舱内进行中国工况下的分段续驶里程测试；分段规则为：进行 2 个 CLTC-P 工况循环测试后静置 8 小时，再进行 2 个 CLTC-P 工况循环测试，之后再静置 14 小时；重复以上测试流程直到电量耗尽为止	模拟用户实际使用习惯（以单次出行里程取两个 CLTC-P 工况循环为例，总行驶里程 28.96 千米，出行时长共 1 小时），进行分段续驶里程测试

测试规则说明：

1. 测试标准：参考 GB/T 18386—2017《电动汽车能量消耗率和续驶里程试验方法》标准制定基于中国工况的整车能耗及续驶里程测试规范。

2. 数据采集方法：通过能量流试验采集及数据处理分析，得到充电机-动力电池、动力电池-电机控制器、动力电池-暖风 PTC、动力电池-热泵、动力电池-DC/DC 以及电机控制器-电机之间的电压、电流信息；利用能量流数据采集系统的内部计算程序计算能量回收效率、电机系统效率、动力电池放电效率等数据。

本研究以某自主品牌纯电动乘用车为测试对象，样车主要相关参数见表4-2。

表4-2 样车主要参数信息

项目	参数
标称续驶里程（NEDC工况）/km	420
电池总电量/（kW·h）	52.5
电池热管理配置	无
空调配置	正温度系数热敏电阻（PTC）+ 热泵

2. 测试平台搭建

整车能耗测试系统主要由高压测试模块和低压测试模块组成，系统采用霍尔式电压、电流传感器检测方案，如图4-4所示，可实时监测从充电桩到整车所有高压用电设备的功耗，后端采用标准高速数采模块进行数据采集。

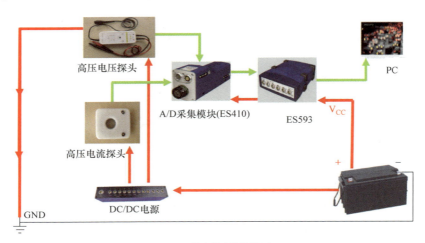

图4-4 整车能耗测试设备

在整车上布置了7组电流/电压传感器，其中：测量点1采集的是充入动力电池的电量，测量点2采集的是动力电池放电量，两者之差定义为电池的内耗电量；测量点3~7分别采集各电器部件的耗电量。测试系统结构如图4-5所示。测试完成后，利用能耗解析系统内置计算程序分别计算各部件耗电量、平均能耗、电机系统效率、动力电池充放电效率等。

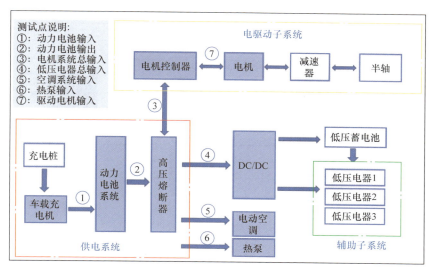

图 4-5 整车能耗测试系统结构图

该测试方法与 GB/T 18386—2017 等行业主流的整车能耗测试方法的区别在于：传统测试方法根据车辆从电桩的充电量数据及整车续驶里程计算整车能量消耗率，将充电机的效率、电池充、放电效率以及各部件的实际耗电量等多项参数合并计算；本测试方法基于对充电机充入电池的电量、电池实际放出的电量以及各个部件的耗电量等相关参数的独立测量，可独立分析各部件的能耗差异情况，从而精准定位整车能耗流向及各环节能耗损失情况。

4.2.4 低温能耗及续驶里程测试分析

1. 整车续驶里程分析

整车续驶里程测试结果如图 4-6 所示，该样车在 −15℃ 环境下一次极限续驶里程为 192km（其中，车速与 CLTC-P 工况曲线略有偏差的行驶里程为 32km），分段续驶里程为 163km（其中，车速与 CLTC-P 工况曲线略有偏差的行驶里程为 21km）。−15℃ 环境下分段续驶里程比一次极限续驶里程低 15.1%，差异的根源在于：分段续驶里程测试中电池放电量降低了 10%，而整车运行能耗高出 6.1%。而在 −25℃ 环境下，车辆一次极限续驶里程为 161km，相比 −15℃ 环境下一次极限续驶里程降低了 16.1%；其中，电池放电量降低了 5.5%，整车运行能耗增加了 12.7%，如图 4-7 和图 4-8 所示。

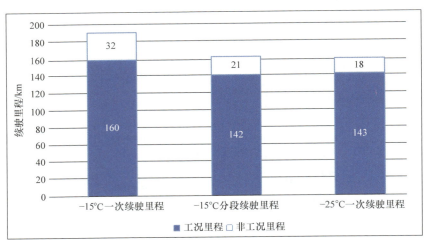

图 4-6　各测试条件下的续驶里程

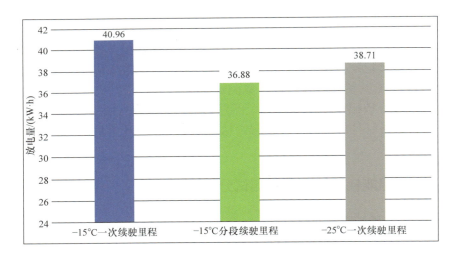

图 4-7　各测试条件下的电池放电量

2. 整车能量流向分配情况

（1）各部件耗电分配情况

各环境温度下，整车行驶过程中电池放电量及各部件耗电量情况如图 4-9 所示（导线损耗较小，忽略不计）。从图中可以看出，各种测试场景下空调及低压电器耗电比例基本稳定，耗电量占比差异主要在于电机系统耗电及电池内耗电。

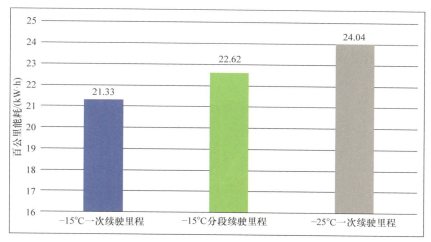

图 4-8　各测试条件下的整车百公里平均能耗

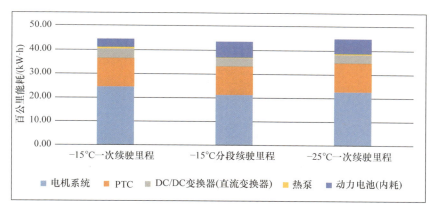

图 4-9　各测试条件下的整车平均能耗

如图 4-10 和图 4-11 所示，-15℃一次续驶测试中电机系统耗电占比 55%，电池内耗电为 8%；在 -15℃分段续驶里程测试中电机系统耗电占比 48%，电池内耗电为 16%；分段续航场景中电池平均温度相对较低，内耗电量明显高于一次续航的内耗电，在总电量基本接近的情况下，内耗电占比提高，同时也导致可供电机系统消耗的电量比例降低。

（2）电机系统能耗分析

电机作为纯电动汽车传动系统的关键部件之一，其效率指标对整车能耗影响极为关键。纯电动汽车上驱动电机的工作负荷变化范围较大，因此高效电机要求之一是在较宽的转矩和转速范围内都有较高的工作效率。故研究电机在驱动工作区的效率具有重要的意义。为了进一步提高驱动电机系统的工作效率，必须考虑行驶的工况特性，优化整车匹配以及传动比等参数，使驱动电机系统在满足动力性能指标的前提下，在整车行驶工况中尽可能地工作在高效区。

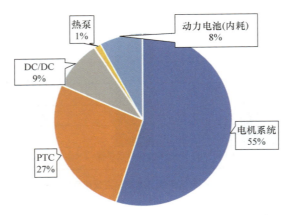

图 4-10　-15℃一次续驶里程测试各部件耗电量分布

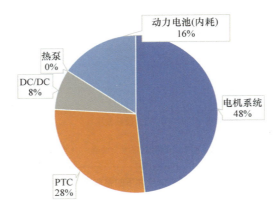

图 4-11　-15℃分段续驶里程测试各部件耗电量分布

电机系统耗电占总耗电的比例为 45%~55%，是最主要的耗电部件。在不同环境温度下，电机系统能耗差异很大；然而，在不同行驶场景下，电机系统能耗差异较小。-15℃环境下，电机系统能耗在分段续航情况下比一次续航仅高 2%（其中，车辆行驶工况为非限功率区域时，整车能耗仅高 1.7%），如图 4-12 所示。

而在 -25℃环境条件下电机系统能耗相比 -15℃环境条件下增加了 10.4%。因此，从当前的测试条件来看，环境温度对电机系统能耗的影响大于出行特征的影响。

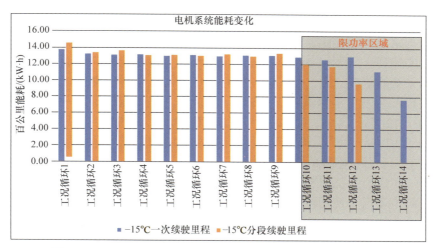

图 4-12 -15℃一次续驶里程/分段续驶里程测试中电机系统能耗变化

（3）空调能耗分析

纯电动汽车的空调能量来源为动力电池，其能耗占整车附件能耗较大的比重，对整车续驶里程的影响较大。从测试数据可看出，在 -15℃基于中国工况的测试环境下，测试样车的空调运行功率基本维持在 1.9~2.1kW，空调能耗占整车能耗的 27%，在分段续航场景下能耗占比约为 28%。

（4）低压电器能耗分析

在本次测试中，开启的低压电器主要为座椅加热、电子扇、电除霜/除雾，几项用电器功率均比较稳定，低压电器耗电比例为 9%~10%。

3. 整车能耗差异分析

整车运行能耗变化与出行特征、环境温度的变化存在明显关联，低温环境下，增加了暖风空调、热泵等系统的能耗。同时，驱动系统能耗也比常温状态高，导致整车能耗明显高于常温状态。具体数据见表 4-3。

表 4-3 各工况下整车及部件百公里能耗对比 （单位：kW·h）

测试项目		-15℃一次极限续驶里程测试数据	-15℃分段续驶里程测试数据	-25℃一次极限续驶里程测试数据
部件能耗	电机系统	12.74	12.95	14.06
	PTC（暖风空调）	6.19	7.41	7.52
	DC/DC（低压电器）	2.11	2.16	2.23
	热泵	0.29	0.10	0.23
整车能耗		21.33	22.62	24.04
动力电池内耗		1.83	4.19	3.91

（1）环境温度对整车能耗的影响

与常温环境相比，车辆在低温环境下增加了暖风空调、热泵、风机等部件的能耗。从表 4-3 可以看出，低温环境下整车能耗的增加，除了源于空调系统的能耗之外，整车驱动能耗及电器附件能耗也存在一定差异。在一次极限续驶里程测试中，-25℃环境条件下整车能耗相比 -15℃环境下增加了 12.7%，其中，暖风空调系统能耗增加了 21.5%，电机系统能耗仅增加了 10.4%，而低压电器能耗差异较小。由此可见，环境温度对暖风空调及电驱动系统能耗的影响较为明显。

（2）出行特征对整车能耗的影响

纯电动汽车使用场景范围较广，出行时长、出行里程、出行频率等因素对整车能耗都有影响。从 -15℃一次极限续驶里程与分段续驶里程测试数据对比可看出，在低温短途出行场景下，整车能耗略高于长距离行驶模式，且差异主要源于暖风空调系统。原因在于车辆在长距离行驶模式下持续运行时间较长，电池、电机等部件温升效应不断积累，降低了电池内阻及传动系统阻力，电器部件工作效率提高；但限于中国工况下放电倍率较低，各部件通过自发热带来的温升效果有限，导致两种场景下电机、电器系统能耗差异不明显；而持续行驶模式下由于乘员舱温度的积累效应，相比短途出行模式，暖风空调系统能耗明显降低。

4. 电池充放电特性分析

动力电池作为纯电动汽车的唯一能量来源，其特征参数直接决定整车的续航性能。通过对实车动力电池运行数据（包括电压、电流、温度、荷电状态）的分析，可以分析实际应用环节下电池组的内阻水平、温度场分布及放电容量随温度的变化情况，对电池组的优化控制及能量管理具有指导意义。从测试数据可以看出，在充电量基本接近的前提下，各种工况下电池总放电量相差较大，主要原因在于工作温度越低，电池内耗电越大；分段次数越多，电池内耗电也越大，从而导致动力电池对外放出电量减小。

（1）环境温度对电池内耗电的影响

环境温度越低，动力电池内耗电占整车电能消耗的比例越大。-15℃环境温度下一次极限续驶里程测试中，动力电池内耗电占整车电耗的比例为 8%，-25℃环境温度下则达到 14%。原因在于动力电池在低温环境下内阻增大，放电过程中电池自身内耗电量增加，从而导致其对外放电量减少。这是低温环境下整车续驶里程衰减的重要原因之一。

（2）出行特征对电池内耗电的影响

除了环境温度的影响，用户出行特征对电池内耗电的影响一样明显：

同样在-15℃条件下，一次极限续驶里程测试中电池内耗电占比为8%，分段续驶里程测试中内耗电占比则达到16%。究其原因，主要是因为在分段行驶模式下，电池自发热带来的温升积累效应较差，导致自身内耗电量较连续行驶模式增加3.31kW·h，增加比例为96%。在用户实际出行场景中，低温环境下单次出行里程越短或分段次数越多，电池内耗电将越多。

针对内耗电量对续驶里程的影响，根据动力电池内耗电折算了续驶里程，-15℃一次极限续驶里程为192km，耗电量为40kW·h；如果将电池内耗电量3.51kW·h按比例折算，对应的可行驶里程为16.5km；而-15℃分段续驶里程测试中电池内耗电对应的可行驶里程为30.1km；如果通过合理匹配电池热管理等技术路径减小车辆运行过程中动力电池内耗电量，将有效增加车辆的续驶里程。

5. 电池温升特性分析

电池在不同放电工况下的温度规律存在明显差异：在-15℃的环境仓静置12小时后，单体电池最高温度为-3.8℃，最低温度为-9℃，如图4-13所示；与-15℃的环境温度还有差距，说明电池保温效果不错，需要更长的静置时间电池温度才能与环境温度接近；而在分段续驶里程测试中，经过多天的持续静置，电池温度基本接近环境温度。在-15℃一次极限续驶里程测试时，车辆连续跑了7小时，电池发热量也不断积累，温度缓缓上升，但限于中国工况下放电倍率，靠电池自身发热温升有限，全程下来平均温度仅升高了约4℃；在-15℃分段续驶里程测试时，车辆静置12小时后单体最低温度为-10.5℃，之后每跑1个循环后平均温度升高1～1.5℃，之后由于停车静置8小时，电池温度重新降低到-12℃；如此不断重复，电池平均温度处于-10～-7℃，如图4-14所示。

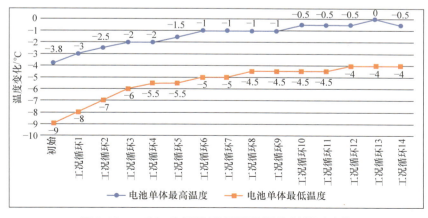

图4-13 -15℃一次极限续驶里程测试单体电池温度变化

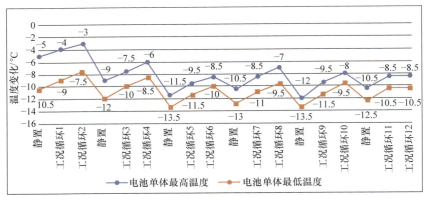

图 4-14 -15℃分段续驶里程测试单体电池温度变化

在冬季低温环境下，若实际出行时单次出行里程较短，电池温升更小，动力电池长期处于接近环境温度状态。若通过启动热管理策略对动力电池加热，则需评估电池温升的速率是否与出行时长相匹配，如不相配，则说明启动热管理的实用价值较低。在热管理控制策略匹配标定时应精准分析，减少车辆实际运行中无效的电池热管理。

另外，初始环境温度越低，电池温升速率越大。如图 4-15 所示，对比 -15℃、-25℃两个温度点下的一次极限续驶里程测试数据，在 -15℃环境下单体电池平均温度升高了约 4℃，而在 -25℃环境下单体电池平均温度升高了 11℃。原因在于 -25℃初始环境温度较低，电池内阻较大，电池放电过程中温升速率相对较大。因此，在电池处于较低的温度时，额外辅以适当的热管理措施，可有效提升电池放电效率，减少电池自身内耗电量，从而提高整车续航能力。

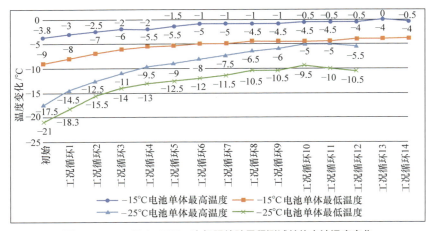

图 4-15 -15℃／-25℃一次极限续驶里程测试单体电池温度变化

4.2.5 优化建议

通过对纯电动汽车整车能量流测试研究，分析不同环境温度、不同工况下各部件的输入输出、能量损耗和能量效率以及电池系统的温升、能量平衡等情况，包括相关影响因素，基于某典型纯电动车型进行整车能耗及续驶里程测试分析，针对不同运行场景下整车及各部件的能耗差异、动力电池放电量情况进行了解析。结果表明，低温环境下整车续驶里程与出行特征、环境温度均存在明显的关联；整车能耗及电池内耗电量与车辆出行特征、环境温度的变化存在的关联。−15℃环境下分段续驶里程比一次极限续驶里程低15.1%，在−25℃环境下车辆一次极限续驶里程相比−15℃环境下降低了16.1%。环境温度降低，分段次数增加，都将导致整车能耗增大。

对此，优化建议如下：

1）优化电池材料：由于不同环境、工况下电池内耗电量的差异，在−15℃环境条件下，一次极限续驶里程测试中电池内耗电占整车电耗的比例为8%，−25℃环境温度下则达到14%，在−15℃环境分段续驶里程测试中内耗电占比则达到16%，导致动力电池对外放出电量存在一定差异。研究表明，针对动力电池，若通过各种技术手段（优化电池材料、热管理策略等）降低车辆运行过程中电池内耗电比例，则可有效提升整车实际续航能力。

目前，汽车动力电池常见的正极材料以三元和磷酸铁锂材料为主，可通过减小粒径、采用纳米技术使得材料的一次颗粒纳米化，从而缩短锂离子的迁移路径。磷酸铁锂可以通过掺杂La（镧）、Mg（镁），增大C轴，改变层间距，增大锂离子传输通道；三元材料NCM可通过在其表面包覆LBO-S快离子导体⊖（也称超离子导体或固体电解质），以减少固态电解质界面膜（SEI）的形成，使锂离子的传输直接可以通过快离子导体进出材料本体。

对于负极材料，现有石墨负极材料可通过包覆、表面氧化、掺杂或包覆其他元素来增加石墨层间距，加快锂离子在负极表面的去溶剂化速度，从而改善锂离子嵌入石墨负极的速度。另外，开发锂合金、锡基负极等新型负极材料，可大大改善锂离子电池的低温性能。

电解液主要包括锂盐、溶剂和添加剂三部分。锂盐可通过添加硼酸盐在材料表面形成稳定的SEI膜，并有利于锂离子的扩散；溶剂可通过配置

⊖ 它区别于一般离子导体的最基本特征，即在一定的温度范围内具有能与液体电解质相比拟的离子电导率。

合理的比例，改善电解液溶剂的低温性能；添加剂可通过选择添加不同品种，对电池的低温性能产生不同的改善作用。

另外，钛酸锂电池的耐低温性能比较优异。尖晶石结构的钛酸锂负极材料嵌锂电位约 1.5V，不会形成锂枝晶，在充放电过程中体积应变小于1%。纳米化的钛酸锂电池可大电流充放电，实现了低温快充电的同时又保障了电池的耐久性和安全性。

2）电池热管理方面：热管理策略需要根据车辆运行特征（出行里程、出行时长等）进行精确匹配，要精确评估电池热管理系统为电池升温所消耗的能量与电池温升后增加的放电能量是否对等，尤其针对车辆经常处于短距离行驶模式的出行场景，需要结合具体车型开展进一步的测试分析，建立动力电池热模型、放电容量模型，分析各工况下电池的放电特性差异。

目前有"全气候电池"，即在正负极片之间加入加热片，通过开关进行电路控制，实现对电池的加热。这种内加热的效率要远远高于外部加热，并且能耗更低。"全气候电池"在续航能力、充电时间以及使用寿命方面有大幅改善。

3）整车角度：可以进一步研究节能空调、高效热泵的节能效果，以及低温下车辆传动匹配优化、系统效率提升等能耗优化路径，对降低动力电池内耗电以及整车能耗的各项技术方案进行量化评估。

4.3　动力电池实时监测技术及耐用性方法研究

4.3.1　实时监测技术概述

当前，国内外动力电池实时检测技术持续发展，从上游芯片到控制器单元设计发生较大变化，主要集中在通信技术、故障诊断、功能安全、集成度、预警探测、大数据应用等方面。

1. 国外动力电池实时监测技术

国外动力电池实时监测技术可以从三家代表企业（如美国特斯拉、德国博世、日本日产汽车）的产品来了解，见表 4-4。

1）美国特斯拉的 Model 3 及新款车型所配套的电池管理系统采用主从分布式拓扑结构，主控制器与从控制器通过 isoSPI 双向菊花链进行通信。CMC 服务器采用亚德诺半导体（ADI）为特斯拉定制模拟前端

（AFE）两款芯片构成冗余检测的拓扑结构，具备单体电池电压采集、模组温度采集、被动均衡等功能，通过变压器隔离实现菊花链通信；主控制器通过菊花链接口与 CMC 通信，获取单体电池信息。主控制器具备高压采样、电流采集、绝缘检测、高压互锁、安全熔丝控制、继电器控制。其主控微控制单元（MCU）采用双 MCU，且双 MCU 均符合汽车安全完整性等级（ASIL 等级）的最高等级 D（即 ASIL-D），整个 BMS 系统为双冗余拓扑结构，功能安全可以达到 ASIL-D 等级。

2）德国博世最新的电池管理系统 BMS8.3 采用分布式系统拓扑结构，1 个主控制器，根据需求配置从控制器的数量，基板管理控制器（BMC）与 CMC 通过菊花链方式（双向）进行通信，功能安全满足 ASIL-C；BMC 支持高压采样、电流检测、高低边高压继电器控制、直流充电、绝缘检测、高压互锁、碰撞检测、热失控管理、无线固件升级（FOTA）、CAN FD 通信等功能；CMC 支持高精度单体电池电压采样、模组温度采样、被动均衡、离线均衡及均衡诊断等功能。

3）日本日产为聆风配套的电池管理系统采用集中式拓扑结构，整个系统设计较为简洁，具有电池实时监控功能和电池状态预估功能，以及单体电池电压采集、电池均衡、温度采集、电流检测、总压检测、绝缘检测、电池状态估算。单体电池电压采集和均衡控制采用美信 MAX17823B 芯片，采用电容菊花链技术；控制器采用双 MCU 架构，整个 BMS 系统为双冗余拓扑结构，功能安全可以达到 ASIL-D 等级。

表 4-4　国外动力电池实时检测技术方案对比

序号	技术项目	特斯拉	博世	日产
1	拓扑结构	主从分布式	主从分布式	集中式
2	微控制器配置	双 MCU	单 MCU	双 MCU
3	功能安全等级	最高 ASIL-D	最高 ASIL-D	最高 ASIL-D
4	内部通信方式	双向菊花链	双向菊花链	单向菊花链
5	单体电池电压检测方案	专用 AFE	专用 AFE	专用 AFE 芯片
6	检测芯片	ADI 定制款	TI	MAXIM
7	均衡控制方式	无均衡	100mA 被动均衡	100Ω 被动均衡
8	温度检测方案	电压检测 AFE	电压检测 AFE	MCU 的 ADC
9	温度检测传感器	负温度系数热敏电阻（NTC）	NTC	NTC
10	电流检测方案	Shunt 电阻	CAN 接口传感器	模拟霍尔式传感器
11	总压检测方案	电阻分压	电阻分压	电阻分压
12	绝缘检测方案	无	电阻分压桥	小信号注入
13	高压互锁检测	有	有	有
14	继电器控制	具备	具备	不具备
15	对外通信	支持 CAN	支持 CAN FD	支持 CAN 接口
16	热失控管理	无明显体现	有明显体现	无明显体现

2. 我国动力电池实时监测技术

我国动力电池实时监测技术在技术功能实现方面与国外技术差异化并不大，并呈现多样化特点。主要差异点体现在以下几点：

1）我国动力电池实时检测技术大部分仍处于功能实现层面，相对国外汽车电子技术的沉淀相对较弱，尤其在功能安全方面，我国目前处于向国外技术学习的阶段，其中我国有实力的厂家在这方面技术水平与国外同行相差不大，但大部分产品尚不能满足功能安全的要求。

2）我国动力电池实时监测系统架构方面有多种拓扑实现，包括分布式、集中式架构。在分布式拓扑架构上已在尝试用无线通信技术来代替主流的菊花链通信。

3）因造车新势力的接入，互联网思维在动力电池实时监测技术上也开始落地，其中包括域控制技术、云端电池管理系统、OTA、大数据等。基于互联网技术，充分利用电池的运行数据进行电池状态监测优化是我国电池实时监测技术较为明显的创新点。

4）关于动力电池实时监测技术，我国于2020年发布了两套国家标准，分别是 GB/T 38661—2020《电动汽车用电池管理系统技术条件》和 GB/T 39086—2020《电动汽车用电池管理系统功能安全要求及试验方法》。

3. 国内外动力电池实时监测技术核心芯片技术发展概况

动力电池实时监测技术一个十分重要的技术点是单体电池前端芯片，它的发展对动力电池实时监测技术有很大影响。在国内外，目前该类芯片出现以美国为主、欧洲日本为辅、中国跟进的供应格局。

美国提供单体电池前端芯片的公司主要包括 ADI 公司（包括收购的 Linear 公司）、美信半导体、德州仪器（TI）；欧洲公司主要有恩智浦（NXP）、意法半导体（ST）；日本公司主要有松下半导体。我国目前尚无具备可以量产的国产化车规级单体电池前端芯片，但有多家公司正在开发相关产品，其中比亚迪已经进入内部实车测试阶段。目前实车批量装配芯片典型技术参数见表 4-5。

相关芯片商已开始发布下一代芯片产品，主要特点如下：

1）ADI 公司最新一代产品 ADBMS6815，支持双向菊花链通信，菊花链通信速率从 1Mbit/s 提升到 2Mbit/s，功能安全等级可以最高支持到 ASIL-D 等级，集成 300mA 均衡开关。

2）Maxim 公司最新一代产品 MAX17852/3，测量精度提高到 4.5mV，集成 300mA 均衡开关，集成电流测量功能，独立电池过电压/欠电压故障检测及告警硬件信号，功能安全最高支持 ASIL-D 等级。

表 4-5 目前实车批量装配芯片典型技术参数

序号	性能指标	ADI LTC6811	Maxim MAX17823	NXP MC33771
1	单体电池通道数	12	12	14
2	单体电池测量精度	±2.8mV	±10mV	±5mV
3	温度通道数	5	2	7
4	单通道转换速度	57μs ~ 29ms	12μs	7 ~ 26μs
5	芯片供电电压范围	11 ~ 55V	9 ~ 65V	9.6 ~ 61.6V
6	均衡电流	低于 20mA	大于 100mA	低于 300mA
7	通信速度	1Mbit/s	2Mbit/s	2Mbit/s
8	扩展功能	支持 IIC	不支持	支持 IIC，支持硬线信号
9	工作温度范围	Grade 1（125℃）	Grade 2（105℃）	Grade 2（105℃）
10	芯片封装	SSOP 44	LQFP 64	LQFP 64-EP
11	ISO26262	ASIL-C	ASIL-D	ASIL-C

3）TI 公司最新一代产品 BQ79616 及其系列，集成独立硬件电压和温度冗余诊断，支持 Busbar 连接状态检测，集成 240mA 均衡开关，功能安全最高支持 ASIL-D 等级。

4.3.2 技术水平现状

电动汽车动力电池的在线监测技术主要落脚点仍是以电池管理系统为主。随着汽车电子的发展以及软件定义汽车的技术趋势，电池管理系统的原有部分功能会出现转移或整合。典型的有将电池管理系统主控部分的算法逻辑与整车控制器的算法进行整合；另外一种情况是域控制时代的到来，整车控制器也将不再单独存在，这一整合会转移到域控制器、中央控制器单元或云端。从当前技术发展来看，这个整合主要是针对电池管理系统中的软件应用层面，而动力电池的在线监测与故障诊断仍无法脱离电池管理系统这个实体。

动力电池在线监测技术以及故障诊断技术的一些技术指标已经超出 GB/T 38661—2020《电动汽车用电池管理系统技术条件》的要求，主要体现见表 4-6。

表 4-6　GB/T 38661—2020 与当前技术水平比较

序号	技术项目	GB/T 38661—2020	当前技术水平
1	总电压测量精度	±2%FS[①]，且最大误差应满足 ±5V	±0.5%FS
2	总电流测量精度	±2%	±0.5%
3	单体电池电压测量精度	±0.5FS[①]，最大误差 ±10mV	±5mV
4	温度检测精度	在 −20 ~ 60℃ 范围内温度检测精度应满足 ±2℃，在 −40 ~ −20℃以及60 ~ 125℃范围内，温度检测精度应满足 ±3℃	在 −20 ~ 60℃ 范围内温度检测精度应满足 ±1℃，在 −40 ~ −20℃以及60 ~ 125℃范围内，温度检测精度应满足 ±2℃
5	绝缘电阻	电池总电压（标称）400V（含）以上，绝缘电阻检测精度应为 −20% ~ 20%；电池总电压（标称）400V以下绝缘电阻检测精度应为 −30% ~ 30%	绝缘电阻检测精度应为 −20% ~ 0%
6	SOC 估算精度	累计误差应不大于 5%	一致
7	电池故障诊断	参见标准	在标准基础上，会扩展其他诊断功能，尤其是与功能安全相关的

① FS 是精度和满量程的百分比。

除此之外，随着电池安全问题的不断出现，动力电池在线监测技术以及故障诊断技术还增加了 24 小时不间断监控技术，以实现对电池状态的不间断监控，并对电池热失控进行预警。

4.3.3　耐用性参数特性分析

电池是一个复杂的电化学系统，它的基本工作原理是电能输入转换为化学能存储，再以电能形式输出。在此过程中不可避免地会发生一些副反应，导致车用动力电池的性能随着使用时间的增长而下降，耐用性降低。一般认为容量衰退至初始容量的 80% 或内阻升高 1 倍即达到电池寿命终止（End of Life，EOL），无法满足新能源汽车的使用需求。

1. 电池耐用性参数

（1）容量

电池在一定的放电条件下所能放出的电量称为电池容量，其单位常用安时（A·h）或毫安时（mA·h）表示。

1)理论容量。理论容量是假定活性物质全部参加电池的成流反应所能提供的电量。理论容量可根据电池反应式中电极活性物质的用量和按法拉第定律计算的活性物质的电化学当量精确求出。法拉第定律指出:电流通过电解质溶液时,在电极上发生化学反应的物质的量与通过的电量成正比。数学式表达为

$$Q = zmF/M$$

式中,Q 为电极反应中通过的电量(A·h);z 为在电极反应式中的电子计量系数;m 为发生反应的活性物质的质量(g);M 为活性物质的摩尔质量(g/mol);F 为法拉第常数,约 96500C/mol 或 26.8A·h/mol。

2)额定容量。额定容量是按国家或有关部门规定的标准,保证电池在一定的放电条件(如温度、放电率、终止电压等)下应该放出的最低限度的容量。

3)实际容量。实际容量是指在实际应用工作情况下放电,电池实际放出的电量。它等于放电电流与放电时间的积分,实际放电容量受放电率的影响较大,所以常在字母 C 的右下角以阿拉伯数字标明放电率,如 C_{20} = 50A·h,表明在 20 小时率下的容量为 50A·h。

(2)内阻

电流通过电池内部时受到阻力,使电池的电压降低,此阻力称为电池的内阻。由于电池内阻的作用,电池放电时端电压低于电动势和开路电压。电池充电时充电的端电压高于电动势和开路电压。电池内阻是化学电源的一个极为重要的参数,它直接影响电池的工作电压、工作电流、输出能量与功率等。对于一个实用的化学电源,内阻越小越好。

电池内阻不是常数,它在放电过程中根据活性物质的组成、电解液浓度、电池温度和放电时间而变化。电池内阻包括欧姆内阻和电极在电化学反应时所表现出的极化内阻,两者之和称为电池的全内阻。

1)欧姆内阻。欧姆内阻主要由电极材料、电解液、隔膜的内阻及各部分零件的接触电阻组成。它与电池的尺寸、结构、电极的成型方式(如铅酸蓄电池的涂膏式与管式电极,碱性蓄电池的极盒式和烧结式电极)以及装配的松紧度有关。欧姆电阻遵守欧姆定律。

2)极化内阻。极化内阻是指化学电源的正极与负极在电化学反应进行时由于极化所引起的内阻。它包括电化学极化和浓差极化所引起的电阻之和。极化内阻与活性物质的本性、电极的结构、电池的制造工艺有关,尤其与电池的工作条件密切相关,放电电流和温度对其影响很大。在大电流密度下放电时,电化学极化和浓差极化均增加,甚至可能造成负极钝

化，极化内阻增加。低温对电化学极化、离子的扩散均有不利影响，故在低温条件下电池的极化内阻也增加。因此极化内阻并非是一个常数，而是随放电率、温度等条件的改变而改变。

电池内阻较小，在许多工况常常忽略不计，但新能源汽车用动力电池常常处于电流大、深度放电的工作状态，内阻引起的电压降较大，此时内阻对整个电路的影响不能忽略。

2. 电池寿命衰减特性分析

电池的使用寿命包括循环寿命和贮存寿命两类，而寿命主要通过容量衰减或内阻增加两方面来表征。对于单体电池，电池容量衰减的主要影响因素是温度、充放电深度、充放电倍率、充电截止电压和内阻变化。此外，由于各单体电池间的不一致性和串联动力电池组的短板效应，在动力电池成组使用过程中，动力电池的连接方式、组内单体的块数及其不一致程度将成为影响动力电池组寿命的最主要因素。电池组的最大可用容量与单体电池的可用容量下降速度不同步，也导致了各单体电池的荷电状态（SOC）各不相同，使得电池组寿命和单体电池相比，明显降低。

（1）环境温度对锂离子电池容量衰退的影响

不同的动力电池均有最佳的工作温度范围，过高或过低的温度都将对电池的使用寿命产生影响。图4-16所示为两种温度条件下的某锂离子动力电池容量衰减曲线。采用0.3C（充放电倍率）充电、0.5C放电的方式进行循环，可以看出在高温下运行的动力电池的容量衰减明显大于常温下工作的电池。

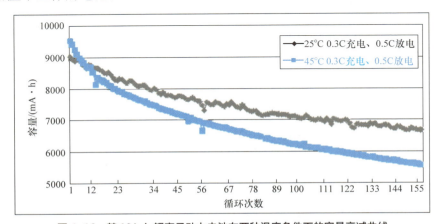

图4-16　某10A·h锂离子动力电池在两种温度条件下的容量衰减曲线

（2）充电截止电压对锂离子电池容量衰退影响

动力电池在充电过程中一般都伴随有副反应，提高充电截止电压，甚至超过电池电化学电位后进行充电一般会加剧副反应的发生，并导致电池使用寿命缩短，并可能导致内部短路电池损坏，甚至引发着火爆炸等危险工况。以锂离子动力电池为例，图4-17显示了降低充电截止电压对电池容量衰退的影响。由图4-17可知，避免对锂离子充电至容量的100%，可以从很大程度上延长锂离子电池的寿命；降低充电截止电压将有效提高电池的循环次数，但代价是降低电池的可用容量。研究表明，充电电压降低100～300mV可以将电池寿命延长2～5倍或者更长时间。

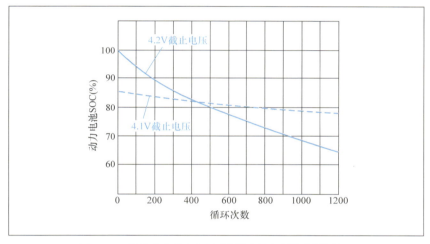

图4-17　降低充电截止电压对电池容量衰退影响的比较图

（3）充放电倍率对锂离子电池容量衰退的影响

动力电池单体的充放电倍率是其在使用工况下最直接的外界环境特征参数，其大小直接影响着单体电池的衰减速度。充放电倍率越高，单体电池的容量衰减越快。图4-18所示为在不同充放电倍率下单体电池的容量衰退情况。可以看出，同样是0.5C充电，1C放电的电池退化比0.5C放电的严重；同样是1C放电，1C充电的电池退化较0.5C充电的严重。由此可知，单体电池大倍率的充放电都会加快其容量的退化速度，如果充放电倍率过大，单体电池还可能出现直接损坏，甚至过热、短路起火等极端现象。

（4）放电深度对锂离子电池容量衰退的影响

深度放电会加速动力电池的衰退。表4-7所示为某锂离子动力电池在不同放电深度下的循环寿命数据，从中可以发现，浅充浅放可以有效提高动力电池的使用寿命。

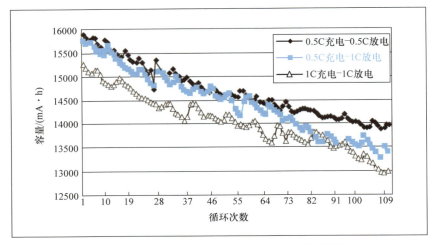

图 4-18 不同充放电倍率下单体电池的容量衰退情况

表 4-7 放电深度与循环寿命的对应关系

放电深度	100%	50%	25%	10%
循环次数	500	1500	2500	4700

4.3.4 健康状态与剩余寿命估计

动力电池作为新能源汽车的能量来源，是制约新能源汽车发展的瓶颈。锂离子电池由于其能量密度高、循环寿命长、自放电率低等特点，逐渐成为目前新能源汽车应用最为普遍的动力电池类型。然而，由于副反应的存在，可用活性物质逐步减少，性能逐步退化，其退化程度随着充放电循环次数的增加而加剧。随着新能源汽车保有量的不断提升，锂离子电池将会在未来几年迎来"退役潮"。此外，随着电池老化，隔膜的损伤会导致内短路，增加热失控风险。因此，准确评估动力电池健康状态（State of Health, SOH）和剩余使用寿命（Remaining Useful Life, RUL）对提高动力电池能量利用效率、降低电池热失控风险，以及动力电池的维保和残值评估具有重要意义。

1. 健康状态和剩余寿命定义

SOH 有很多定义方法，目前主要使用以下三种定义方式对其进行描述。

（1）容量定义法

容量定义法主要用在对电池续驶里程需求较高的地方，如下式所示：

$$\text{SOH} = \frac{C_i}{C_0} \times 100\%$$

式中，C_0 为电池初始放电容量（A·h），是电池出厂时按照一定条件测得的电池放电容量；C_i 为电池当前放电容量（A·h），按照出厂时相同条件测得的电池实际放电容量。

一般情况下，当电池实际容量降至初始容量的 80% 时，电池被认为不适合车辆应用，需要更换。

（2）内阻定义法

内阻定义法主要用在对电池功率需求较高的地方，如下式所示：

$$\text{SOH} = \frac{R_{\text{EOL}} - R_i}{R_{\text{EOL}} - R_{\text{new}}} \times 100\%$$

式中，R_{new} 为电池初始欧姆内阻（Ω），是电池出厂时在特定条件下测得的电池欧姆内阻；R_{EOL} 为在相同条件下测得电池寿命结束时的欧姆内阻（Ω）；R_i 为相同条件下测得的电池当前欧姆内阻（Ω）。

（3）循环次数法

循环次数法定义为在固定实验条件下，电池的剩余充电次数与最大充电次数比值的百分比，如下式所示：

$$\text{SOH} = \frac{\text{剩余充电次数}}{\text{最大充电次数}} \times 100\%$$

电池剩余寿命是指电池以当前健康状态为起点到其寿命截止时所剩余的使用时间，由于累计充放电循环次数被广泛用于表征电池使用寿命，因此电池的剩余寿命又叫作循环寿命。一般认为，在电动汽车使用过程中，循环次数达到 500 次时的放电容量应不低于初始容量的 90%，或循环次数达到 1000 次时的放电容量应不低于初始容量的 80%。

从定义中可以看出，剩余寿命的估计与电池健康状态密切相关。而 SOH 的获取均需要保证电池老化后的性能参数和初始的性能参数处于相同的测试条件，然而在新能源汽车的实际使用过程中，难以直接获取动力电池的容量和内阻。因此，许多学者提出了不同的研究方法来估算电池的 SOH 和 RUL。

2. 动力电池健康状态和剩余寿命估计

动力电池健康状态无法直接测量和获取，为实现健康状态估计和剩余寿命预测，国内外研究人员提出了多种基于电池电压、内阻等参数的估计方法，现有算法可以分为实验法、模型法和数据驱动法三类。

（1）实验法

实验法：在严格控制的实验条件下对电池进行测试。在基于电池容量衰退的所有方法中，最直接的方式就是在指定测试条件下，将电池从完全充满状态放电到放电截止电压，通过安时积分法获得的容量就是电池当前的最大可用容量。该方法精度高，但需要相应的实验设备和实验环境，并且花费时间较长，方法的灵活性较差。

电池的阻抗或内阻随着电池的老化而增加，所以一些阻抗测试仪被用于测量电池阻抗和内阻。电池阻抗的测量主要采用电化学阻抗谱（Electrochemical Impedance Spectroscopy, EIS）法。EIS通过将小幅度的正弦波电压（或电流）干扰信号施加到电化学系统上来测量电池阻抗的变化。在实验室条件下，该方法精度较高，但在实际应用中，由于输入电池的交流电流的幅度通常很小，因此EIS测量对噪声很敏感。另外，EIS测试依赖于复杂且昂贵的设备，不适用于对大批量的电动汽车进行长时间的测试。

对于锂离子电池，其内部总内阻包括欧姆内阻和极化内阻两部分。在正常工作条件下，欧姆内阻是电压下降的主要原因，且电压下降的幅度基本上取决于电流变化的幅度，因此可以按照欧姆定律来计算欧姆内阻。混合动力脉冲能力特性（Hybrid Pulse Power Characteristic，HPPC）方法结合了充电和放电脉冲的测试曲线来识别正常工作范围内的电池内阻，与EIS方法相比消耗的时间更短。

通过实验法可以得到精确的电池容量或内阻，但是需要在实验环境下用专业的仪器对其进行测量，对于还在使用中的电动汽车动力电池的实用性较差。但与其他方法相比，实验法更加直接有效，在研究电池老化机理和进行离线维护等方面有着较为广泛的应用。

（2）模型法

为了克服直接测量方法的缺点，研究学者提出了基于模型的方法。模型法通过建立电池模型，模拟电池的动态响应特性，从而实现健康状态估计和剩余寿命预测。常用的电池模型有数学模型、电化学模型和等效电路模型等。

1）数学模型。数学模型主要包括经验模型和半经验模型。通过实验模拟电池的循环老化和日历老化过程，测定电流倍率、放电深度、温度、循环次数等动态因素对电池寿命的影响，总结变化规律，并通过数学方程拟合，得到经验模型和半经验模型。模型的输入一般是荷电状态（State of Charge, SOC）、放电深度（Depth of Discharge, DOD）、温度等老化因素，模型一般采用多项式、幂指数函数，模型的输出是SOH或RUL。这种方法计算较为简单，具有寿命预估的能力，但该方法需要大量的离线实验，仅适用于特定的电池类型，且仅在某些实验条件下具有令人满意的预测精度。在实际车辆运行期间，由于电池系统工作条件具有波动性和不可预测性，模型精度往往不高。目前，常用的经验模型有Shepherd模型、Unnewehr模型以及Nernst模型等。

2）电化学模型。电池内部的固态电解质界面（Solid Electrolyte Interface, SEI）膜被认为是导致电池使用过程中连续容量损失和内阻增加的主要因素。电化学模型（Electrochemical Model, EM）通过耦合的偏微分方程来描述电池内部的化学反应过程，可以实现较高的精度。但由于EM模型较为复杂，且模型参数求解需要大量的计算，因此很难应用在实际的研究中。另外，模型中的多个参数都需要经电化学方法测量得到，步骤繁琐。因此，电池的电化学机理模型更适合于电动汽车电池产品的研发与优化阶段。

目前应用较为广泛的电化学模型是基于M. Doyle根据多孔电极理论和浓溶液理论建立的伪二维（Pseudo-Two-Dimensional, P2D）模型而进行的简化或改进，单粒子模型（Single Particle Model, SPM）是目前较为成熟且应用较广的简化模型。

3）等效电路模型。等效电路模型（Equivalent Circuit Model, ECM）是一种应用广泛的电池模型，它使用电压源、电阻、电容等电路元件来模拟电池的动态响应。因此，一些研究将电池的SOH估计和RUL预测问题转换为ECM的参数识别问题，常用的参数辨识方法有递归最小二乘（Recursive Least Squares, RLS）法、扩展卡尔曼滤波（Extended Kalman Filter, EKF）法和粒子滤波（Particle Filter, PF）法等。基于ECM的方法可以较好地模拟电池特性，但常常需要提前精确地测定电池开路电压（Open Circuit Voltage, OCV），给实车电池系统的应用带来了困难。ECM模型主要包括Rint、Thevenin和PNGV模型。

① Rint等效电路模型。

Rint等效电路模型包括开路电压U_{OC}、端电压U、总电流I及总内阻R。其中R可以根据U_{OC}、U、I的值，通过欧姆定律计算得到，如图4-19所示。

② Thevenin等效电路模型。

Thevenin等效电路模型对电池反应过程中的极化现象进行了考虑，用极化电容C_p和极化内阻R_p模拟电池充放电过程中的动态特性，如图4-20所示。

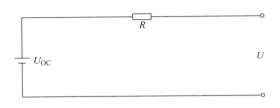

图 4-19 Rint 等效电路模型

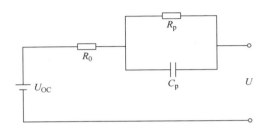

图 4-20 Thevenin 等效电路模型

③ PNGV 等效电路模型。

PNGV 模型是典型的非线性电池等效电路模型,与 Thevenin 等效电路模型不同,增加了电容 C_b 来描述负载电流的时间累积导致的开路电压变化,如图 4-21 所示。

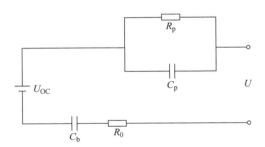

图 4-21 PNGV 等效电路模型

(3) 数据驱动法

近年来,大数据技术的蓬勃发展催生了大量数据驱动算法的诞生。这类算法具有较高的灵活性,并且无须深入描绘电池电化学机理。数据驱动方法从大量实验或实车运行数据中提取与电池健康状态相关的特征参数,再通过模型的训练、调参等实现电池健康状态和剩余寿命的估计。但其需要数量庞大的实验数据来支持对于电池性能的预测功能，比较依赖于训练数据和训练方法，对硬件的要求较高。目前常用的数据驱动法主要包括微分分析法、人工智能方法、统计学方法等。

微分分析法利用电池充放电过程中电-热-机械参数的变化及其变化率，推测电池健康状态和剩余寿命。其中，容量增量分析法（Incremental Capacity Analysis, ICA）是常用的微分分析法，它能够将电池充放电相平衡状态导致的平缓电压平台特征转化为容易识别的容量增量峰。容量增量曲线上的多种特征都可以作为评估电池健康状态的健康因子，如曲线峰值的位置、高度、面积，以及不同峰值之间的距离等。此外，微分电压分析法（Differential Voltage Analysis, DVA）和差热伏安法（Differential Thermal Voltammetry, DTV）也是常用的微分分析方法。人工智能方法主要通过机器学习模型实现 SOH 和 RUL 估计，常用的机器学习模型有支持向量机（Support Vector Machine, SVM）、人工神经网络（Artificial Neural Network, ANN）和高斯过程回归（Gaussian Process Regression, GPR）等。统计学方法是根据已知的经验数据建立统计学模型，以预测电池 SOH 的衰退趋势。这类方法引入了随机误差，可以描述由数据波动和不一致性引起的电池衰退不确定性。常用的统计学模型有灰色模型（Grey Model，GM）、维纳过程模型和信息熵模型等。

4.3.5　未来发展方向及改进

动力电池实时检测技术未来发展的主要方向：高可靠性、高安全性、强预警能力、技术自主可控。

（1）高可靠性方面

新能源汽车对动力电池的质保年限要求都提到 8 年甚至更久，而对产品的寿命要求基本达到 15 年（典型）。面对日益成熟的新能源汽车技术及广大消费者的广泛接受度，提供高可靠性的产品是汽车工业进步的一大核心要素，因此对与动力电池配套的电池管理系统提出了更高的要求：除了实现电池管理系统的功能项，更需要进一步提升产品可靠性，并将产品的失效率控制在 50×10^{-6} 以内。

（2）高安全性方面

截至目前，因新能源汽车电池热失控引发的事件时有发生，尤其是每年的夏天，电池热失控是业内人士及广大新能源汽车用户和潜在用户十分关注的问题。当然动力电池热失控影响的因素很多，作为动力电池系统重要的组成部分，电池管理系统也在从技术手段来提升电池安全监控和预警能力，如及时有效地实施 GB/T 39086—2020《电动汽车用电池管理系统功能安全要求及试验方法》和 GB/T 34590《道路车辆　功能安全》。

（3）强预警能力方面

强预警能力也是提升电池系统安全性的一个方面，发展方向主要是在现有的电池管理系统技术基础上，通过增加除电信号以外的其他的气体、烟雾、压力等电池系统特征量对电池热失控进行预警监测；利用软件定义汽车的域控制器或中央控制器电子电气架构，基于边沿计算对电池运行数据在线分析和预警；利用国家及企业建立的大数据平台，通过大数据挖掘动力电池异常表现，及时预警；未来随着车对外界的信息交换（V2X）、充电物联网的发展，打造 BMS—车—云—电—人的多位一体的智慧预警系统，实现电池系统在线预测性维护。

（4）技术自主可控方面

动力电池管理系统目前的设计方案所采用的核心芯片及其他外围电子元器件基本上均是进口产品，国产部分占比极低，有些设计甚至国产率为零。所使用的技术很大一部分来自美国、日本、欧洲，在某种情况下，很容易遇到卡脖子的事情发生，对我国的汽车工业尤其是已经建立起优势的电动汽车工业来说非常致命。因此，自主可控的方案设计也是未来动力电池实时检测技术发展的一个重要课题。

4.4　动力电池降成本研究

当前，消费者购买新能源汽车的痛点主要在于价格高、里程焦虑、充电时间长以及使用安全焦虑等，在购买环节，价格是首要考虑因素。新能源汽车相较于传统燃油车初始购买价格仍较高，核心主要是动力电池成本仍占据新能源汽车总成比的较高比例。新能源汽车的未来发展有赖于动力电池成本下降，与燃油车对比的情况下，新能源汽车的全生命周期的经济性是消费者购买的重要考量因素。因此，动力电池成本大幅下降是新能源汽车大规模普及的核心因素之一，直接关乎全球电动汽车产业的发展前景。在过去数年的时间里，动力电池的成本是一直在下降，单体电池的成本结构中，约有 60% 的成本涉及电极材料。电池制造商的材料成本主要是采购原材料，在很大程度上受到规模化和材料性能特征的影响。

为了降低动力电池的成本，目前主要有两个研究方向：一是采用新的材料体系提高能量密度；二是通过设备自动化水平，提高生产效率和电池一致性，短期内更有可能通过设备自动化来实现。我国锂电设备制造业经过 20 多年的发展，虽然在功能和精度上有了长足的进步，但自动化程度仍较低，相比日韩等发达国家仍存在一定的差距，部分大型电池厂商要满足生产条件，仍需进口国外设备。在新能源汽车大发展的背景下，必然伴随着动力电池成本的不断下降，毕竟只有降低成本才能促进消费，推动新能源汽车市场的新一轮爆发。

4.4.1 成本解析

动力电池是有一定差异性的产品，汽车不同的功能需求对于电池的参数指标有着决定性的影响。粗略来看，根据使用情况可将动力电池分为两类，一类是功率型，主要用来为汽车加速提供短暂的动力，可以储存的能量较少，不能长期提供能量，其能量释放时间通常持续几秒到几十分钟；另一类是能量型，可以长期提供能量，但放电速率相对较小，一般情况下放电时间设计为1小时甚至更长，一般纯电动汽车会用到能量型电池。

功率型电池与能量型电池的主要区别是功率/能量比（见表4-8），即放电倍率，功率型电池的放电倍率可达15C以上，能量型电池的放电倍率不超过2C。随着纯电动汽车带电量日益增大，对于放电倍率的要求会进一步放宽。这两种需求反映在单体电池层面，最显著的区别是功率型电池极片由于电流密度较大，为确保结构稳定，活性层的厚度很薄，能量密度较低，成本更高。因此工业上这两类电池在设计方面截然不同。

表4-8 不同电动汽车电池的平均功率/能量比

12V	48V	HEV	PHEV-20	PHEV-40	BEV-100
15:1 ~ 20:1	25:1 ~ 40:1	30:1 ~ 35:1	6:1 ~ 7:1	3:1 ~ 4:1	2:1

在同一类单体电池内部，设计上也存在差异。以最普遍的能量型单体电池为例，电池参数设计首先必须根据用电设备需要及电池的特性，确定电池的电极、电解液、隔膜、外壳以及其他部件的参数，对工艺参数进行优化，并将它们组成有一定规格和指标（如电压、容量、体积和重量等）的电池组。

进行动力电池设计（见图4-22）时，必须了解用电设备具对电池性能指标及电池使用条件，一般应考虑以下几个方面：电池工作电压，决定了电池的数量与连接方式；电池工作电流、正常放电电流和峰值电流；电池工作时间，包括连续放电时间、使用期限或循环次数，与电池工作电流一起决定了电池的容量；电池工作环境，包括电池工作环境及环境温度；电池最大允许体积。美国阿岗国家实验室提出了一套设计原则，规则要求用户输入多个设计参数，例如电池电量、电池和模组数量，以及最大功率下的目标电压等。此外，用户必须输入以下三种能量测量值之一：电池组能量、电池容量或车辆电压范围，定义其中一个值将决定其他两个值。然后，迭代过程通过改变电池容量和电极厚度来解决用户定义的能量参数（能量、容量或范围）和剩余电池特性。结果是电池、模组和电池组的尺寸、质量、体积和材料等方面的要求。

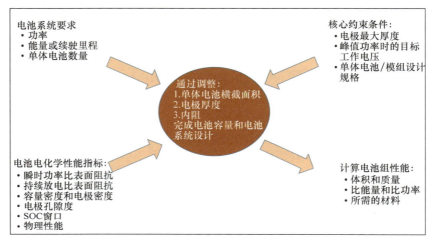

图 4-22　锂电池参数设计流程图

对于有容量要求的电池，在材料体系选定后，根据正极活性物质的比容量即可计算出正极活性物质的质量，再根据正极配比（活性物质、导电剂、黏结剂的配比）和涂布量上限即可计算出这些活性物质需要涂布在多大面积的集流体上，即求得正极总面积。随后根据电子平衡原则和防短路要求，也可求得单体电池的负极和隔膜用量，据此可以得出整个单体电池的物料用量，如图 4-23 所示。因此，正极材料的性能和用量是单体电池容量的决定性因素。

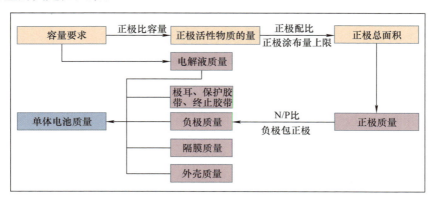

图 4-23　给定容量要求的电池设计分析思路

随着电池系统容量的增大，单体电池参数设计的差异性在降低，标准化程度日益提升，原因在于大容量电池系统消解了工作电压、放电功率、连接方式等电学要求，突出了电池体积、系统成本的约束，使得不同电池系统的差异性日益集中到单体电池数量/容量方面，其他参数的差异性大为降低。另一方面，从工业生产角度，推进单体电池设计、生产的标准化程度，也是降低电池系统成本非常有效的途径。因此，尽管电池定制化的需求仍然存在，但电池企业总体上在减少单体电池规格的品类。

1. 生产流程还原：批次与节拍工序交错，质量控制是难点

自1991年索尼公司实现锂电池商业化生产以来，锂电池在性能与生产工艺上实现了长足的进步，但其工作原理、产品结构及其生产流程总体上并未发生很大变化。概而言之，锂电池单体的制造可以分为3个主要生产环节，约15个生产工序（见图4-24）。

（1）电极制片

电极制片是将正极和负极材料涂在作为载体的金属箔材上，再加以干燥、压延，该环节包括混浆、涂布、烘干、辊压和分切等工序。

（2）单体装配

将涂布好的正负极极片轮流交替铺上隔膜，加工成一个电极堆叠，再将堆叠置入到外壳中包装好，并注入电解液。

（3）化成、老化（续化成）和检测

装配好的单体电池首先使用小的电流缓慢充电，再用较大的电流循环多次进行充电和放电，以便达到生成单体电池全部功能的目的，并用以记录单体电池精确定义好的各项功能。

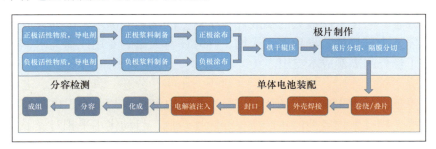

图4-24　锂离子电池生产流程

混浆是将正负极活性材料与导电剂、黏结剂以一定比例，在溶剂中混合均匀。混浆过程对单体电池的质量起着至关重要的决定性作用，每一组分都必须具备最高的纯度、最小的剩余含水量及最大的干燥度，并且必须以最高的精度来加料，对集流体金属（铝箔和铜箔）的要求也要有最高的

纯度（>99.8%）。为了保证后续的涂布工艺过程能够安全、连续地运行，混拌好的涂布物质的一些关键参数如均一性和黏度系数必须精确保持在设定值范围之内。不仅如此，混浆关键参数如均一性和黏度系数的时间变化也必须考虑进来，因此混浆要求必须快速加工处理。

电极涂布的主要任务是将性能稳定、黏度适当、流动性好的浆料均匀地涂覆在铜箔（负极）或铝箔（正极）上。电极涂布工艺的好坏，对锂电池的容量、一致性和安全性具有直接影响。据不完全统计，在锂电池失效的全部原因中，约 10% 是由电极涂布工艺引起的。浆料涂布过程中必须要保证极片厚度和单位面积拉浆重量的高精度性，使用具备极片拉片和极片张力控制最高精度的涂布机设备是优质电池产品的前提条件。

极片涂布后制成的极片必须进行干燥。干燥室通过热风对流在不同的干燥箱（悬浮带式干燥箱、对流抽吸式干燥箱、滚动带式干燥箱）里实现的。干燥箱里设置的干燥温度曲线对极片附着在金属极片上的附着强度以及整个极片厚度上黏合剂的分布意义重大。

电池装配过程要完成卷绕、装壳、封口、注液等步骤，是单体电池制作的核心，对周围环境的要求极高，如湿度要控制在 1% 以内。同时，这些流程自动化程度较高，一旦参数确定，出现质量问题的概率就相对较低。

在老化工序中，从传送带上运送过来的单体电池被放置到一个加热到约 30℃ 的车间里存放 8～36 天不等。在老化过程的前期和后期分别测量单体电池的开路电压（OCV），测得的数据可以用来计算单体电池的自放电率。老化过程之后会对存放的单体电池做一些功能测试，比如容量测试、内阻测试和自放电测试等。以这些测量值和事先定义好的极限值为基础，可以在老化工序之后对单体电池进行容量等级的多级分类，这个过程称为分容。老化工序最大的挑战性在于对空间场地的需求，因为存放单体电池需要大量场地，导致费用大增，同时还有大量的专用托盘需求，这也带来了额外的高额成本支出。

在上述工序中，搅拌、涂层、烘干、压实、分卷、真空烘干、老化等工序是批次加工工序，而切片、层叠、加注电解液、封装等工序为节拍制造工序，这导致锂电池的生产流程连续性较低，自动化水平相对受限，对保持电池品质的一致性带来了巨大挑战。

2. 方形卷绕电池：正极材料是降本最大来源

美国阿岗国家实验室建立了一个非常精细的模型（BatpaC）以研究锂电池成本，但研究对象是方形叠片电池，我国锂电池厂商多采用方形卷绕路线，因此 BatpaC 的经典模型并不适用。借鉴其思路，搭建了简化的方形卷绕单体电池成本模型。假设该单体电池采用622三元正极材料和人造石墨负极材料，其他参数假设如下：将最经典的PHEV-2型单体电池规格代入其中，单体电池的长度、宽度、厚度分别为148mm、92mm、27mm；计算得到该单体电池的容量约51A·h，质量能量密度为216W·h/kg，体积能量密度为512W·h/L，与实际数字吻合度较好。单体电池的各组成部分以及重量组成见表4-9。

表4-9 方形卷绕单体电池重量拆分

单体电池重量/kg	0.85				重量占比	
正极重量/g	348.7	其中：正极材料	320.6	铝箔	28.1	37.7%
负极重量/g	235.6	其中：负极材料	190.0	铜箔	45.6	22.3%
隔膜重量/g	9.65					1.1%
电解液重量/g	153.7					18.1%
极耳重量/g	2.8	其中：正极极耳	1.1	负极极耳	1.72	0.3%
壳体及其他重量/g	100.8	外壳	60.8	顶盖	40	11.8%
容量/(A·h)	50.97	工作电压/V	3.65	首次效率（%）		92%
电池能量/(W·h)	186	质量能量密度/(W·h/kg)	218	体积能量密度/(W·h/L)		506

该单体电池中，正极活性材料的重量占比仅有37.3%，箔材、电极以及封装壳体的重量占比则超过20%；在成本构成上，正极材料的占比则达到43.5%，物料成本中的占比高达55.6%。由于正极活性材料是电池容量的决定性因素，因此技术上降低单体电池成本的主要方式是提升正极材料的重量占比。实际上，在过去20年里，锂离子电池的能量密度每年稳步增长3%，主要依赖于增加活性物质比例技术方面的进步。148/91/27规格方形622单体电池成本构成如图4-25所示。

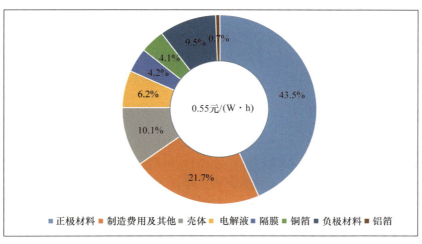

图4-25 148/91/27规格方形622单体电池成本构成

对成本模型中的主要参数进行敏感性分析，对成本影响最大的因素是正极材料的性能和价格，负极性能和价格影响位居其次，但弹性系数已相差较远，此外，降低非活性材料的各项措施（提升活性材料面密度、降低载体厚度、增大单体电池尺寸等）尽管单项影响都不大，但累计起来降本效应也不容小视，如图4-26所示。

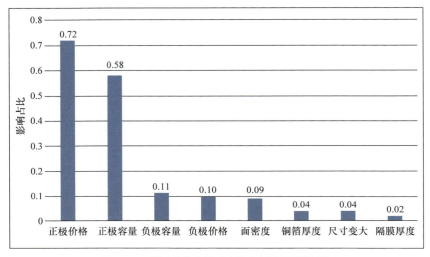

图4-26　影响单体电池成本的各项因素弹性测算

对于锂电池而言，在平均电位不下降的前提下，单体电池仅提高正极材料1倍的储锂容量，则锂电池的质量能量密度提高最大约为40%；提高负极材料1倍的储锂容量，提高电池的质量能量密度最大约为20%。一般情况下，电极储锂容量提高伴随着体积变化，单纯通过提高电极材料的储锂容量来提高电池的体积能量密度，应该很难超过40%。尽管叠加工艺方面有进步，但在现有体系不发生根本变化的前提下，单体电池的能量密度达到300瓦时/千克时可能会遭遇瓶颈。

4.4.2　研究思路

对车企来说，动力电池最重要的性能指标依次是安全性、能量密度、成本、倍率性能和循环次数，其中安全性是压倒一切的考量。根据麦肯锡进行的一项电动汽车消费者习惯调查，中美德三国消费者对于电动汽车的疑虑依次是产品价格、续驶里程、充电便利性、车型和品牌。

综合来看，汽车电动化的必要条件是在满足安全性的前提下，以能够接受的成本缓解消费者的续驶里程焦虑（>400km）。成本方面，电池系统的价格需要下降至 0.6～0.7 元/(W·h)，才逐渐具备替代燃油车的条件，这意味着电池层面成本至少还需要下降 35%～40%。因此，电池系统成本是左右汽车电动化进程最重要的因素。上汽集团关于纯电动汽车与传统汽车全生命周期成本分析（Total Cost of Ownership，TCO）变动趋势预估如图 4-27 所示。

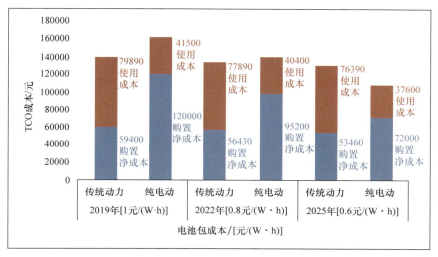

图 4-27　上汽集团关于纯电动汽车与传统汽车 TCO 变动趋势预估

对纯电动车续驶里程影响弹性较大的变量依次是电机传动效率、带电量、车身重量、风阻系数和能量密度。值得注意的是，整车的设计能力，如风阻系数、迎风面积以及电控效率对续驶里程的影响甚至高于电池系统，可见整车自身仍有非常大的挖掘空间以提升续驶里程及产品力。假设其他参数不变，仅调整带电量和能量密度。不难发现，尽管理论上较低的能量密度最终会导致新增的带电量边际效应为零，但由计算可知该临界点已超过 1000kW·h。在带电量低于 100kW·h 时，可以认为汽车续驶里程与带电量呈线性关系。以蔚来汽车的电池系统为例，2018 年 ES8 上市时所用单体电池的能量密度为 210W·h/kg，成组之后质量能量密度仅有 132W·h/kg，重量成组率为 63.6%，体积成组率则仅有 31.7%。由于车身过重以及风阻系数偏高，以 70kW·h 的带电容量 NEDC 续驶里程仅有 350km。经过设计改进之后，2019 年推出的 ES6 基础版（70kW·h）NEDC 续驶里程达到 430km，高容量的车型（84kW·h）续驶里程达到 510km，其质量能量密度和成组率也分别达到 170W·h/kg 和 70%，因此提高电池装载量是改善汽车动力性的重要途径。

因此，对于电池系统而言，带电量是更具决定意义的参数，质量能量密度的影响相对有限。值得一提的是，提升带电量还可以缓解诸多困扰电动汽车的顽疾。以带电量分别为30kW·h和60kW·h（见表4-10）的两辆车为例，除了续驶里程提升近1倍之外，大容量电池系统还有很多其他优点：

1）大容量电池系统对于单体电池的放电倍率要求降低，整车等速巡航阶段的输出功率约10kW，但加速阶段输出功率很大，峰值功率可达100kW以上，小系统的瞬时放电倍率要求达到4C，这对电池寿命造成较大伤害，而大系统的放电倍率要求仅为大系统的一半。

2）大电池系统的循环次数要求也大为降低，假设汽车要求行驶里程达到20万km，小系统的循环次数将达到1100次，而大系统的循环寿命要求仅为570次，这为更高能量密度、低循环寿命的电池使用开拓了空间。

3）充电功率显著提高，在充电倍率相同的情况下，大系统快充半小时（SOC从30%充至80%）即可行驶220km以上，极大程度上缓解了充电压力。此外，车内空调等其他体验也有明显改善。

表4-10 60千瓦时电池系统在续驶里程、放电倍率、循环次数、快充等方面具备全面优势

带电量/(kW·h)	续驶里程/km	峰值放电倍率	电池循环次数（20万km）	一次快充续驶里程（30%~80%）	空调使用
30	234	4C	1068	120	—
60	436	2C	573	220	正常使用

降低单体电池成本是电池系统降本的核心任务。车企对于电池的需求可以简化为以尽可能低的成本装载更多的电池，电池企业努力的方向主要是：

1）降低电池制造成本，为提升电池装载量提供经济性空间。

2）提高电池系统体积能量密度，提升电池容量潜在装载空间。

3）定制化生产，满足参数设计的定制化要求。

如前所述，ES8电池系统的重量和体积成组率分别仅有63.6%和44.2%，但单体电池的成本占比却远高于此。根据公开数据，软包单体电池的系统成本占比达到70%左右，方形单体电池的成本比重则高达80%，随着单体电池能量密度的提升，结构件的重量和成本占比还会进一步下降，因此降低单体电池成本是系统降本的核心任务。在目前一线单体电池企业格局已基本清晰的情况下，电池企业下一步竞争的关键是在确保安全性的前提下，尽可能降低电池制造成本，其他诸如能量密度、循环寿命等性能的优先级相对靠后。

4.4.3 解决途径

电池主要材料的价格在 2018 年之后降幅已明显趋缓，这意味着单体电池的物料清单（Bill of Material, BOM）成本下降将进入瓶颈期。在此背景下，提高单体电池的储能能力（即提升电池能量密度）以摊薄单位容量成本是电池厂商的内在需求。能量密度提升的本质，是在确保安全的前提下，在一定空间内（外包装）将活性材料的重量 / 体积占比不断提升，并升级活性材料的比容量。

能量密度提升有如下路径：一是采用高比容量的活性材料，即正极高镍化和负极用硅碳材料；二是优化工艺提高活性材料的重量占比，包括提升面密度、压实密度、卷绕改叠片、降低铜箔、铝箔、隔膜等材料的厚度；三是提高单体电池尺寸，挖掘规模效应。此外，在系统层面上还可以改进成组技术，降低模组、PACK 等封装成本。

1. 正极材料

从敏感性分析结果来看，提升正极材料的比容量是降低成本极为有效的途径。在材料层面，高比容量的正极材料包括高镍三元（见表 4-11）和富锂材料，其中高镍三元材料已经取得了一定进展。高镍化至少能带来两方面好处：一是降低钴资源的用量，减轻上游资源价格波动带来的价格波动。NCM811 相比 NCM523 的钴含量由 12.21% 降至 6.06%，折算到动力电池每千瓦时用钴量从 0.22kg 降至 0.09kg。因此钴价越高，NCM811 的材料成本优势将越明显。例如，在金属钴 20 美元 / 磅时，高镍三元材料单位容量成本低 8%；在金属钴 30 美元 / 磅时，高镍三元材料单位容量成本低 12%。二是提升能量密度，降低电池每千瓦成本，2015 年以来三元材料从 333 过渡到 622，比容量从 150mA·h/g 提升至 170mA·h/g 以上，单体电池能量密度则从 180W·h/kg 提升至 260W·h/kg。目前广受关注的 811 系材料已经开始使用，镍含量更高的材料也在研发之中，可以说高镍化是材料发展不可动摇的趋势。

模型测试结果表明，在其他条件不变的情况下，正极比容量从 180mA·h/g 提升至 200mA·h/g，单体电池的能量密度从 218W·h/kg 提升至 232W·h/kg，增幅近 7%；物料成本则从 0.419 元 /（W·h）降至 0.386 元 /（W·h），降幅近 8%；如若比容量进一步提升至 210mA·h/g，则单体电池能量密度提升至 239W·h/kg，成本进一步降至 0.372 元 /（W·h）。因此，对于电池企业来说，高镍化是降低单体电池成本无法回避的路径。

表 4-11　高镍三元正极材料容量及密度提升明显

	$LiFePO_4$	$LiMn_2O_4$	$LiCoO_2$	NCM523	NCM622	NCM811	NCA
振实密度 / (g/cm³)	0.80 ~ 1.10	2.2 ~ 2.4	2.8 ~ 3.0	2.2	2.15	2.45	2.65
压实密度 / (g/cm³)	2.20 ~ 2.30	>3.0	3.6 ~ 4.2	—	—	—	—
理论容量 / (mA·h/g)	170	148	274	273 ~ 285			
实际容量 / (mA·h/g)	130 ~ 140	100 ~ 120	135 ~ 150	≥ 160	≥ 170	≥ 190	≥ 195

另一方面，高镍化带来的技术挑战仍待攻克：

1）首次循环效率下降，热稳定性下降。由于 Ni^{2+} 半径（0.069nm）与 Li^+ 半径（0.076nm）较为接近，在制备过程中容易导致锂镍阳离子混排，进入镍空位的锂在循环过程中难以脱嵌，导致电池的首次库仑效率不够理想，并容易造成材料结构坍塌，由层状结构向尖晶石结构或氧化镍（NiO）型岩盐相转变，从而导致容量衰减以及循环性能和热稳定性降低。由于 Ni^{4+} 具有还原性，容易生成 Ni^{3+}，为了保持电荷平衡，材料中会释放出氧气，导致材料结构被破坏。副反应影响安全，材料表面的杂质在存储环境中的水分及氧气的作用下会与电解液发生反应，生成碳酸锂（Li_2CO_3）和氢氧化锂（LiOH）等物质，从而在电极材料表面形成一种绝缘层，阻碍 Li^+ 的扩散和电子的传输。

2）压实密度下降。目前三元电池极片的压实密度可以达到 3.3 ~ 3.6g/cm³，而高镍材料是一次颗粒团聚而成的二次球形颗粒，由于二次颗粒在较高压实密度下会破碎，对煅烧时的气氛要求很高，压实密度目前很难突破 3.3g/cm³，从而限制正极活性材料比例的提升。

3）高镍材料表面的碳酸锂和氢氧化锂杂质不易控制，杂质容易超标，这些残留锂化合物主要是 Li_2O、$LiOH·H_2O$、Li_2CO_3 等碱性物质。残留物越多，材料表面的 PH 值越大（见表 4-12）。碱性物质在空气中容易吸潮，导致材料表面和水反应，或使材料在调浆时黏度变大，或者将多余的水分带入电池中，造成电池性能下降。调浆黏度变大的原因是黏结剂 PVDF 团聚，使正极浆料黏度变大难以过筛，情况严重时浆料变果冻状，成为废料。

表 4-12　不同正极材料 pH 值和表面残余锂（典型值）

材料型号	LCO	NCM111	NCM442	NCM523	NCM71515	NCA
pH 值	10.3	10.7	10.7	11.4	11.6	12.0
残锂 /(mg/kg)	56	100	100	300	500	1000

4）正极材料生产条件苛刻，成本上升。8系以上的三元材料较之前的5系、6系理化性质出现了很大变化，导致高镍正极在原材料合成、工艺装备（不易混合、需要二次煅烧及水洗等）、环境控制（全程湿度低于10%）、环保（氨水浓度大、氢氧化锂刺激气味大）等方面都不得不面对更多的困难。因此尽管理论上高镍材料可以使原材料成本下降6%~8%，但目前高镍正极市场价格较5系高出近40%。

因此，高镍材料的商业化应用并非简单更换活性材料，而是要解决随之而来的材料、电池设计以及循环特性方面所带来的一系列负面问题（见图4-28），这导致了高镍推广困难重重，迄今为止批量供应高镍电池的企业仅有两家。其中，松下自2017年起向特斯拉供应NCA高镍单体电池，宁德时代自2019年下半年起增加NCM811高镍单体电池，其他诸如LG、三星、SKI等一线国际企业一再推迟高镍电池的批量供货，二线企业在高镍化之路上则落后更远。

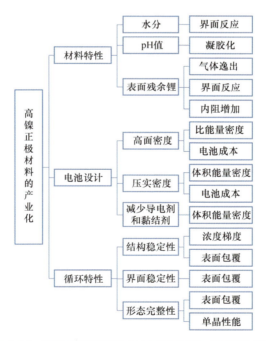

图4-28 高镍正极材料商业化应用需要克服一系列伴生问题

2. 硅负极

前述的成本敏感性分析表明，改善负极性能也是降低单体电池制造成本的有效途径。目前商业化的锂电池主要以石墨为负极材料，石墨的理论容量密度为 372mA·h/g，而市场上的高端石墨材料已经可以达到 360～365mA·h/g，因此基于石墨负极的锂电池能量密度优化空间相对有限。

在此背景下，硅基负极材料因其较高的理论容量密度（高温 4200mA·h/g，室温 3580mA·h/g）、低的脱锂电位（<0.5V）、环境友好、储量丰富、成本较低等优势而被认为是极具潜力的下一代高能量密度锂离子电池负极材料。

然而，由于硅负极材料在充放电过程中存在巨大的体积变化（320%），导致纳米硅颗粒与电极极片的机械稳定性变差、活性颗粒之间相互的接触不好、表面 SEI 钝化膜的稳定性降低，严重影响电池寿命；硅的膨胀会在电池内部去产生巨大的应力，这种应力会对极片造成挤压，从而出现极片断裂；还会造成电池内部孔隙率降低，促使金属锂析出，影响电池的安全性。

因此目前硅负极主要通过与石墨负极材料复合使用，解决体积膨胀的问题可以通过控制碳材料中硅的含量、减小硅体积到纳米级；或改变石墨的质地、形态，实现碳和硅的最佳匹配；或者采用其他物质对硅进行包覆，促进膨胀后的复原；还可以采用更适宜的电极材料等一系列方法来减少硅膨胀带来的诸多问题。

实践证实，要想取得比较理想的电化学性能，复合材料中的硅颗粒粒径不能超过 200～300nm。但是在比表面、粒径分布、杂质以及表面钝化层厚度等关键指标技术壁垒都很高，我国厂家目前还达不到，而外购纳米硅粉成本极高，导致硅碳负极的价格较石墨类产品高出 1 倍左右。

现在行业用硅普遍在 8%～10%。据测算，采用硅负极材料的锂离子电池的质量能量密度可以提升 8% 以上，体积能量密度可以提升 10% 以上，同时每千瓦时电池的成本可以下降至少 3%，因此硅负极材料将具有非常广阔的应用前景。同时，与高镍推广面临的问题类似，硅碳负极的应用条件更加严苛，同时以硅碳材料为负极的电池负极片压实密度和首次效率都会下降，导致多数电池厂家只能望"硅"兴叹，我国目前硅碳负极的出货量占比还不足 1%。主要电池厂家中松下的步伐较早，供给特斯拉的高比能量电池即采用硅碳负极，其他电池企业尚无大批量供货的记录。国内负极龙头贝特瑞和江西紫宸已有不同规格的硅碳负极产品，预计未来几年有望逐渐推广。

3. 单体电池设计

一颗锂电池的容量由正极材料多寡决定，提升能量密度除了采用高比容量的材料之外，另一路径是在有限的空间内装入更多的活性材料，即提升单体电池内部的填充度。根据搭建的模型测算，PHEV-2型单体电池内部填充度约为82%，填充不完全在横向和纵向上都有原因。

横截面上，在电池设计中，通常采用群裕度这个概念来表征单体电池的空间填充度。群裕度是指电池实际内部横截面积与最大内部截面积的比例，即将单体电池横向切开，其中卷绕式单体电池中各种物质的截面积与电池壳体内径包含的面积的比值，可以表征卷绕式单体电池入壳的困难程度、单体电池充电膨胀后对壳体的压力等。群裕度的计算方式有两种，分别是：

$$群裕度 = \frac{裸单体电池整体截面积}{电池壳体内部空间截面积}$$

或

$$群裕度 = \frac{裸单体电池厚度}{电池壳体内部厚度}$$

纵向的不完全填充主要来自顶层集流体、绝缘层等内伸的部件需要占据的空间，一般采用第二种计算方式。纵向的不完全填充主要来自顶层集流体、绝缘层等内伸的部件需要占据的空间，一般为顶盖的内侧部件留出5mm空间。此外，为防止极片短路，宽度方面隔膜＞负极＞正极，涂布时正极材料比隔膜少4mm左右，这进一步降低了正极材料的用量。

此外，目前方形电池的装配多选用卷绕工艺，卷芯成型后弯曲的部位难以避免留下空隙，这进一步降低了内部空间的填充率。因此，改善空间利用率也多从如下途径实现：一是选用叠片装配工艺；二是减少非活性材料的体积占比；三是增大单体电池内部尺寸摊薄非填充空间的比例。

（1）卷绕改叠片：有效提升群裕度，生产效率是主要阻碍

目前的方形电池多数采用卷绕工艺装配单体电池，卷绕工艺非常成熟，成本也相对较低，但卷绕工艺装配的单体电池对内部空间利用率不足，从而限制了电池能量密度的提高和成本的下降。模型测算的结果表明，卷绕电池空间利用率仅有82.3%，偏低主要源于三个方面：一是纵向上为顶盖和极柱焊接留出空间，一般为5mm左右，对PHEV-2型电池影响空间利用率约6.2%；二是横向上由于卷绕单体电池易膨胀，按照群裕度第二重定义，一般设计为群裕度93%左右，为卷芯厚度增加留出弹性空间；三是卷芯两侧边缘位置存在较大曲率，也造成了空间浪费，模型测算结果显示曲度部分影响填充率约5.7%。此外，在充放电的过程中，卷芯弯曲部位易变形和扭曲，会导致电池性能下降，甚至有安全隐患。

和卷绕工艺相比，叠片工艺具备天然的优势。叠片式极组呈长方形，几乎可以充满方形壳体空间；而卷绕式极组呈椭圆形，必然造成壳体四角的空间浪费。另外，卷绕式极组长时间使用后容易扭曲，两侧圆弧处断裂造成内部短路。未来方形电池做大做长，电池管理更加简易高效，可以更好地适应电动汽车模块化生产，这也是圆柱电池所不具备的优势。

在产品性能方面，根据蜂巢能源披露的信息，叠片工艺生产的方形电池优势明显：因为极组有更好的结构适应性，电池变形和膨胀的概率大幅下降；边缘结构更简单，电池安全性更高；能量密度可以相应提高 5%；循环寿命提升 10%～20%；内阻更低，可以实现更高倍率放电；电池的规格更加灵活，一致性更佳。

模型测算结果表明，在同等规格尺寸下，采用叠片技术之后，按照群裕度第一重定义，设计值可达 96% 左右，较卷绕提高 8 个百分点，从而使得能量密度提高 12%，单体电池每瓦时物料成本下降近 10%。

尽管叠片工艺潜在优势明显，但当前仍然面临诸多需要克服的问题，包括更高的工艺门槛和生产成本等，其中最大的难题是生产效率。日韩厂商曾经攻关叠片工艺，但是生产效率提升始终无法取得实质上的突破。当下卷绕机的水平，可实现线速度 3m/s，张力波动控制 ±5%，对齐精度为 ±2mm，整机合格率≥99%，时间稼动率≥98%，故障率≤1%，叠片机水平目前是单体电池整体对齐精度 ±0.5mm，产品合格率≥99.5%，时间稼动率≥98%，故障率≤1%，叠片效率（五工位）在 4 片/s，与卷绕效率相差较远。据测算，在单体电池尺寸较小的情况下，只有单工位效率提升到 0.2s/片左右时，叠片工艺才可能与卷绕工艺成本相当。

另外，叠片工艺需要将每个极片进行两次分切，一个单体电池则涉及数十次分切，而卷绕工艺每个单体电池只需要进行正负极各一次分切。每次分切都存在极片的截面产生毛刺的风险，这就增加了电池质量控制的难度。正是因为受制于这两个主要的短板，叠片工艺的渗透率还有待突破。但总体而言，效率与分切的问题并非不能克服，目前主流电池厂中，除了 LG 一直采用叠片和软包路线之外，宁德时代、比亚迪也纷纷布局该路线，三星 SDI 于近日宣布在匈牙利的新产线将采用叠片工艺，预计未来几年内叠片有望取代卷绕成为单体电池的主流生产工艺。

（2）大尺寸单体电池：提效降本一举多得，工艺水准决定成果

增大单体电池容量是降低电池生产成本的重要手段。大容量单体电池一方面通过优化设计调整材料结构，降低单位电量所使用材料，另外一方面通过提高单体电池电量，有利于降低生产损耗。由于单体电池为模组和电池包的主要材料投入，大容量单体电池带来的单位材料成本下降也将

带动模组和电池包材料成本的下降。以特斯拉的电池系统为例，2019 年起特斯拉采用松下的 21700 圆柱单体电池代替使用了 5 年之久的 18650 单体电池，切换之后，单体电池容量可以达到 3～4.8A·h，大幅提升 35%，单体电池能量密度则从 250W·h/kg 提升 20% 至 300W·h/kg，生产成本降幅达 9% 以上。

具体而言，大单体电池的第一个优势是提升了活性材料的重量比例，从而提升单体电池的能量密度，降低其生产成本。模型测算结果表明，方形卷绕单体电池厚度从 27mm 增加至 79mm 时，由于非活性物质用量被摊薄，正极材料在单体电池总重量的占比从 37.6% 提升至 39.4%，其质量能量密度从 218W·h/kg 增加至 229W·h/kg，增幅达 5%，单体电池综合成本从 0.54 元/（W·h）降至 0.506 元/（W·h），降幅约 7%。

二是有利于提高成组率，进一步提升系统能量密度。在现在比较成熟的实际产品中，PACK 系统层级按照单体电池处理方式可分为四级：单体电池级、模组级、模块级和电箱级。其中单体电池级是一个基础，后面每一级都会使用一定的零部件来对单体电池进行处理，所以后面每一级都有一个成组效率（单体电池重量占每一级部件的百分比）的问题，最后系统的成组率是前面几个层级相乘。层级越多，最后的成组效率就相对越小。在进行 PACK 系统层级设计时，可以合理规划，尽量减少层级，已达到更高成组效率的目标。

以宁德时代单体电池变化轨迹为例：2017 年，宁德时代单体电池规格以标准尺寸为主，成组效率仅为 67%；随后几年里凭借更大的单体电池和模组，电池系统的成组率不断提升，2019 年下半年公司推出 CTP 产品，直接省略了模组的保护，其成组效率有望达到 80%。在材料体系没有发生根本变化的情况下，将系统能量密度提升了 50%。

三是解构车企推动模组标准化的努力，提升单体电池企业的产业链地位。目前车企和电池厂业务的分界点在模组环节，车企希望实现模组的标准化，让电池厂成为纯粹的单体电池供应商，加剧单体电池环节的竞争，如大众 MEB 平台适用的 590 模组，可同时兼容方形和软包电池。两大电池供应商 LG 和宁德时代的产品无论是技术路线还是尺寸都完全不同；电池厂则力图将触角延伸至模组环节，无论是 CTP 还是大单体，其本质都是提升单体电池环节的差异性，在降低成本的同时，提高单体电池的技术壁垒，从而进一步绑定车企，消解车企模组标准化的意图。

理论上，大单体在设计和制造层面的实施并不困难，难点在于保持单体电池的高品质。对于卷绕式单体电池，单个卷芯极片卷绕长度为 6～7m，更长会出现应力不均匀，从而导致单体电池循环性能受限，卷绕式大单体会采取多个卷芯并联的方式，其实质是减少封装壳体的用量，一旦卷芯出现膨胀，就会影响其他卷芯的正常充放电；对于叠片式单体电池，更大容量意味着同一壳体内叠层数量增加，边缘毛刺、叠片错位等问题出现的概率急剧上升。因此，目前市场上大单体的供应商数量相当稀少，宁德时代最大规格的单体电池容量已达到200A·h以上，国内其他厂家都在120A·h以下。

4. 非活性材料

从前述分析可知，正负极活性材料占单体电池的重量比仅有60%左右，集流体、电解液和壳体等非活性材料重量占比达35%以上，设法减少非活性材料的重量比例也是提升能量密度、降低电池成本的有效途径。非活性材料减重减厚主要从如下途径着手：

1）提升正负极片的压实密度，即降低正负极片活性层的孔隙度。模型中假设正负极片的孔隙率分别为25%和27%，相应的压实密度分别为$3.38g/cm^2$和$1.55g/cm^2$。如将正极极片孔隙度降至20%，则正极面密度可达$3.60g/cm^2$，电池能量密度从216W·h/kg提升至219.7W·h/kg。增大压实密度的潜在风险在于会使极片过压或者极片掉粉，从而导致电池容量降低、循环恶化以及内阻增加等问题。

2）提升极片面密度。目前极片都采用双面涂布，正极单面面密度约$20mg/cm^2$，相应的正积极片厚度约130μm，其中正极箔材厚度（铝箔）占比达10%，提升面密度可进一步减少箔材的空间占用，从而提升能量密度。模型测算表明，如将单面面密度从$20mg/cm^2$提升至$25mg/cm^2$，电池能量密度可提升2.7%，综合成本下降2.1%。面密度提升的主要障碍在于负极，由于负极浆料的溶剂为水，随着极片厚度增加，烘干过程变得难以控制，或者在极片底部留下残余水，或者导致极片底部出现裂缝，二者都会导致使用过程中的质量风险。目前主流单体电池企业负极面密度控制在18～$20mg/cm^2$（双面），而国际领先的单体电池企业则可以达到$25mg/cm^2$左右。

3）降低N/P。N/P（Negative/Positive）是在同一阶段内，同一条件下，正对面的负极容量超正极容量的余量，计算方法为N/P=单位面积负极容量/单位面积正极容量。石墨负极类电池N/P要大于1.0，一般为1.04～1.20。这主要是出于安全设计，主要为了防止负极析锂，设计时要考虑工序能力，如涂布偏差。但是，N/P过大时，电池不可逆容量损失，导致电池容量偏低，电池能量密度也会降低。模型里假设N/P为1.1，如果将N/P比调整为1.05，电池能量密度将增加2%，成本下降0.8%。

4）减少隔膜、负极、正极材料留白面积。为了防止电池短路以及极片边缘毛刺导致的风险，涂布时往往会在集流体边缘处留下空白，其规律是负极活性层宽度比隔膜少2mm左右，正极比负极也少2mm，这些留白造成的体积能量密度损失达3%以上，因此提高涂布精度、增大活性材料填充也成为电池企业面临的重要课题。

5）降低铜箔、铝箔和隔膜等材料的厚度。铜箔、铝箔、隔膜等材料在单体电池质量的占比接近10%，厚度占比接近7%，因此降低箔材的厚度和重量对于提升能量密度、降低成本意义重大。自2010年以来，铜箔的厚度已从12μm降至6~8μm，领先企业已在尝试4.5μm厚度的铜箔；铝箔和隔膜厚度从20μm降至12μm左右。另一方面，箔材的应用并不是越薄越好，需要保证电池的安全性。然而，更薄的箔材对于材料供应商和单体电池企业都带来了巨大的技术挑战，材料企业需要解决负荷率和成品率下降、成本上升的问题，单体电池企业则需要解决涂布、辊压和卷绕等一系列问题，因此，能够应用更薄的箔材已成为表征单体电池企业技术能力的一大标志。以铜箔为例，宁德时代早在2019年已全面采用6μm的铜箔，并已在尝试4.5μm产品，而国内多数企业仍然停留在8μm的水平。

上述所有措施全部采用之后，单体电池的质量能量密度从218W·h/kg提升至248W·h/kg，单体电池成本则从0.55元/（W·h）降至0.515元/（W·h），物料成本从0.43元/（W·h）降至0.39元/（W·h）。另一方面，上述的每一条措施都意味着降低了安全冗余设计，假如工艺能力没有提升，减少非活性材料的用量实际上增加了质量风险，在安全性第一位下，甚至可能导致电池厂商失去客户。因此，与一般制造业相反，电池企业反而是龙头公司在压缩冗余设计，因为非活性材料的减量都是建立在工艺和技术能力有富余的基础之上。

5. 过程能力

锂电池单体大量成组后才能使用，因此单体电池的各项参数指标合格只是基本要求，品质一致性在供应商评估过程中具有很高权重。此外，进行大批量生产的时候，一个单体电池的成本主要取决于材料成本和生产过程中的废品率。因此，电池在材料和设计上的优点能否得到大批量高品质的复制才是决定其成本和市场竞争力的关键，这主要取决于工业生产的过程能力。

（1）定性：多材料/工序非线性耦合而成的流程型制造业，复杂度极高一般而言，制造业主要可以划分为流程型制造业和离散型制造业两大类。离散型制造业以机械制造为代表，在离散制造过程中，尤其是加工、组装、运行过程一般只发生几何形状和时/空变化，而很少发生物理、化学和生物性质变化。只要计算机的能力足够强，算法得当，离散型制造的加工过程、运动过程的物理机制和模型就较易数字化、网络化，这是离散型制造较易智能化的重要原因。

流程型制造以化工、冶金、建材等工业为代表。流程型制造过程中既有时/空、几何形状变化，又有涉及物理-化学变化的状态、成分、性质变化，其中工艺参数众多而又互相关联、互相作用、互相制约，属于开放复杂系统，不少事物难以有确定的数字解，难以数字化。其生产模型以配方为核心，具备较强的易变动性和伸缩性，往往具有较高的技术难度。

锂电池制造是高复杂度的流程型制造业。锂电池生产可粗略分为十五六道工序，其中既涉及物理变化（主要是极片制造），也涉及化学变化（SEI膜的形成），工艺点数以千计，这些不同结构和功能的工序通过非线性耦合构成一个复杂系统，并且由于降本提效的需求，其配方在不断变化，因此锂电池批量生产的技术复杂性在制造业里处于很高水平，其生产流程具备如下特点：

1）配方型。离散制造企业的产品结构，其最终产品一定是由固定个数的零件或部件组成，这些关系非常明确并且固定。在流程生产行业制造执行系统（MES）中，一般采用配方的概念来描述这种动态的产品结构关系。MES在描述产品结构的配方的时候，还应具有批量、有效期等方面的要求。

2）非线性耦合。流程企业的产品结构往往不是很固定—上级物料和下级物料之间的数量关系，可能随温度、压力、湿度、季节、人员技术水平、工艺条件不同而不同，最终产品的性能则是上下级物料和加工环境非线性耦合的结果。

综上，锂电池生产是多材料/工序非线性耦合而成的流程型制造业，复杂度极高，需要控制数以千计的工艺点才能保证电池品质的高一致性，非线性耦合的特性意味着配方的每次调整都需要调整所有关键工序的参数以实现最佳性能，因此锂电池的技术进步大概率由研发实力雄厚的龙头推动，个别材料/工艺的创新很难实现弯道超车。

（2）一致性是获得市场份额的前提，决定了过去三年国内格局

电动汽车的电池系统由数百个甚至数千个单体电池连接而成，由于木桶效应，电池系统的性能取决于电池包里性能最差的单体电池。此外，与消费电子产品相比，电动汽车由于放电电流、工作电压以及工作环境都更加严苛，动力电池允许的故障率较消费锂电池低 2～3 个数量级，因此质量要求更加苛刻（见表 4-13）。

表 4-13 锂电池在消费电子和汽车应用的典型差异比较（均为典型值）

参数	电池在消费电子的应用	电池在汽车的应用
电池系统重量 /kg	<0.1	>100
电池容量 /（A·h）	1	>20
电池系统容量 /（kW·h）	0.002～0.02	HEV：1，EV：>15
系统电压 /V	3.6～11	>>100
最大放电电流 /A	<1	>100
最大充电电流 /A	<1	50
工作温度 /℃	0～40	−40～80
环境条件	粉尘，可能有溅水	污泥，油，水，振动
典型要求寿命 / 年	3	>10～15
典型允许故障率（单体电池）	0.1%	$<<1 \times 10^{-6}$

单体电池的品质通常从两个维度衡量：一是常规的电、热和机械性能，这类性能区分标准明确，而且影响因素较少，容易监测和控制；二是单体电池性能参数的一致性，相对而言，单体电池一致性的重要性难以直观量化，主要是不一致所导致的问题需要更长的时间才会暴露，但后果同样严重。单体电池性能不一致往往带来如下方面的问题：

1）容量损失，单体电池组成锂电池组，容量符合"木桶原理"，最差的那颗单体电池的容量决定整个电池组的能力。

2）寿命损失，小容量单体电池，每次都是满充满放，出力过猛，很大可能最先到达寿命的重点。一只单体电池寿命终结，一组焊接在一起的单体电池，也就随之寿终正寝。

3）内阻增大，不同的内阻，流过相同的电流，内阻大的单体电池的发热量相对比较多。电池温度过高，会造成劣化速度加快，内阻又会进一步升高。内阻和温升，形成一对负反馈，使高内阻单体电池加速劣化。

单体电池在制造出来后，本身存在一定的性能差异。初始的不一致度随着电池在使用过程中连续的充放电循环而累计，导致各单体电池状态（SOC、电压等）产生更大的差异；电池组内的使用环境对于各单体电池也不尽相同。这就导致了单体电池的不一致度在使用过程中逐步放大，从而在某些情况下使某些单体电池性能加速衰减，并最终引发电池组过早失效。

当质量特性值的分布服从正态分布时，一定的过程能力指数对应着一定的不合格品率。在一般的制造业中，C_{pk} 达到 1.33（对应良品率为 99.36%）时，表明该产品 / 工序过程能力充分；如达到 1.67（对应良品率

99.978%），表明该产品／工序过程能力很高；如 C_{pk} 在 1.67 以上，则意味着工艺能力过剩，存在粗活细作。

不难发现，一般制造业较好的过程能力指数（1.33）对单体电池而言几乎意味着全面不合格。目前我国二线电池企业在单体电池层面的 C_p 可以达到 1.33，成组后的电池系统成为不良品率达 80% 以上；国内一线龙头的过程能力指数可以达到 1.67，即便如此，电池包的不良品率也达 6% 以上；国外圆柱电池龙头的工序能力指数可以达到 2，但圆柱电池单体容量小，成组时需要的单体电池数量数以千计，以特斯拉为例，其电池系统由约 7000 个圆柱单体电池组成，假设单体电池 C_p 值为 2，则电池包的不良品率约为 2.35%；如果 PHEV-2 单体电池的 C_p 值达到 2，成组后电池包不良品率可降至 0.1% 以下，这在目前还是很难实现的目标。

假设车企能接受的电池系统良品率为 85%，则单体电池的良品率要达到 99.92% 以上，对应 C_p 值为 1.55，这仍然是极高的工序能力要求，国内多数电池企业很难达标。单体电池一致性的差异是过去几年国内锂电池格局迅速集中的重要原因。我国锂电池的名义产能处于严重过剩状态，2019 年全行业产能利用率不足 30%。与此同时，龙头公司宁德时代的市场份额却甩开同行绝尘而去，无论是政策引导的三元电池，还是市场认为偏低端的磷酸铁锂电池，宁德时代的市场占有率都已达到 50% 以上。考虑到磷酸铁锂电池的固有安全特性，技术难度低于三元电池，而且各厂家的材料选用、结构设计乃至能量密度等性能参数均相差不大，宁德时代在磷酸铁锂领域全面胜出，这主要是凭借产品的高一致性。

（3）突破质量、成本、效率（制造周期）不可能三角，是行业强者恒强的根源

过程能力的差异在成本端也有显著影响，过程能力不足造成的损失主要体现在如下方面：一是不良流程／产品造成的质量损失；二是为了确保最终产品质量所付出的成本，包括分选环节增加和制造周期延长；三是份额不足、开工率低造成的停机损失。质量损失来源如图 4-29 所示。

生产过程中不良流程／产品造成的损失用直通率和不良品率来衡量。锂电池制造的多数流程无法返工，因此需要在关键工序上对性能参数实时监测。直通率（流通产出率）能够揭示不良品造成的损失，直通率由每一个流程的首次产出率（First Time Yield, FTY）乘积得到，锂电池生产的关键工序有 6 个，质量特征值则有 9 个。不良品则是在最后的分容阶段筛选出来废弃，这些不良品是质量损失的重要来源。

阿岗国家实验室假设的单体电池良品率及主要材料的直通率拆解见表 4-14，实际上各厂家的相关数据差异较大。

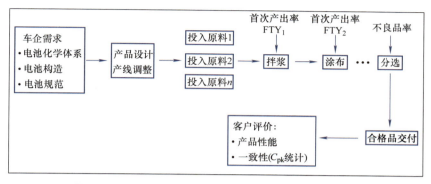

图 4-29 锂电池从接收订单到产品交付质量损失来源统计图

表 4-14 目前主流电池企业单体电池良品率和材料直通率情况统计 （%）

良品率	单体电池良品率				
	95				
	不同环节材料直通率				
材料	材料直通率	拌浆	涂布	极片模切	卷绕	注液
正极活性材料	92.2	99	95	99	99	
负极活性材料	92.2	99	95	99	99	
铝箔	90.2		99	92	99	
铜箔	90.2		99	92	99	
隔膜	98.0				98	
电解液	94.0					94

数据来源：Argonne，东方证券研究所。

1）良品率方面，一线企业的单体电池良品率可达 96%~97%，较好的二线企业仅有 92%~93%。在其他条件均不变的情况下，5 个百分点的良率差异会导致成本端相差 0.023 元/（W·h）。

2）直通率方面，一线企业正极材料的直通率可达 95% 以上，二线企业勉强接近 90%，5 个点的直通率差异导致成本端相差 0.015 元/（W·h）。因此，仅考虑质量损失，一、二线企业之间即可造成 0.035 元/（W·h）以上的成本差异。

工序能力对成本的另一显著影响是拉长产品制造周期。单体电池的完整生产周期覆盖从投料到出厂，时间长达 3~6 周，其中涂布、分切、卷绕等机械制程耗时 1~2 天，且各家企业差异不大，但化成时间差异较大，优秀企业化成时间可控制在 2 周左右，二线企业则需要 2~3 周时间。化成时间的区别主要源于前道工序质量控制的差异，对于工序能力强的企业，一次分容即可完成筛选，多数企业则需要二次化成，这种情况下电学参数一致的单体电池可能使用了不同批次的原料，随着使用次数增加，其先天的不一致会逐渐体现。

此外，由于化成占用的厂房面积较大，长期的化成分容一方面会增加设备和厂房折旧，另一方面成为整个流程的瓶颈环节，拖累整体周转率。以固定资产周转率为例，即使在2016年的行业历史性高点，一、二线企业的周转率也有显著差异，这种差异主要来自制造周期。

对于流程制造业，规模效应能够提高生产效率，降低生产成本。由于工序能力存在差异，车企倾向于选择产品一致性更好的供应商，这导致一、二线电池企业产能利用率的急剧分化。以2019年数据为例，宁德时代全年出货量达33GW·h，产能利用率约75%，其他企业的产能利用率多数徘徊在40%以下，产能利用率的分化导致了成本差异的增加。2018年，宁德时代动力电池出货量达23.5GW·h，其折旧总额约20亿元，国轩高科出货量为3.1GW·h，折旧总额3.33亿元，这还不考虑宁德时代折旧年限较国轩高科少一半。

因此，锂电池生产打破了一般制造业品质—成本—生产效率的不可能三角，反而通过提升品质降低了质量损失，并且缩短了生产周期，最终降低了整体的生产成本。更高的品质进一步促进了市场份额的提升，从而强化了成本优势。

（4）5M1E分析：工艺（Method）与环境（Environment）是拉开质量差距的决定因素

产品质量通常取决于六大因素：5M1E（人/Man、机器/Machine、材料/Material、方法/Method、测量/Measurement、环境/Environment），如图4-30所示。

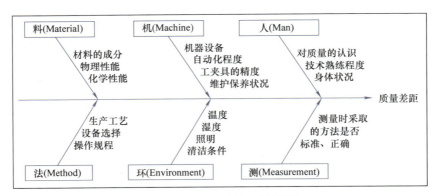

图4-30 锂电池参数设计流程图

资料来源：东方证券研究所整理。

1)人(Man):锂电池产线由于尚未实现全自动化生产,大量工序仍需人力操作,目前每吉瓦时产线需配备400~500名员工。另一方面,生产线对员工的学历要求并不高,宁德时代79%的员工学历在本科以下,这表明操作人员对锂电池质量的影响相对较小。

2)机器(Machine):目前锂电池的设备投资强度约3亿元/(GW·h),单厂投资2GW·h以上。精度和效率是锂电设备的关键技术指标,也是设备研发与制造过程需要重点考虑的因素,其主要包括结构设计的合理性、零件加工精度、装配技能水平以及设备生产调试时的工艺适应性等。生产设备的精度和自动化水平决定了锂离子电池的质量,例如极片涂布的涂覆精度、极片制片的极耳位置精度、极片卷绕的单体电池对齐精度等对锂离子电池的容量、电压、内阻以及可靠性能和安全性能等方面有重要影响。目前锂电设备的国产化率已接近100%,部分设备企业甚至已进入国际厂商供应链,因此各厂家设备的区别并不大,另一方面,由于各厂家会根据自身的技术对产线做调整,因此锂电设备有一定的定制化需求。此外,圆柱、方形、软包三种装配路线对产线的自动化水平也有一定影响,圆柱形电池产线可以接近全自动化生产,方形和软包电池只能半自动化生产,因此方形和软包电池的一致性要弱于圆柱。

3)材料(Material):锂电池生产用到多种材料,对纯度、颗粒尺寸、含水量等各项指标要求都非常苛刻。同设备一样,目前国内锂电材料国产化率也接近100%,前驱体、正极、负极、电解液等主要材料供应商已进入国际一线电池厂商的供应链,电池企业在材料性能上要求略有区别,但不是造成质量差异的核心因素。

4)方法(Method):锂电池生产的工艺方法总体上相近,但是具体的工艺点都有特色,例如,仅在制片环节,正极/负极浆料的配方、搅拌速度、添加剂种类和用量就有无数种组合,卷绕时张力调节、烘干的温度和时间也各有差异,锂电池生产流程非线性耦合的特点决定了各厂商在这上千个工艺点的区别是造成产品质量差异的主要原因。

5)测量(Measurement):测量主要是观测关键工序质量特性是否满足标准,所采用的手段、设备和分析方法差异不大,因此对产品质量没有决定性影响。

6)环境(Environment):锂电池生产对于环境的要求非常苛刻,主要是温度、湿度、颗粒物管理等。

① 温度方面,锂电池所有工序的温度波动不超过2℃。

② 湿度方面的要求更为严格,涂布和辊压过程要求湿度不高于15%,单体电池装配和注液过程需要湿度降至1%以下。值得一提的是,随着高

镍材料的推广，电池生产对湿度的控制将进一步严苛，所有流程必须控制在 10% 以下。

③ 颗粒物附着在极片表面，制成单体电池后会严重影响电池的循环性能，甚至可能造成短路引发热失控，并且随机分布不易观测，因而对单体电池一致性有着巨大的影响。颗粒物一方面来自外部环境，而在混浆、涂布、辊压、模切等环节也会导致新的颗粒物产生，厂房里工人的活动也会有影响，涂布、辊压和装配环节要求环境的洁净度至少达到 ISO 7 级标准，即细颗粒物浓度为 30 万个 /m³。实际上标准越高越好，颗粒物浓度一方面取决于厂房硬件设施，另一方面取决于工厂的管理水平，因此环境控制能力的差异对单体电池品质也有很重要的影响。

在六大要素（见表 4-15）中，导致电池品质差异的因素主要是材料、技术和环境控制，企业基于各自的偏好制定不同的竞争战略：国际一线电池企业力求做到全方位最优，因此电池品质最好，成本相对较高；国内一线巨头追求成本与品质的平衡，选用的材料品质并非最优，但工艺和环境控制能力出色，因此对内与竞争对手拉开质量差距，对外则具备性价比优势，目前在国内已占据绝对优势，在海外市场竞争中也能不落下风；国内二线企业前几年过于追求性能参数，工艺能力相对较差，导致被边缘化。

表 4-15　国内外电池企业 5M1E 性能比较

	国际一线	国内一线	国内二线
人	★★★★★	★★★★☆	★★★★
机	★★★★★	★★★★☆	★★★★
料	★★★★★	★★★★	★★★★
法	★★★★★	★★★★★	★★★★☆
环	★★★★★	★★★★★	★★★★★
测	★★★★★	★★★★	★★★★

4.4.4　总结

1. 降本目标并非遥不可及，成本下降依赖技术沉淀

将各项降本措施全部实施，不考虑卷绕转成叠片，单体电池的综合成本可以降至 0.4 元 /（W·h）。假设单体电池成本占系统为 85%，则系统成本可降至 0.47 元 /（W·h），毛利率为 25% 时其售价可降至 0.7 元 /（W·h）（含税），从而实现 2025 年的行业降本目标。

从前述分析可知，尽管在材料和电池设计方面，锂电池生产成本下降的路径非常清晰，但在安全性与过程能力的双重约束下，推行降本工艺都以技术进步为前提（见表 4-16）。考虑到电池生产非线性耦合的特性，某一环节的优化都需要整个生产体系的工艺参数重新校验，因此技术领先企业的护城河非常宽阔，锂电池生产体现出非常鲜明的先发优势特点。

表 4-16　锂电池降本路径及其限制因素总结

	目标	限制
高镍	提高比容量和能量密度，降低成本	正极材料生产及加工环境苛刻，成本升高，寿命及安全性降低
C-Si	提高比容量和能量密度，降低成本	负极膨胀不易解决，循环性能较差
叠片	改善填充率和循环性能	生产效率远低于卷绕，切片和焊接次数大幅增加，毛刺增加，良率下降
大单体电池	提高能量密度，摊薄结构件成本	一致性变差，成组后安全性下降
基材减薄	提高能量密度，摊薄非活性材料成本	加工难度增加，循环寿命变差
压实密度	提高活性材料体积和重量占比	电解液浸润变差，内阻增加，影响电池使用寿命

2. 品质、规模、成本形成正反馈，降价压力加速市场集中度提升

动力电池的产品品质与市场份额（规模）及其生产成本已经形成了正反馈闭环，在技术路线没有根本变化的情况下，龙头公司的领先地位将不断强化。比较三类单体电池的生产成本，综合来看，目前国内一二线电池企业的技术能力和成本已经全面拉开差距，国内市场格局出现大变动的概率不高。但与国外巨头相比，尽管国内龙头成本优势比较明显，但物料成本相差不大，优势主要源自人工、折旧等方面。

国内市场竞争已充分演绎了正反馈闭环的威力。

1）技术上，一线电池的单体能量密度较二线高出 6.4%，从而摊薄了物料成本。

2）品控方面，一线电池的良品率较二线电池高出 5 个百分点，材料直通率高出 3 个百分点，影响成本 0.026 元/（W·h）。

3）规模对折旧成本影响显著，目前一线龙头设备综合效率（OEE）可达 80% 左右，二线不足 50%，成本差异进一步放大。

4）折旧政策方面，国内外一线企业均采用五年加速折旧，国内多选择 10 年折旧，一定程度上遮掩了二者成本差距。

国内外龙头的竞争仍然胶着。技术上，国外巨头采用软包技术，质量能量密度优势明显，尽管原材料采购价格较国内高出 10% 左右，但综合物料成本差异较小；人工方面，海外巨头的产线自动化程度稍胜一筹，但人均工资远高于国内，导致人工成本较国内高出 0.02 元/（W·h）；折旧方面，海外产线的投资额较国内高出 40%，但 OEE 高达 85%，因此折旧成

本差异也不大。总体而言，国内外龙头单体电池的成本差异约为 0.03 元 /（W·h），同时，由于软包电池成组成本较高，到系统层面国内电池的成本优势将拉大到 0.1 元 /（W·h）左右。国内一二线电池企业成本差异解析如图 4-31 所示。

图 4-31　国内一二线电池企业成本差异解析 /[元 /(W·h)]

随着降价压力与日俱增，产业链的盈利空间将日益收窄，国内外龙头之间的竞争力将取决于成本控制能力。相较而言，国内企业在供应链上的采购优势完全可以覆盖能量密度与过程能力差距带来的成本增加。